Dirk Rohrbach

Americana

Dirk Rohrbach

Americana

In 180 Tagen mit dem Rad
einmal um die USA

Mit 32 Seiten Farbbildteil,
20 Schwarz-Weiß-Abbildungen
und fünf Karten

Mehr über unsere Autoren und Bücher:
www.malik.de

Bibliografische Information der Deutschen Nationalbibliothek
Die Deutsche Nationalbibliothek verzeichnet diese Publikation in der
Deutschen Nationalbibliografie; detaillierte bibliografische Daten
sind im Internet über http://dnb.d-nb.de abrufbar.

MALIK NATIONAL GEOGRAPHIC

Ungekürzte Taschenbuchausgabe
April 2011
© Piper Verlag GmbH, München 2009
Umschlaggestaltung: Dorkenwald Grafik-Design, München
Fotos: Dirk Rohrbach
Autorenfoto: Bayerischer Rundfunk / Ralf Wilschewski
Karten: cartomedia, Karlsruhe
Satz: Satz für Satz, Barbara Reischmann, Leutkirch
Papier: Naturoffset ECF
Druck und Bindung: CPI – Clausen & Bosse, Leck
Printed in Germany   ISBN 978-3-492-40404-4

Das Papier wurde aus chlorfrei gebleichtem Zellstoff hergestellt.

Für Lil'Sis & JimmyBro

Inhalt

Intro 11
Prolog 15

Der Süden 21
Der Westen 95
Der Norden 145
Der Osten 207

Epilog 249
Dank 250

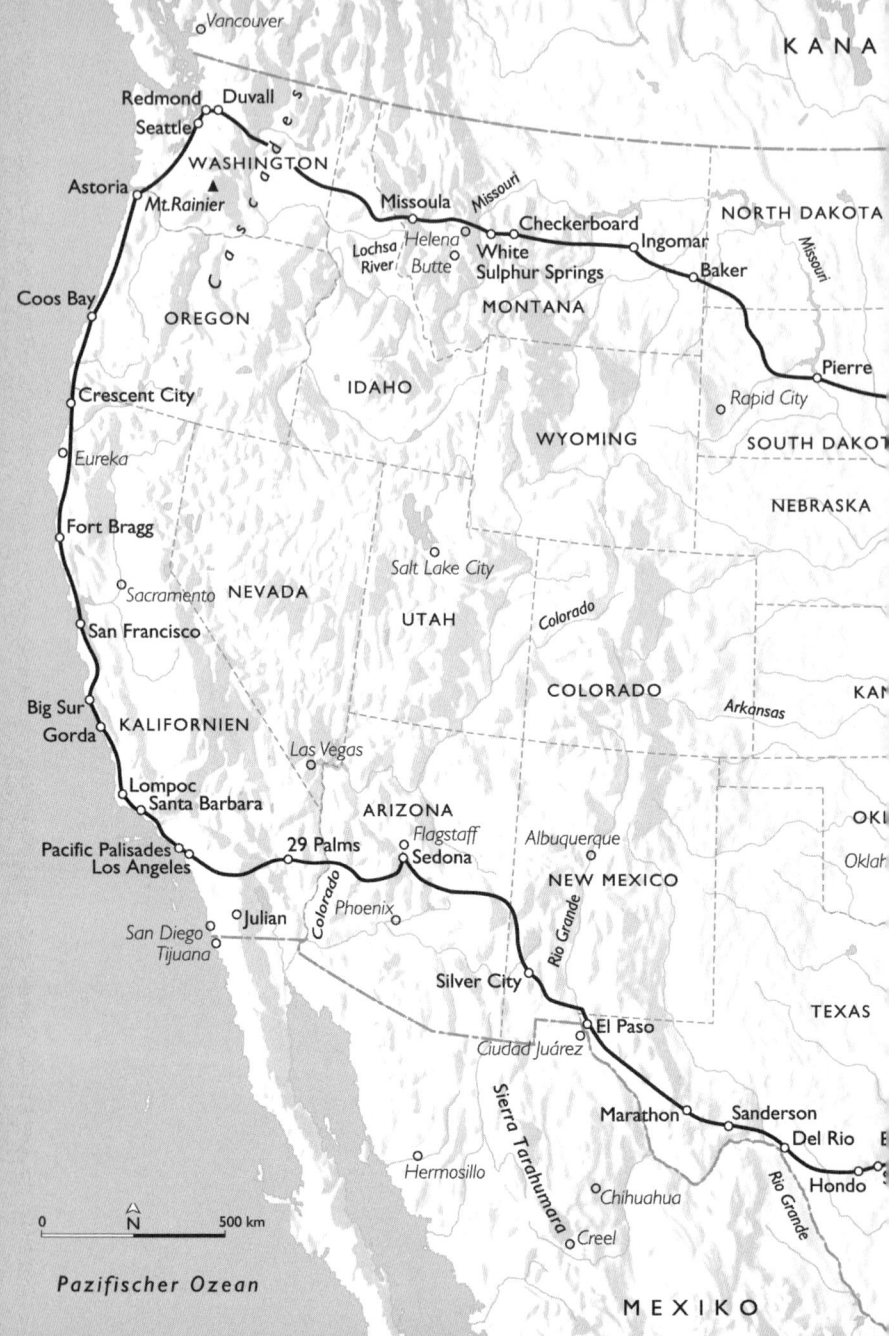

Intro

Kurz nach sieben. Ich sitze vor den großen Sprossenfenstern im Wohnzimmer. Es ist ein kühler, klarer Septembermorgen in den Bergen. Die Sonne strahlt noch ein wenig verhalten durch die Bäume. Der Ahorn im Garten und einige Pappeln tragen schon gelbe Blätter. Es riecht nach Herbst. Um mich herum eine nackte Rubensfrau aus Ton, die an einer Weinrebe posiert, ein paar Grünpflanzen, Kerzenhalter, Bilder, Fotos und Regale voller Bücher. Eine große Laubzweiglampe aus vergilbtem Metall mit drei Glühbirnen hängt an der weiß getünchten Steinwand. Viel Tinef, dazu überall Kartons mit Unterlagen, Ordnern und ein paar Umzugskisten. Jane Dorsa O'Dell, die letzte Bewohnerin von Stoneapple Farm, war im Januar gestorben, mit sechsundneunzig Jahren. Das Haus selbst ist noch älter, Ende des 19. Jahrhunderts erbaut, um hier die Äpfel der umliegenden Plantagen zu verpacken. Die Gegend hier, eine Autostunde östlich von San Diego, zählt zu den fruchtbarsten in Kalifornien.

Als ich vor einem halben Jahr zufällig mit dem Auto hier durchkam, musste ich sofort anhalten. Meine Freundin und ich waren auf dem Weg von der Wüste zur Küste, als wir plötzlich durch Julian fuhren. Was für ein verwunschen schöner Platz. Die Main Street ließ noch den Charme der Goldgräberzeit erkennen. In den alten, liebevoll renovierten Holzhäusern reihten sich kleine Geschäfte aneinander. Alles wirkte beschaulich, fast schon kitschig, aber irgendwie nett. Ja, hier ließe es sich leben, waren wir uns sofort einig und sind gleich ins Maklerbüro an der Hauptstraße. Eine Stunde bis San Diego und ans Meer, drei Stunden bis Los Angeles, die Wüste im Osten und hier auf rund 1300 Metern alpines Klima mit vier Jahreszeiten. Maklerin Deborah gab uns einen Stapel Broschüren mit halbwegs finanzierbaren Angeboten ...

Als ich vor ein paar Wochen dann überlegte, wo ich mein Buch über die Americana fertig schreiben soll, fiel mir Deborahs Karte in die Hand. Zu Hause gab es zu viel Ablenkung, der Rasen musste gemäht werden, die Fenster hatten auch schon lange kein Wasser mehr gesehen, zumindest von innen, unzählige Anrufe mit Bitten um sofortige Erledigung. Ich musste raus. Warum also nicht nach Julian? »Dass Sie sich ausgerechnet jetzt melden«, stand in Deborahs Mail. »Gerade habe ich mit einem Ehepaar aus Philadelphia gesprochen. Ihre Tante ist hier kürzlich verstorben, und nun überlegen sie, ob sie das Haus zeitweise vermieten sollen.«

Schon bei den ersten Bildern, die ich sah, war ich begeistert. Natursteinmauern, massive Holzdielen im Wohnzimmer, rustikaler Kamin, grobe Tonfliesen in der Küche mit kleinem Holzofen in der Mitte. Ich stehe auf alte Häuser, ihr Flair und ihre Geschichte.

Als mir Gillian, die Nichte der Verstorbenen, dann am Telefon erzählte, dass der Mann ihrer Tante mehrere Bestseller in dem Haus geschrieben habe, sie selbst – Jane Dorsa – als Kolumnistin für Lebensfragen für verschiedene Zeitungen arbeitete und sie einen Hund hatten, der Dirk hieß, war ich mir nicht mehr sicher, ob das alles wirklich nur Zufall sein konnte.

Nun bin ich also hier. Inmitten von Rehen, die durch den Garten stapfen, Kolibris, wilden Truthähnen und Spechten, die permanent an die Holzgiebel oben am Haus klopfen. Manche Stellen sehen aus wie Einschusslöcher von einer Schrotflinte. Gestern musste ich einen kleinen Frosch retten, der sich in die Kloschüssel verirrt hatte. Jetzt noch schnell die Vögel draußen füttern, Jane Dorsa O'Dell hat das auch immer getan, jahrzehntelang, und ihre Nichte bat mich darum. Aber dann kann es endlich losgehen ...

Julian, Kalifornien,
September 2008

Prolog

»Du solltest unbedingt eine Adrenalinspritze mitnehmen, wegen der Giftschlangen, Spinnen und Skorpione!«
Vor meinem geistigen Auge sah ich mich mit letzter Kraft mir die Injektionsnadel durch den Brustkorb direkt ins Herz jagen. Nur um alsbald festzustellen, dass mein vom tödlichen Gift vermutlich schon völlig umnebelter Verstand die rechte Hand einen Tick zu hoch steuerte, sodass ich versehentlich die Lunge perforierte. Wahrscheinlich würde dann wenigstens der Todeskampf verkürzt ... Oder hatte ich mich gerade verhört?
»Nein, nein!«, bestätigte mir der Anrufer seinen überlebenswichtigen Tipp.
»Mein Bruder hat mal was ganz Ähnliches wie du gemacht. Und dem hat das Adrenalin echt geholfen ...«
Ich schluckte. Auf was hatte ich mich da eingelassen? Ich wollte doch nur eine Radtour machen. In den USA, dem Mutterland der Klimaanlagen und Drive-in-Restaurants, wo Bequemlichkeit und Sicherheit mindestens so wichtig sind wie die von den Gründervätern in der Verfassung verankerten Grundrechte, auf die die amerikanische Nation so stolz ist.
Ich war dankbar für die vielen Tipps, die mir meine Hörer in der letzten Radiosendung vor der Abreise mit auf den Weg gaben. Melkfett sollte ich natürlich mitnehmen, fürs strapazierte Gesäß. Eine Radhose mit Ledereinsatz, angeblich viel besser als das, ich zitiere, »Synthetik-G'lump«. Au-

ßerdem eine homöopathische Hausapotheke mit Arnika gegen Muskelkater, die schon erwähnte Notfall-Adrenalinspritze, und am Morgen »klatscht du dir am besten einen Teller Nudeln ins Gesicht«.

Gegen Sonnenbrand oder Mückenstiche?, überlegte ich für einen Moment.

»Nein! Wegen der Kalorienbilanz. Nudeln zum Frühstück, und du kannst den ganzen Tag strampeln, ohne müde zu werden.«

Verlockender Gedanke, obwohl ich morgens eher nach Süßem giere ...

Geschätzte 15 000 Kilometer hatte ich mir vorgenommen. In 180 Tagen, allein. Von Florida nach Kalifornien, dann die Westküste hoch bis nach Seattle, von dort wieder an die Ostküste und schließlich zurück zu meinem Ausgangspunkt in Florida.

Ja, Sie haben recht, es gibt Härteres, viel Härteres. Jedes Jahr brechen Menschen auf, um die Welt mit dem Fahrrad zu umrunden, ohne zu wissen, wie lang sie dafür brauchen und wo ihre Route verlaufen wird. Oder denken Sie an waghalsige Abenteurer, die einen Schubkarren quer durch die Sahara schieben und anschließend in einem Jutesack die Antarktis umhüpfen. Solche Menschen verdienen meinen Respekt, sie faszinieren mich. Weil sie etwas Einzigartiges, Gefährliches unternommen und hoffentlich überlebt haben.

Mir ging es bei meiner Reise allerdings nicht so sehr um sportliche Höchstleistungen. Obgleich ich zugeben muss, dass mich der Gedanke, ein solch riesiges Land aus eigener Kraft im wahrsten Sinne zu erfahren, schon auch reizte. Vor allem aber wollte ich den Menschen dort begegnen, sie kennenlernen. Schließlich verdanken wir ihnen so bahnbrechende Erfindungen wie die Glühbirne (okay, die ist eigentlich deutsch, aber von den Amis halt weiterentwickelt und besser vermarktet worden), den Cowboy (könnten natürlich auch die Spanier gewesen sein, zumindest der Begriff aber klingt doch uramerikanisch ...) oder die Ich-kann-nicht-glauben-dass-es-keine-Butter-ist-Margarine (die heißt wirklich so!).

Die Idee zu diesem Vorhaben kam mir schon bei meiner ersten Reise in die USA vor fast zwanzig Jahren. Wir besuchten damals einen Großonkel meiner Freundin in Seattle und fuhren dann mit dem Greyhound-Bus zunächst nach San Francisco. Diese Art des Reisens schien mir unumgänglich, allein der Name »Greyhound« klang verrucht und abenteuerlich. Wir wähnten uns auf gleicher Stufe mit den Pionieren des Westens, die monatelang auf gefährlichen und entbehrungsreichen Planwagentrecks ins gelobte Land zogen und dabei von Banditen und Indianern verfolgt wurden. Schon bald aber mussten wir feststellen, dass der Ruhm der legendären Greyhound-Buslinie wohl eher einer geschickten Marketingkampagne als der Realität zu verdanken war. In Wirklichkeit entpuppte sich diese Art des Reisens als mäßig praktisch, mäßig günstig und sehr mäßig bequem. In San Francisco nahmen wir uns dann einen Mietwagen und folgten der klassischen Touristenroute Kaliforniens. Yosemite, Death Valley, Joshua Tree, San Diego und natürlich Disneyland. Alles sehr beeindruckend, aber irgendwie auch so real. Mir fehlte der verruchte Hochglanz der Hollywood-Filme, durch die der Westen Amerikas für mich zum Inbegriff des Abenteuers geworden war. Die achtspurigen *freeways* hatten so gar nichts mit den staubigen Wüstenpisten meiner naiven Vorstellungen gemein. Und wo waren die Freaks, die Outlaws, die Glückssucher? Vielleicht liefen sie als verkleidetes Brathähnchen vor einem Schnellrestaurant mit Werbetafeln umher, die das geheime Panaderezept anpriesen. Möglicherweise aber waren sie auch verschwunden, ausgestorben oder hatten sich in versteckte Täler zurückgezogen.

Trotzdem hatte mich diese erste Reise nachhaltig beeindruckt. Ich war fasziniert, in vielerlei Hinsicht. Auf der einen Seite überwältigende Natur, auf der anderen Seite extrem freundliche, hilfsbereite Menschen. Aber ich sah auch die Kluft zwischen moralischen Ansprüchen und tatsächlichem Geschehen, die Schizophrenie der amerikanischen Gesellschaft. Den mitunter militanten Patriotismus, die Engstirnigkeit. Und spätestens seit dem letzten Irakkrieg gab es wohl kaum ein Land, das so umstritten war und in der Kritik stand wie die USA. Was aber denken denn die Menschen dort wirklich? Was bewegt sie? Was ist übrig geblieben vom Pioniergeist, der das Land und seine Menschen geformt hat? Ich wollte die USA erfahren, ohne Vorurteile und Klischees.

Das Fahrrad schien mir das ideale Fortbewegungsmittel für mein Vorhaben. Von meinen jährlichen Kurztrips entlang der Fernwanderwege in Deutschland wusste ich, wie intensiv diese Form des Reisens sein kann. Ausreichend schnell, um voranzukommen, aber auch langsam genug, sich Menschen und der Natur behutsam zu nähern, sie wirken zu lassen. Ich begriff, dass auch die Wahl der Route der Schlüssel zu *meinem* Amerika sein würde, und fühlte mich bestätigt durch einen Countrysong, der damals im Radio lief. Ich muss gestehen, dass ich Country Music großartig finde, auch wenn sie für viele der Inbegriff des Gedankengutes der reaktionären, konservativen Hinterwäldler ist. Ich mag die Musik, sie hat etwas Beruhigendes, Wehmütiges, und wenn sie vielleicht auch nicht die innovativste ist, so ist sie mit Sicherheit die amerikanischste aller Musiken.

Der Song hieß auch noch »Americana« und erzählte von einem Mann, der eines Tages auf dem Nachhauseweg nicht wie üblich den *freeway*, sondern eben die kleinen Nebenstraßen fuhr und dabei seine Heimat und die Menschen ganz neu entdeckte. Da waren sie wieder, die beschaulichen kleinen Wildwestdörfer, die Menschen, die wild und frei ihr Leben lebten und sich einen Dreck darum scherten, was andere von ihnen denken.

Mittlerweile wird der Begriff »Americana« ja für alle Bereiche der amerikanischen Kultur verwendet, Literatur, Filme, Musik. Und so schien mir dieser Titel auch passend für dieses Buch und meine Reise. Schließlich wollte ich Amerika und seinen Bewohnern so nah wie möglich kommen, sie verstehen und dabei eben vielleicht auch begreifen, wie sie einen *Redneck* aus Texas gleich zweimal in das Amt des Präsidenten wählen konnten. Ich bin wahrlich kein politischer Mensch und erspare Ihnen auch aus Respekt jeglichen Kommentar zur amerikanischen Politik und Regierung. Aber neugierig war ich schon, wie die Amerikaner selbst über ihren Präsidenten dachten. Nun möchte ich Sie einladen, mich auf meiner Entdeckungsreise zu begleiten, und wünsche Ihnen spannende und amüsante Stunden beim Lesen.

Der Süden —
von Tampa nach Los Angeles

Von Amerika in Deutschland, der Vorbereitung, dem schönsten Strand der Welt, einem Samariter im Pick-up, einem Augenarzt im Cadillac, Reisfeldern in Texas, Heino-Hits in der Kaktushauptstadt, einer nächtlichen Schlangenjagd, Schwarzwälder Kirsch in El Paso, Marshall Günters Klapperschlangeneintopf, einem Engel auf dem Müllberg, dem größten Country-Music-Festival der Welt, 45 Grad in der Wüste ohne Wasser und Superman in Hollywood ...

Vancouver

KANA

Redmond Duvall
Seattle
WASHINGTON
Astoria
Mt. Rainier
Missoula
Missouri
NORTH DAKOTA
Checkerboard
Lochsa Helena White Ingomar
River Butte Sulphur Springs Baker
Coos Bay
OREGON MONTANA
IDAHO
Pierre
Crescent City
Rapid City
Eureka
WYOMING SOUTH DAKOTA
Fort Bragg
NEBRASKA
Salt Lake City
Sacramento NEVADA
San Francisco UTAH Colorado
COLORADO
Big Sur
Gorda KALIFORNIEN Arkansas KAN
Las Vegas
Lompoc ARIZONA Flagstaff
Santa Barbara Albuquerque OKL
Pacific Palisades 29 Palms Sedona
Los Angeles Colorado NEW MEXICO Oklah
San Diego Julian Phoenix
Tijuana
Rio Grande
Silver City
TEXAS
El Paso
Ciudad Juárez
Sierra Tarahumara
Marathon Sanderson
Del Rio
Hermosillo
Chihuahua Rio Grande Hondo
Creel

0   500 km
N

Pazifischer Ozean MEXIKO

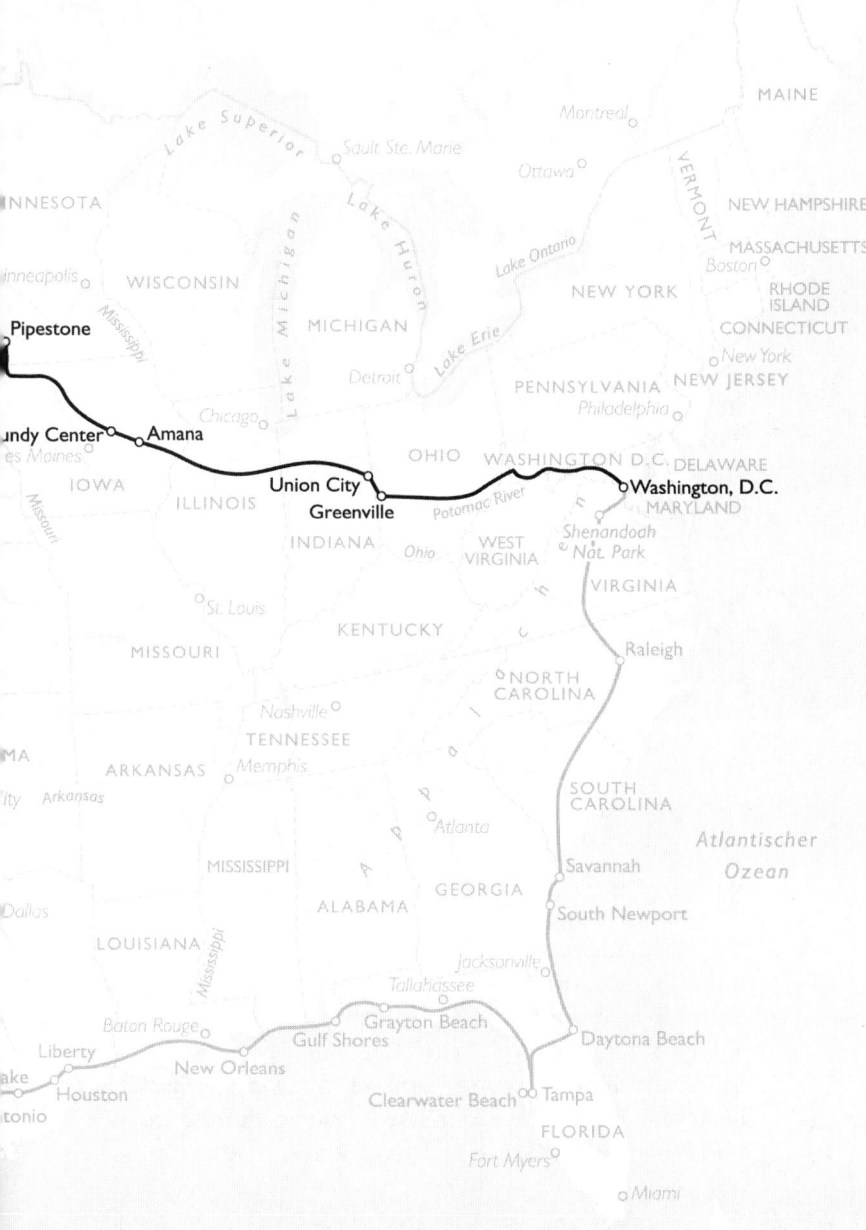

Von Amerika in Deutschland, der Vorbereitung und dem schönsten Strand der Welt

»Sie wollen also eine Radtour machen ...« Gespannt blicke ich durch das Panzerglas auf den Mann hinterm Schalter, der nun mein Vorhaben billigen oder einen Traum platzen lassen würde. Gut zwei Stunden hatte ich auf diesen Moment gewartet. Frankfurt, Amerikanisches Konsulat, Sielmayerstraße. Damals noch gesichert durch Stacheldraht und Betonbarrikaden auf der sonst beschaulichen Wohnstraße. Kein besonders einladender Anblick. Aber der 11. September hatte die Nation so verschreckt, dass für alle staatlichen Einrichtungen noch immer höchste Sicherheitsstufe galt. Sogar die deutsche Polizei schützte das schmucklose Gebäude mit den meterhohen Mauern.

Als ich zum Eingang laufe, wird gerade eine asiatische Frau vom Portier am Außenschalter zurückgewiesen, weil irgendwelche Papiere fehlen. Schikane denke ich, auch mit Blick auf die teure 0190er-Nummer, bei der man einen Termin ausmachen und Informationen über die Visapolitik der USA bekommen kann. Gastfreundschaft wirkt anders. Wenigstens der farbige Wachmann, mit dem wir über eine Stunde im Vorhof des Konsulats verbringen, ist zu Scherzen aufgelegt. Nach einer Weile aber sind seine Entertainerqualitäten auch erschöpft. Drinnen die vertrauten Sicherheitsschleusen wie am Flughafen. Scanner für die Taschen und Unterlagen, danach Leibesvisitation. Irgendwann aber finde ich einen Plastikschalensitz im Warteraum. Das fahle Kunstlicht unterstreicht die kühle Behördenatmosphäre. An den Wänden Porträts des amerikanischen Präsidenten, des Vizepräsidenten und des Außenministers. Ein paar Automaten mit amerikanischen Softdrinks und *candy*. Ein Stück USA mitten in Deutschland. Ich überlege, warum die anderen hier sind. Da ist die deutsche Frau, die ihrem amerikanischen Ehemann folgen will und nun eine Aufenthaltsgenehmigung braucht. Ein paar Abiturienten, die in den USA studieren wollen. Ein arabischer Mann wird in einen Nebenraum gerufen, offenbar gibt es Probleme. Was, wenn sie mir gleich das Visum verweigern, weil sie glauben, ich will mir die Einreise erschleichen und dann terroristische Zellen unterstützen oder, noch schlimmer, illegal arbeiten? Dabei habe ich alles akribisch vorbereitet. Meldebescheinigungen, Verdienstabrechnungen und jede Menge Bestätigungen meiner Arbeitgeber besorgt, die klarmachen sollen, dass ich nur eine Auszeit nehme, meine Familie in Deutschland lebt, ich hier verwurzelt bin und nicht vorhabe, auch nur einen Tag länger als erlaubt in den USA zu bleiben, geschweige denn dort illegal leben und arbeiten möchte.

»Ich hoffe ...«, fährt der Mann am Schalter fort. Ich spüre meinen Puls am Hals – warum schaut der mich nicht an? Ich kann doch alles erklären ...« »Ich hoffe, dass Sie im Süden starten, da ist es jetzt schon warm. Gute Reise!« Stempel drunter, fertig. Das war alles? Fünf Minuten, keine Rückfragen, keine Schikanen, nicht mal ein Blick in die Unterlagen, die ich fein säuberlich zusammengeheftet habe? »Der Nächste ...«

Ein paar Tage später kommt mein Reisepass mit dem B-Visum per Post. 180 Tage darf ich jetzt in den USA bleiben, ohne Unterbrechung, doppelt so lang wie ohne Visum, zehn Jahre gültig. Ich bin erleichtert, die größte Hürde scheint genommen, was jetzt? Auf der Heimfahrt nach München ordne ich meine Gedanken. Flug buchen, Wohnung auflösen, Sachen einlagern, Ausrüstung zusammenstellen, Finanzen klären. In sechs, sieben Wochen könnte es losgehen. Aber wo? Der Mann am Schalter hat ja den Süden vorgeschlagen, wegen des Wetters. Außerdem kenne ich die Strecke ganz gut, von einigen Reisen mit dem Auto. Flach wäre es, für die ersten 2000 Kilometer, wenn ich nach Westen fahre. Könnte mich also quasi einfahren, und wenn dann die ersten Berge kommen, wäre ich fit. Ich maile an die Schwester meines amerikanischen Freundes Jim in Palm Harbor, Florida. Klar kann ich ein paar Tage bleiben, sie würden mich auch vom Flughafen abholen. Perfekt. Start also am Golf von Mexiko bei Tampa, und dann? Viel will ich sehen, gerade auch Gegenden, wo ich noch nicht gewesen bin, an die man als Tourist vielleicht auch nicht zuerst denkt. Vielleicht liegt hier ja das »wahre« Amerika, das nur darauf wartet, entdeckt zu werden, und alle negativen Klischees widerlegt. Warum also nicht eine Umrundung im Uhrzeigersinn. Ich könnte in Houston, Texas, einen ersten Zwischenstopp machen, nach etwa zwei Wochen. Hier lebt Rosina, unsere Wetterfrau von Bayern 3, mit ihrem amerikanischen Ehemann Paul. Bald darauf würden die ersten Hügel und schließlich die Rocky Mountains kommen, für die ich dann längst fit wäre. In Los Angeles könnte ich Kerstin besuchen, unsere ARD-Hörfunk-Korrespondentin. Die kennt mich zwar (noch) nicht, aber unter Kollegen ... Dann die Küste hoch, auf der angeblich schönsten Küstenstraße der Welt, Highway Number One, ein Mythos und wahrscheinlich die populärste Touristenattraktion, die ich auf meiner Tour erleben würde. Nationalparks, große Städte und touristische Hotspots will ich nicht gezielt anfahren, eher meiden, schließlich geht es mir um die Begegnung mit den Menschen. In der Nähe von Seattle lebt Bruce, ein Maler, den ich bei einer Reise nach South Dakota kennengelernt hatte, wo er mit indianischen Kindern ein großes Wandgemälde für die Schule malte. Das könnte meine nordwestlichste Station werden. Von dort würden mich die Westwinde sicher und entspannt an die Ostküste tragen. In South Dakota will ich auf jeden Fall zwischenstoppen, um meinen Freund Jim zu besuchen. Auch Leonard Little Finger lebt hier, der Ururenkel von Chief Big Foot, der als letzter Häuptling 1890 während der Indianerkriege beim Massaker von Wounded Knee getötet wurde. Ihn habe ich schon vor vielen Jahren kennengelernt und könnte ihn jetzt im Reservat mit dem Rad besuchen. Die Strecke von Dakota bis zur Ostküste wäre dann Neuland. In Washington wohnt Martin, unser BR-Mann in der amerikanischen Hauptstadt. Auch er kennt mich nicht, aber unter Kollegen ... Die letzte Etappe wäre für mich wieder unbekanntes Terrain. Vielleicht würde ich noch mal in die Berge der Appalachen abzweigen oder mich direkt an der Küste zurück nach Tampa schlagen. Rund 15 000 Kilometer wären das, je nach Route ein paar mehr oder weniger. Bei einem Schnitt von 100 Kilometern pro Tag, was zwar auf Dauer nicht sonderlich entspannt, aber bei Radreisen realistisch ist, wäre ich also in 150 Tagen durch und hätte noch 30 Tage Urlaub, bis ich das Land wieder verlassen muss. So weit die Theorie ... nun zur Praxis.

28. April, Flughafen Frankfurt. Bin ziemlich am Ende. Die letzten Stunden sind hart gewesen. Bis in die Nacht hinein habe ich noch gepackt, gegen Mitternacht die letzten Sachen aus meinem Haus bei Freunden untergestellt. In München. Dann auf die Autobahn nach Norden, gegen 6 Uhr früh erreiche ich Hanau, völlig übernächtigt. Ruhe nur für ein paar Momente, dann zum Flughafen. Habe gerade noch mal 80 Dollar Transport für mein Rad zahlen müssen, obwohl es eigentlich kostenlos sein sollte. Jetzt muss ich noch rüber ins andere Terminal, die Reiseschecks abholen. Meine Bank

hatte versehentlich 2000 Dollar Bargeld geschickt. War mir zu riskant. Also wurden in letzter Minute noch Travellerschecks bestellt und am Flughafen hinterlegt.

Ich neige – nur leicht – dazu, alles auf den letzten Drücker zu erledigen. Hat bisher auch immer funktioniert. Aber diesmal wird es echt grenzwertig. Erst als ich im Flieger sitze, löst sich die Anspannung ein wenig. Die Turbinen werden angelassen, es geht los. Endlich. Lange hat es gedauert von der spleenigen Idee bis zur Verwirklichung. Immer war der Zeitpunkt irgendwie ungünstig. »Im Job läuft's gerade so gut ... bin doch erst umgezogen ... wollte diesen Sommer den Lampionumzug bei den Gartenfreunden ...« Schluss mit den fadenscheinigen Entschuldigungen. Der Haushalt ist aufgelöst, die Sachen stehen bei Tim, einem Basketballfreund, dessen Schwester ein Jahr um die Welt reist. Mein Chef beim Sender hat mir eine Auszeit genehmigt, mit der Aussicht, weiterarbeiten zu können, wenn ich wiederkomme. Beste Voraussetzungen also. Und allmählich siegt die Vorfreude über die Erschöpfung.

Pam, die Schwester meines Freundes Jim, holt mich in Tampa vom Flughafen ab. Wir verstauen das Rad im Kofferraum des kleinen PKW. Den Pappkarton, in den ich es verpackt habe, lasse ich gleich da. Die nächsten zwei, drei Tage will ich für die letzten Vorbereitungen nutzen. Ein amerikanisches Handy möchte ich noch besorgen. Ein befremdlicher Gedanke für mich, weil ich mich in Deutschland bis heute dagegen wehre. Die ständige Erreichbarkeit, die nervig-lauten Privatgespräche, die man in Restaurants, Zügen oder öffentlichen Wartezonen mithören muss, und nicht zuletzt die völlig überteuerten Preise sorgen bei mir für große Abneigung. Verbrecherische Abzocker, diese Mobilfunkfirmen, wenn Sie mich fragen. Zumindest das scheint in den USA auf den ersten Blick anders zu sein. Es macht keinen Unterschied, ob man eine Festnetznummer oder ein Handy anruft, die Preise sind gleich niedrig. Allerdings zahlt der Handykunde auch, wenn er angerufen wird. Dazu kommen die versteckten Steuern, die auf die verlockend günstigen Paketpreise draufgeschlagen werden. Bundessteuern, Steuern für den Staat, den County (Bezirk), Stadt, Land, Fluss ... eine Gebühr, die die kostenlosen Notrufnummern finanzieren soll. Und so ärgert man sich am Ende auch in den USA wieder und kommt zu dem Schluss: alles verbrecherische Abzocker, diese Mobilfunkfirmen. Ich will trotzdem ein Handy. Auch weil ich mich einmal die Woche beim Sender melden und berichten soll von meiner Reise. Am Ende entscheide ich mich für einen Jahresvertrag mit 1000 Freiminuten im Monat und kostenlosen Anrufen nach 21 Uhr, über den ich mich noch viele Male ärgern werde...

Nach drei Tagen Akklimatisieren und Vorbereitungen verabschiede ich mich von Pam und Familie. Samstag, der 1. Mai. Tag der Arbeit in der Heimat und für mich der Start in mein Abenteuer. Brauche noch eine ganze Weile, bis alles Gepäck verstaut ist. Zelt, Schlafsack, Isomatte, Kleider, Schuhe, Erste-Hilfe-Set, Waschzeug, Foto- und Audio-Equipment mit Mikrofon, MD-Rekorder und 100 Filme. Gut 40 bis 50 Kilo mögen es sein, und ich freue mich schon jetzt aufs Ausmisten in zwei Wochen, wenn ich bei Bayern-3-Kollegin Rosina in Houston zwischenstoppe. Die ersten Kilometer sind noch etwas wackelig wegen des großen Gewichts vor allem in den Vorderradtaschen. Bald aber läuft es besser, und ich komme gut voran. Highway 19 nach Norden, der Seitenstreifen ist breit und der Verkehr außerhalb der Städte sehr überschaubar. Muss nur auf Scherben und tote Tiere auf dem Asphalt achten. Gürteltiere, Waschbären, Schlangen, Rehe. Tierreiche Gegend hier, nach den vielen Kadavern zu schließen, deren süßlichen Verwesungsgestank man manchmal schon von Weitem riecht. Ich muss an die

Road-Kill-Cafés denken, die es überall in den USA gibt. »*You kill it, we grill!*«, heißt ihr Slogan. Ob die das ernst meinen? Kann mir jedenfalls nicht vorstellen, so ein zermatschtes Opossum noch bluttriefend ins Restaurant zu schleifen: »Sorry, hab das hier gerade versehentlich erwischt. Ob Sie das für mich frittieren könnten?«

Da stoppe ich doch lieber bei einem der unzähligen Fast-Food-Restaurants am Wegesrand. Vor allem wegen ihrer *soda fountains*, die ganz allmählich auch bei uns Einzug halten. Du kaufst also einen Medium Drink an der Kasse, bekommst einen Pappbecher und ziehst dir dann deine Limo am Automaten. Was und sooft du willst. Ein Paradies für trockene Radlerkehlen. Bei einem Taco Bell setze ich mich kurz und verschnaufe bei Cola mit Eis. Komme mit dem Mann nebenan ins Gespräch. Was ich vorhabe, will er wissen und beißt genüsslich in seine Enchilada. Ich erzähle kurz. »*Oh, you better watch out for the niggers up here!*« Bin mir erst nicht sicher, ob ich mich verhört habe.

»Die sind fies, kannst ihnen nicht trauen. Pass also auf, wo du übernachtest.«

Sein Sohn pflichtet ihm bei. Acht oder neun mag er sein. Ich bin erschüttert, wie tief der Rassismus hier immer noch sitzt. Die Tatsache, dass es vermutlich bei uns ähnliche Meinungen über Türken oder Asylanten gibt, tröstet da nicht wirklich.

Aber es gibt auch erfreuliche Begegnungen. Als ich am Straßenrand pausiere und das Rad auf dem Seitenstreifen abstelle, hält kurz darauf ein Pick-up. Ob alles okay sei oder ich Hilfe brauche, will der Fahrer wissen. Er sei selbst *road biker*, da helfe man sich doch selbstverständlich. Mein Zeltnachbar auf dem ersten *campground* lädt mich gleich am nächsten Morgen zum herzhaften Sandwich mit Ei, Schinken und Käse ein. *Southern hospitality*, die berühmte und herzliche Gastfreundschaft, auf die der Süden so stolz ist.

Zu Recht. Obgleich sie mir auch anderswo noch widerfahren wird, immer wieder.

Ich lasse es langsam angehen, die ersten Etappen liegen zwischen 100 und 150 Kilometern. Gut machbar, weil die Straßen meist flach bleiben und kaum Wind herrscht. Einzig die manchmal endlosen Highways, auf denen man meint, kaum voranzukommen, zermürben ein wenig. Dann hilft das Radio. Kopfhörer ins Ohr und weiter. Den MP3-Player habe ich zu Hause gelassen. Radio ist lebendiger, unterhaltsamer, von den ständigen Werbeunterbrechungen nach jeweils zwei Songs mal abgesehen.

Gleich am zweiten Tag verbrenne ich mir gewaltig die Schulter. Habe da wohl eine Stelle übersehen und nicht gewissenhaft genug den Sonnenblocker aufgetragen. Ein paar Tage also Fahren mit langärmeligem T-Shirt. Unangenehm bei der schwülen Hitze.

Für die Nacht versuche ich meist, einen offiziellen Campingplatz anzusteuern, allein schon wegen der Dusche. Den ganzen Tag schwitzen, dazu die Sonnencreme, manchmal noch Mückenschutz. Da tut es gut, abends frisch gewaschen in den Schlafsack zu kriechen. Gelegentlich bleibt nur ein wildes Camp im Wald neben dem Highway. Und wenn gar nix mehr geht, nehme ich ein klimatisiertes Motelzimmer.

Nach einer Woche erreiche ich »*the world's most beautiful beach*«. So ähnlich steht es auf dem Schild am Eingang zum Grayton Beach State Park am Florida Panhandle. Der Allerschönste überhaupt ist er wahrscheinlich nicht, allein schon, weil die Palmen fehlen. Aber auf der ganzen Tour werde ich keinen Strand mehr erleben, wo das Wasser so einladend wirkt. Türkisblaues Meer, schneeweißer Sand, keine Steine. In der Nähe liegt Seaside, eine Feriensiedlung, die am Reißbrett entstanden ist und ständig weiter wächst. Architekten aus ganz Amerika können hier ihrer Kreativität freien Lauf lassen und entwerfen verspielte Holzhäuser, die an historische Gebäude erinnern sollen, mit Giebeln, Türmchen, überdachten *porches*, fast ausnahmslos in Pastellfarben gehalten. Der Blockbuster *Die Truman Show* mit Jim Carrey als nichts ahnender Hauptdarsteller einer inszenierten Realityshow wurde hier gedreht. Das passt, denn die hochpreisige Gegend wirkt schon sehr künstlich und steril, trotz des netten Anblicks.

Judy und Sidney von nebenan bringen mir Rindfleisch mit Gemüse zum Abendessen. Sehe ich jetzt schon so ausgemergelt und erbärmlich aus? Aber vielleicht ist das ja nur ein weiteres Beispiel der Gastfreundschaft und Hilfsbereitschaft der Südstaatler. Auch wenn die beiden Pensionäre eigentlich aus dem Norden kommen. Sie leben die meiste Zeit des Jahres in einem riesigen Wohnwagen, den ein mächtiger Pick-up zieht. Drinnen alle Annehmlichkeiten, die man sich wünscht, inklusive Klimaanlage, Satelliten-TV und Internet. Nirgendwo gibt es wohl so viele Wohnwagennomaden wie in den USA, Holland eingeschlossen. Besonders im Winter, wenn sie als sogenannte *snowbirds* in die warmen Regionen an der Golfküste ziehen. Nicht die schlechteste Art, seinen Lebensabend zu verbringen, oder?

Ich liege auf meinem ausgebreiteten Schlafsack und denke an den voll klimatisierten Schlafbereich von Judy und Sidney. Es ist selbst in der Nacht noch unerträglich stickig im Zelt. Die Dusche ist längst vergessen, alles klebt schon wieder. Und das bleibt auch erst mal so, vermutlich bis zu den ersten Bergen in Texas. Ist trotzdem die richtige Entscheidung gewesen, zunächst in den Süden zu fahren. In manchen Gegenden, durch die ich später kommen werde, liegt jetzt noch Schnee. Obwohl, eigentlich ein verlockender Gedanke, das mit dem Schnee ...

Nach zwei Pausentagen am Golf von Mexiko schwinge ich mich wieder aufs Rad. Bald komme ich nach Alabama, für eine Nacht auf einem Wohnmobilpark bei Gulf Shores.

Werde am Ende der Reise noch mal hierher zurückkehren und den Ort kaum wiedererkennen. Doch jetzt ahne ich noch nicht die volle Bedeutung eines Schildes, an dem ich ganz am Anfang vorbeigefahren bin: »Noch 28 Tage bis zum Beginn der Hurrikansaison. Sind Sie vorbereitet?« Aber davon später mehr.

Von einem Samariter im Pick-up, einem Augenarzt im Cadillac und Reisfeldern in Texas

Mit der Fähre geht es vorbei an Bohrinseln Richtung Mississippi. Ein paar Biker auf ihren Harleys wollen Erinnerungsfotos mit mir machen. Bin nicht sicher, ob aus Mitleid (oh, der arme Schlucker kann sich kein richtiges Bike leisten und muss strampeln) oder aus Anerkennung. Auf der gesamten Tour aber wird es immer wieder nette Begegnungen mit Motorradfahrern geben. Manchmal grüßen sie auch einfach nur lässig, indem sie im Vorbeifahren eine Hand vom riesigen Gabellenker nehmen und lässig nach unten, Richtung Asphalt, strecken.

Nach einer weiteren Tagesetappe erreiche ich die erste Großstadt der Tour, New Orleans. Will möglichst schnell durch. Die Sehenswürdigkeiten schenke ich mir diesmal. Habe die Stadt in der Vergangenheit schon ein paarmal besucht und bin jetzt nur hier, weil kein Weg dran vorbeiführt. Das klingt vielleicht ein wenig ignorant. Aber Rad fahren in Großstädten macht ja schon bei uns keinen Spaß, trotz der vielen Radwege. Zu viel Verkehr, rücksichtslose oder überforderte Autofahrer, Fußgänger, die auf den Radwegen spazieren, rote Ampeln. Und die richtige Route in dem Straßengewirr zu finden ist mitunter eine echte Herausforderung. Wie viel heftiger ist das alles noch hier in den USA, wo Radfahrer in den meisten Gegenden wie Fremdkörper auf den Straßen wirken und die ausgeschilderten Radwege oft nur schmale und verdreckte Seitenstreifen der Hauptverkehrsadern sind.

Irgendwann bin ich durch und erreiche am Stadtrand eine mächtige Autobrücke, die sich in hohem Bogen über den Mississippi schwingt, mein Tor in die Freiheit. Na gut, das klingt jetzt vielleicht zu dramatisch. Aber auf der anderen Flussseite geht es wieder durch beschauliches *Cajun country*, mit kleinen Dörfern und herrschaftlichen Antebellum-Häusern, zu denen Eichenalleen führen. Wie in *Vom Winde verweht* – stellenweise sieht es hier wirklich so aus, als ob Scarlett O'Hara jeden Moment zwischen den dick mit *spanish moss* behängten Bäumen ihrem Rhett Butler entgegeneilen könnte.

Für mich liegt also diese gut hundert Jahre alte Brücke dazwischen, zweispurig, ohne Seitenstreifen. Hilft ja nix, also strample ich los. Verdammt steil wird es bald, und ich merke, wie die Autoschlange hinter mir immer länger wird. Ich würde ja gerne schneller, habe aber keine Chance mit dem Gepäck.

»Achtung, Achtung! Fahren Sie sofort rechts ran!«, tönt es plötzlich blechern aus einem Megafon hinter mir. Meint der mich? »Sofort anhalten, ich bringe Sie rüber!« Ich drehe mich um. Ein weißer Pick-up mit orangefarbenem Warnlicht auf dem Dach direkt hinter mir. Ich stoppe, der Fahrer winkt mich zu sich. »Hi, ich bin Ron, wirf dein Rad hinten auf die Ladefläche, ich fahr dich rüber. Ist sicherer.« Und schneller. »Bin so was wie der Brückensamariter ...«, meint Ron, als ich neben ihm sitze. Er funkt kurz an die Zentrale, entdeckt noch einen alten VW Käfer vor uns, der liegen geblieben ist, und schiebt ihn lässig mit der Stoßstange über den Scheitelpunkt der Brücke. Auf der anderen Seite werden wir schon von einem Polizisten erwartet. Ob ich lebensmüde sei, will der Officer wissen. Sie hätten schon bis zu vier Tage lang nach den aufgequollenen Leichen meiner

Vorgänger gesucht, weil sie, auf der Brücke von LKW erfasst, über die Balustrade geschleudert worden und im Fluss ertrunken seien. Außerdem habe ich mich strafbar gemacht. Das Überqueren von Brücken für Radfahrer sei hier verboten. Alles klar, dann suche ich mir beim nächsten Mal eine schmale Stelle am Mississippi und versuche es mit Schwimmen, denke ich ... stumm.

Die erste heftige Regenfront erwischt mich. Von einem Gewitterschauer komme ich in den nächsten. Anfangs suche ich noch Schutz unter ein paar Bäumen, stecke dann knöcheltief im Schlamm fest. Und irgendwann bin ich so nass, dass es eh wurscht ist, ob ich abwarte oder einfach weiterfahre. Manchmal flüchte ich in eine öffentliche Bücherei. Hier kann jeder kostenlos ins Internet. Ich nutze die Zeit, bis das Wetter besser wird, verschicke Fotos und Texte fürs Online-Tagebuch. Dann geht es weiter. Von der Hauptroute nach Westen, Highway 90, biege ich auf Nebenstraßen ab und cruise durchs beschauliche Hinterland. Verdunville, Jeanerette oder Delcambre heißen hier die Dörfer. Zeugen der französischen Wurzeln Louisianas. Zwischenzeitlich führt die Strecke auf Stelzen durch den Sumpf. Bei einer Touristeninformation frage ich nach Einkaufsmöglichkeiten und der besten Route. Als ich zu meinem Rad zurückkomme, liegt es am Boden. Der Ständer ist unter der Last gebrochen. Blöd, aber in Houston finde ich sicher Ersatz.

Kurz vor Texas warnen sie im Radio vor Tornados, die sich jederzeit aus den pechschwarzen Gewitterwolken entwickeln könnten. Ich nehme mir sicherheitshalber ein Motelzimmer und quere erst am nächsten Morgen die *state line*.

»*Don't mess with Texas!*«, lese ich auf einem Schild am Straßenrand. Eigentlich als augenzwinkernde Erinnerung gemeint, dass man seinen Müll nicht einfach aus dem Auto auf die Straße wirft. Aber man kann's natürlich auch anders verstehen: »Leg dich nicht mit Texas an!« – weil wir hier alle eine Knarre haben und sie auch gerne benutzen?

Ich mache ein Foto mit Selbstauslöser vor dem mächtigen Willkommensschild. Dabei fällt mein Rad mehrfach um, bis ich meine, alles im Kasten zu haben. Als ich weiterfahre, bemerke ich eine Unwucht im Hinterrad. Ich stoppe und versuche mit dem Speichenschlüssel ein wenig nachzujustieren. Erfolglos. Es wird immer schlimmer. Bald schleift die Felge an der Bremse. Ich steige ab und ... bin entsetzt. Da ... verdammt! Eine Speiche ist aus der Felge regelrecht ausgerissen. Wie kann denn so was passieren?

So kann ich jedenfalls unmöglich weiterfahren. Bei dem Gewicht bricht am Ende noch das ganze Rad zusammen ... und bis Houston sind es noch gut 150 Kilometer. Da muss ich wohl ... Bevor ich meinen verzweifelten Gedanken zu Ende denke, hält neben mir ein feuerrotes 67er Cadillac-Cabrio.

»Brauchst du Hilfe?«

Der Fahrer trägt ein Hemd, das genauso feuerrot ist wie sein Schlitten, und eine NASCAR-Kappe, auf der Flammen züngeln.

»Na ja, schon ...«

»Wirf dein Rad auf die Rückbank, ich fahre dich in die nächste Stadt.«

Doctor Gene ist Augenarzt, hat gerade Feierabend und bietet mir an, einen »kleinen« Umweg von 50 Meilen zu fahren. Im Ort gebe es wenigstens ein Motel, dann könnte ich mir ja überlegen, wie es weitergeht.

Passiert das alles gerade wirklich? Ich versuche, meine Gedanken zu ordnen.

Mein Hinterrad hat sich gerade verabschiedet, ich bin genervt, vielleicht sogar ein wenig verzweifelt, und im nächsten Moment, keine fünf Minuten später, hält ein Schutzengel mit einem Wahnsinnsschlitten und bietet mir seine

Doctor Gene, der Cadillac-Arzt

Hilfe an? Ich grinse breit, als wir in den texanischen Abendhimmel fahren und uns den Wind um die Nase wehen lassen. Die Sonne geht gerade unter, als wir vor dem ersten Motel in Liberty stoppen. Gene gibt mir seine Karte, falls ich noch was brauche. Dann braust er davon. Ungläubig blicke ich ihm hinterher.

»*Oh, you're from Germany!*«, meint die nette Inderin an der Motelrezeption freudig überrascht, als ich einchecke.

»*I make you special price!*« Wir Ausländer müssen schließlich zusammenhalten, flüstert sie noch hinterher. So bekomme ich das Zimmer für 25 Dollar statt 30. Und weil ich wohl einen etwas verwirrten Eindruck mache, nach den Ereignissen der letzten Stunde, schiebt sie mir noch einen Riegel Twix über den Tresen. »*Good for your soul ...*«

Die 100 Kilometer nach Houston am nächsten Tag werden zäh. Ich löse die Speichen um den Defekt an der Felge, damit die Unwucht nachlässt, und versuche jedes Schlagloch zu vermeiden. Dann habe ich auch noch den ersten Plattfuß, bei dem mir zunächst ein greiser Pick-up-Fahrer seine Hilfe anbietet. Anschließend hält noch ein Pärchen, das selbst Rad fährt und mir eine Profifußpumpe leiht. Von ihnen bekomme ich auch den Tipp für einen guten *bike shop* in der Stadt.

Rosina ist gerade in Deutschland, Wetterschicht bei Bayern3. Aber ihr Mann Paul heißt mich willkommen, als ich am Nachmittag sein Haus im Süden von Houston erreiche. Wir machen uns sofort auf den Weg zur Bike Barn, dem Radladen, der mir empfohlen wurde. Ich will das Problem mit der Felge so schnell wie möglich lösen. Ordentlich was los hier. Sie scheinen sich vor allem auf Rennräder und Mountainbikes zu spezialisieren. Beim Blick auf meine defekte Felge ist sofort klar: Da hilft nur eine neue. Materialfehler, kann in seltenen Fällen passieren, auch wenn man erst relativ wenig damit gefahren ist. 90 Dollar kostet ein neues Hinterrad, inklusive Montage von Zahnkranz und Mantel. Ich kaufe auch gleich noch einen neuen Ständer und verlasse den Laden nach einer Stunde sehr zuversichtlich, nicht ahnend, wie sehr dieses nagelneue Hinterrad noch den weiteren Verlauf der Reise prägen wird.

Zwei Pausentage bei Paul tun gut. Waschen, mailen, Ausrüstung pflegen, Rad montieren, Kette wechseln (habe zwei mitgenommen, die ich alle 1000 bis 2000 Kilometer wechseln möchte, damit die Zahnkränze nicht zu sehr verschleißen) und Ausmisten. Ein paar Socken, Kochtopf, Essnapf, Minidiscs, Papiere.

Am Sonntagvormittag Gottesdienst in einer Schule. Pauls Gemeinde hat ein Klassenzimmer dafür gemietet. Bevor es losgeht, müssen sie jedes Mal erst die Schränke und Tische wegräumen, damit genug Platz für Band und Besucher ist. Nach zwei Stunden dann alles wieder retour. Sehr aufwendig, und die Mitglieder freuen sich, dass bald die neuen Räume in einer kleinen Einkaufszeile fertig werden. 5000 Dollar zahlen sie dann Miete, monatlich. Dazu kommen noch die Renovierungskosten und das Gehalt für den Pastor. Alles privat getragen von den 65 Gemeindemitgliedern. Da wirken unsere Kirchensteuern ja fast lächerlich ...

Meine Kalorienspeicher sind mehr als aufgefüllt. Zeit aufzubrechen. 900 Meilen Texas liegen vor mir, der größte Bundesstaat der Lower 48, Alaska und die hawaiianischen Inseln also ausgenommen. Prärie, Wüste, Strand, Ölquellen und Rinderfarmen. Heimat unzähliger Cowboys und des letzten Präsidenten, für viele bei uns der Vorzeigetexaner, im negativen Sinn. »*Don't mess with Texas!*«

Ich rolle durch flaches Farmland hinter Houston und komme noch mal in einen kurzen Schauer, der vorerst letzte für die nächsten Wochen. Im Fahren spürt man die schwüle Hitze kaum. Gegen 18 Uhr pausiere ich in Eagle Lake. Bei *chili fries* und Eistee im einzigen Fast-Food-Laden grüble ich über der Karte. Einsame Gegend, wenn ich weiterfahre, läuft es wohl auf ein wildes Camp hinaus. Keine Ortschaft mehr in Reichweite.

»Wohin willst du?«

Ich blicke auf. Am Nebentisch sitzt ein Mann und beißt in seinen Burger.

»Keine Ahnung. Kommt denn noch irgendwas Richtung Westen?«

»Nicht auf den nächsten 50 Meilen.«

Er holt sein Handy raus und wählt eine Nummer. Niemand scheint abzuheben.

»Ich würde dich ja mit zu uns nehmen. Kann aber meine Frau nicht erreichen, um sie zu fragen. Gegenüber gibt es ein Motel. Und vielleicht hast du ja Lust, morgen früh mal vorbeizuschauen. Ein paar Freunde und ich treffen uns mittwochs immer zu so einer Art Gesprächsrunde, da drüben.« Er dreht sich um und deutet die Hauptstraße runter. »Siehst du das Schild von der Zahnarztpraxis, da sind wir, 6.30 Uhr. Oh, und mein Name ist John.«

Wir plaudern noch eine Weile. John arbeitet als Reisfarmer. Und die Gesprächsrunde, zu der er mich eingeladen hat, sei so eine Art regelmäßiges Treffen, das die Freunde nach einem gemeinsamen Bibelwochenende begonnen hätten.

Ich checke gegenüber im Sportsman Inn ein, ein farbloses Motel, in dem normalerweise nur Jäger zur Saison absteigen. Die Bilder von brüllenden Hirschen und fliegenden Enten an den Wänden unterstreichen die, sagen wir, rustikale Atmosphäre der Räumlichkeiten.

Zum ersten Mal stelle ich mir einen Wecker. 6.30 Uhr ist verdammt früh, habe mich ja bisher immer treiben lassen und bin dann so gegen 8 Uhr aufgewacht.

Es ist ein neblig-feuchter Morgen. Der Dunst wabert über die Hauptstraße, auf der ich die 500 Meter zur Praxis fahre. John und Anwalt Don sind schon da. Später kommen noch Farmer Brian und Zahnarzt John dazu, dem die Praxis auch gehört. Wir frühstücken Tortillas mit Eiern und Speck und unterhalten uns. Sie wollen mehr über meine Reise wissen. Dann werden Fürbitten gesprochen, und zum Schluss stellen wir uns im Kreis auf zum gemeinschaftlichen Gebet. Sie bitten für mich um eine sichere Reise und Gottes Schutz. Amen. Danke.

Am Ende der Reise habe ich John und seine Frau Anna noch mal besucht. Die beiden leben in einem großen Haus, sieben Meilen entfernt, mit Klimaanlage und Pool. Traumhafter Gedanke bei der Hitze ...

»Reis ist so ziemlich das Einzige, was hier wächst und Profit bringt. Der Boden ist nicht besonders gut, aber glücklicherweise ist Reis da nicht sehr anspruchsvoll.«

Gut drauf dank Reis: Anna und John

Ich bin schon ein wenig überrascht, hier so viele Reisfelder zu sehen. Habe wohl etwas naiv gedacht, Reis wachse vor allem in Asien. Tatsächlich aber zählen die USA zu den größten Reisexporteuren. Rund 14 Prozent des Reises auf dem Weltmarkt stammen von hier. Neben Texas wird vor allem in Arkansas, Kalifornien und Louisiana Reis angebaut. Der Auslöser soll ein heftiger Sturm gewesen sein, bei dem Ende des 17. Jahrhunderts ein holländisches Schiff so stark gebeutelt wurde, dass es im Hafen von Charleston, South Carolina, notankern musste. Die Einwohner halfen der Besatzung tatkräftig bei der Reparatur, und zum Dank soll der Kapitän einen Sack Reissaat hinterlassen haben.

John baut jetzt seit gut zwanzig Jahren hier im schwülheißen Südosten von Texas Reis an. Luftfeuchtigkeit und Moskitos sind an manchen Tagen kaum zu ertragen. Aber ein Leben woanders kann sich John kaum vorstellen.

»Nein, nicht wirklich, zumindest nicht, bis ich in Rente gehe. Ich bin auf einer Farm aufgewachsen, und als ich nach der Highschool aufs College ging, wusste ich, dass ich eines Tages wieder hier landen würde.«

Er teilt sich Arbeit und Equipment mit seinem Vater und den drei Brüdern. Nur so bleibt es halbwegs rentabel. Zweimal im Jahr wird geerntet, Ende Juli und im Oktober. Dazwischen muss man die Felder permanent bewässern, Dämme reparieren, Dünger und Pflanzenschutzmittel mit dem Flugzeug versprühen. Manchmal achtzehn Stunden am Tag. Ein harter Job, aber John liebt ihn.

»Es ist ein gutes Leben. Ich würde es für nichts in der Welt tauschen, weil es mir Freiheiten gibt, die ich in einer Firma oder so nicht hätte. Vielleicht verdiene ich weniger. Dafür sehe ich meine Frau, meine Familie und kann ein bisschen reisen.«

Gerne auch weit weg. In Afrika war er mit Anna kürzlich, auf Safari. Sie lieben die Natur, die Weite. Viel mehr brauchen sie nicht zum Glücklichsein.

»Ich möchte einfach zur Hintertür rausgehen und weit schauen können.

Klar, Berge und andere Gegenden mit Bäumen sind auch schön. Aber ich mag die Weite, nachts einfach rausgehen, die Sterne ansehen. Oder nach meinen Kühen drei Meilen entfernt auf der Weide gucken, wenn ich möchte. Ich fühle mich hier wohl. Anna und ich haben unser Haus vor dreizehn Jahren gebaut, um hier alt zu werden und vermutlich auch zu sterben ...« John lacht.

Bis dahin ist es ja hoffentlich noch eine Weile, dreiundvierzig ist er jetzt. Zum Abschied mache ich noch ein Foto. John und Anna halten einen Aufkleber der örtlichen Reisbauernvereinigung in die Kamera: »*Have a rice day!*«

Es bleibt noch eine Weile flach. Felder, so weit das Auge reicht, zwischendrin ein paar Bäche, Bewässerungsgräben alle vier, fünf Meilen, damit der Boden für den Reis ständig feucht gehalten wird. Kaum Bäume.

Bald aber ändert sich die Landschaft, ganz allmählich. Sanfte Hügel, zwischen denen Kirchtürme fast wie in Deutschland hervorlugen, die ersten Kakteen, Blumenwiesen. Ich komme ins *hill country*, passiere Schilder, die nach Weimar oder New Berlin weisen. Vor gut hundertfünfzig Jahren haben sich hier in der Gegend um San Antonio besonders viele deutsche Siedler niedergelassen. Nicht nur die vertrauten Ortsnamen zeugen davon. In Hondo komme ich beim Getränkestopp mit ein paar älteren Männern ins Gespräch, die mir von ihren deutschen Wurzeln erzählen. Einige probieren ein paar deutsche Brocken, die nur schwer zu verstehen sind. Auf Englisch können wir uns besser verständigen. Die Städte hier in der Gegend lägen alle etwa 60 Meilen auseinander, eine Distanz, die früher einem Tagesritt entsprach. Und ob ich das Schild am Ortseingang gesehen habe. Oh ja, ist nicht zu übersehen: »*This is God's country. Please don't drive through it like hell!*« (Das hier ist Gottes Land. Bitte fahren Sie hier nicht wie der Teufel durch!)

Ähnlich skurril wirkt das original elsässische Fachwerkhaus von Castroville gleich neben dem Highway. Kurz darauf treffe ich Flor aus Belgien. Er kommt mir mit dem Rad entgegen. Von San Diego will er nach Miami, in zwei Monaten. Der Mittsechziger bleibt der einzige Radler, den ich auf meiner Südroute treffe.

Die Hitze wird jetzt trockener. Auf meinem Trikot hinterlässt der Schweiß eine deutliche Salzschicht. Habe mich auf Apfelschorle ohne Kohlensäure umgestellt. Löscht den Durst auch warm besser als Suddelwasser, das nach Trinkflaschengummi schmeckt. In Del Rio ist Halbzeit zwischen

Tampa und L. A. Ich decke mich noch mal ordentlich mit Proviant ein, denn bis Sanderson übermorgen kommt erst mal nichts mehr.

Und mittendrin passiert es dann ...

Von gebrochenen Speichen im Nirgendwo, Heino-Hits in der Kaktushauptstadt und einer nächtlichen Schlangenjagd

Plonk. Schon wieder. Mir ist sofort klar, was der metallische Schlag bedeutet. Eine weitere Speiche ist gebrochen. Wie schon drei andere zuvor. In den letzten drei Stunden. Und das an meinem nagelneuen Hinterrad, das ich erst vor knapp 400 Kilometern in Houston gekauft habe. Die Sonne brennt bei fast 40 Grad vom Himmel, und ich erinnere mich an das blaue Schild, an dem ich schon vor einer ganzen Weile vorbeigekommen bin. »*Next Services – 120 Miles*«. Der Blick auf die Straßenkarte in meiner Lenkertasche bestätigt, weit und breit keine Ortschaft in Sicht. Mit vier gebrochenen Speichen am Hinterrad und gut 50 Kilo Gepäck aber kann ich nicht weiterfahren. Was tun? Bald wird die Sonne untergehen. Der endlose Highway durch die Hügellandschaft wirkt verwaist, schon seit Stunden ist kein Auto mehr über den groben Asphalt gerollt. Ich sitze fest. Irgendwo im texanischen Nirgendwo. In meiner rechten Vorderradgepäcktasche finde ich den letzten Beutel Peanutbutter-M&Ms, der trotz Hitze halbwegs unversehrt geblieben ist. Nervennahrung. Genüsslich lasse ich die süßen bunten Dragees auf meiner Zunge zergehen. Jetzt sieht die Welt schon wieder freundlicher aus. Im letzten Tageslicht stelle ich das Zelt neben einen Busch an der Straße, lege mich verschwitzt auf den Schlafsack und ahne noch nicht, dass diese Panne zum Glücksfall werden soll ...

»Willst du mitfahren?«

Erst zehn Minuten schiebe ich das Rad am nächsten Tag auf dem Seitenstreifen, als der weiß-grüne Suburban der *Border Patrol* neben mir hält. Klar will ich mitfahren und sehe mein erleichtertes Grinsen in der verspiegelten Sonnenbrille des Officers. Schnell sind Rad und Gepäck im Kofferraum verstaut, und wir sausen durch die karge Wüstenlandschaft nach Westen.

»Hinter den Hügeln da liegt die Grenze.«

Ich folge seiner Handbewegung nach Süden. Da also beginnt Mexiko und für viele Mexikaner ihr amerikanischer Traum. Nachts klettern sie illegal über die Berge ins reiche Nachbarland, auf der Suche nach einer besseren Zukunft für sich oder die Familie. Viele werden von den ständig patroullierenden Grenzbeamten bald geschnappt. Aber manche schaffen es auch und finden einen Job als Gärtner oder Putzhilfe in den reichen Vororten der Städte.

Nach knapp einer Stunde Fahrt erreichen wir Sanderson, Texas – die Kaktushauptstadt, so verkündet es das Schild am Ortseingang. Viel mehr hat das Wüstennest auch nicht zu bieten. Ein paar schäbige Kneipen, zwei Motels, ein Truckstop, bei dem man auch die nötigsten Lebensmittel kaufen kann. Keine 900 Seelen halten es hier aus, Tendenz fallend.

Am Straßenrand türmen sich an einer Stelle alte Fahrräder zu einem skurrilen Friedhof. Sie stammen von illegalen Einwanderern, die nachts die Hügel runterrollen und sich dann von einem Schlepper auflesen lassen.

Wir stoppen gegenüber vom Outback Motel, einem freundlich wirkenden Gebäudekomplex mit Windrad und Kakteengarten. Ich danke dem Officer und will mich verabschieden.

»Moment noch. Du hast sicher Verständnis dafür, dass ich auch meinen Job machen muss. Kann ich bitte mal deinen Ausweis sehen?«

Ich versuche, ein Schmunzeln zu unterdrücken. Da ist sie wieder, die blinde Obrigkeitshörigkeit, der ich in den USA schon ein paarmal begegnet bin. Oder ist das alles nur Ausdruck einer Dienstbeflissenheit, die gelegentlich mal übers Ziel hinausschießt?

Als ich mich vor vielen Jahren nach einer Reise durch die Südstaaten auf einem Parkplatz vor dem Flughafen im Auto umziehen wollte, kam ein Polizist zu mir, nur um mich darauf hinzuweisen, dass er mich dafür wegen Erregung öffentlichen Ärgernisses einsperren könnte. In Montana, einem Bundesstaat, in dem es offiziell keine Geschwindigkeitsbeschränkung auf den Autobahnen gibt, stoppte mich mal eine Streife, weil ich »zu schnell« unterwegs war. Man müsse doch immer »*safe and prudent*« fahren, sicher und vorsichtig. Und wie schnell ist das? *Well*, so 80 bis 90 Meilen ... Aha ...

Dann der Officer in Louisiana, der mich gleich einbuchten wollte, wenn ich noch mal mit meinem Fahrrad über eine Autobrücke den Mississippi quere. Vielleicht war es ja nur Fürsorge, aber irgendwie erschien mir seine Drohung ein wenig übertrieben. Doch bei der äußerst kreativen Gesetzgebung in den USA wundert einen irgendwann vermutlich nichts mehr. Stundenlang kann man im Internet surfen und findet allerlei skurrile Gesetze, bei denen man nicht weiß, ob man darüber lachen oder einfach nur den Kopf schütteln soll. Ist vielleicht gar nicht so gut, dass jedem Staat in diesem Bereich weitgehend freie Hand gelassen wird. Schon in Alabama, dem alphabetisch ersten der 50 Staaten, kommt man aus dem Staunen nicht mehr raus. So darf man in Städten kein Konfetti besitzen, darf keinen Angehörigen des Klerus imitieren, während des Geschlechtsaktes keine unanständigen Wörter ins Ohr des Partners flüstern, mittwochs nach Sonnenuntergang in Lee County keine Erdnüsse verkaufen und sonntags kein Domino spielen. Wenn

Sie einen Schirm auf offener Straße öffnen, sollten Sie aufpassen, man könnte es Ihnen als Erregung öffentlichen Ärgernisses auslegen, weil Sie vielleicht Pferde damit erschrecken. Beruhigend hingegen finde ich das Gesetz, dass man nicht Gouverneur des schönes Staates Alabama werden kann, wenn man sich irgendwann einmal duelliert hat.

Auf der anderen Seite scheuen sich die amerikanischen Uniformträger auch nicht, gelegentlich ganz pragmatisch zu handeln und ein oder zwei Augen zuzudrücken. Als ich mit dem Rad die Staatsgrenze von Louisiana nach Texas überqueren wollte, schien die Autobahn der einzig sinnvolle Weg. Die Hinweisschilder auf den Autobahnauffahrten aber sprachen eine deutliche Sprache. Fußgänger und Radfahrer verboten! In anderen Staaten und Gegenden hingegen ist das mitunter zumindest abschnittsweise gestattet. Ich erkundigte mich bei einem Polizeirevier nach einer Alternative. Ja, Radfahren auf dem *interstate* sei zwar verboten und gefährlich, meinte ein Polizist, aber er würde mich nicht stoppen, wenn er mich erwische. Ich solle nur nicht zu lange drauf bleiben.

Und wie lange ist zu lange?

Keine Ahnung, nicht zu lange halt. Viel Glück ...

In meiner Lenkertasche krame ich nach dem Reisepass mit dem frischen B-Visum. Der Border Patrol Officer ist zufrieden. »Alles in Ordnung, gute Reise.«

Ich schiebe mein Rad auf die andere Straßenseite, öffne die Tür zur Rezeption des Motels. Alles verwaist. Im Nebenraum surrt ein Ventilator gleichmäßig. Dort scheinen die Besitzer auch zu wohnen.

»Hallo?«

»Komme gleich.« Die Stimme dringt aus einem weiteren Raum, gleich gegenüber von der Rezeption, den ich erst jetzt bemerke. Ich klopfe zaghaft.

»Komm nur rein ...« Ich stoße die Tür auf. Da steht Roy, der Besitzer, Silberblick, sehr hohe Stirn und graues T-Shirt mit Aufdruck: »*You might be a herper if* ...« Darunter eine ganze Liste von mehr oder minder lustigen Indizien, die darauf hindeuten sollen, dass man Schlangenfan ist. Eines sticht mir ins Auge: »... wenn deine Gefriertruhe neben Eiswürfeln auch Nagetiere enthält!« Aha, dann ist das, was er da in seiner rechten Hand hält ...

»Ratte am Stiel! Hi!« Ich zucke kurz zusammen. Hat er gerade »Ratte am Stiel« gesagt? Man erzählt sich ja, dass Texaner in der Einöde mitunter schrullig werden können, aber das ...

»Nein, nein, die ist nicht für dich, sondern für Mathilda, meine Hausklapperschlange.«

Erst jetzt bemerke ich das Zischen und Fauchen in den zahlreichen Glaskästen um mich herum. Ich stehe mitten in einem 10 Quadratmeter kleinen Raum ohne Fenster, umgeben von einem Dutzend der giftigsten Schlangen Nordamerikas.

»Suchst du ein Zimmer, oder interessierst du dich auch für Schlangen?«

»Ein Zimmer«, stammle ich und will den Raum gerade wieder verlassen.

»Haben wir, kriegst auch einen Sonderpreis. Und wenn du Lust hast, zeige ich dir später noch die anderen Tiere. Wir haben Skorpione, Vogelspinnen ...«

»Danke, aber ich muss mich erst mal um mein Rad kümmern.«

Roy legt die »Ratte am Stiel« zurück in die Gefriertruhe. Ich erzähle ihm von meiner Tour, der Sache mit den Speichen und dass ich nicht genau weiß, wie es nun weitergeht.

»Kein Problem. Unser Nachbar zwei Straßen weiter ist auch Radfahrer. Der kann dir bestimmt helfen.«

Sechs Jahre Deutschland prägen: Rekordradler Mike Mann

Bestimmt, denke ich. Hilfsbereit und optimistisch sind die Amerikaner ja. Aber manchmal auch ein wenig naiv. Ich brauche keinen Hobbyradler sondern einen ambitionierten Zweiradmechanikermeister deutscher Prägung. Halbherzig folge ich der Beschreibung zu einem flachen Haus mit Steingarten und indianischen Verzierungen auf den ockerfarbenen Wänden. Ich klopfe. Nichts. In einem Zimmer krächzt ein Transistorradio Rockklassiker aus den Sechzigern. Ich klopfe noch mal.

»Ist offen!«

Als ich die Tür öffne, dampft mir eine Wolke aus Hefe und Malz entgegen.

»Hi, ich bin Mike, sorry für die Unordnung, aber ich braue gerade Bier.«

Mike rührt in einem großen Metalltopf, um ihn herum liegen Säcke, Beutel und Flaschen. Er trägt einen Schlapphut, Latzhose und einen ausladenden Schnurrbart, mit dem er bei jedem Wettbewerb in Oberbayern einen Preis gewinnen könnte. Ich stelle mich vor und erzähle von meiner Reise.

»Cool, du bist auch Long-Distance-Biker. Ich komme gerade von einem kurzen Trip, 1500 Meilen durch Arizona, New Mexico und ins Tal des Todes in Kalifornien. Jetzt sehne ich mich nach ein bisschen Urlaub.«

»Und wie sieht Urlaub für dich aus?«

»Wahrscheinlich suche ich mir einen Job und arbeite für ein paar Monate als Ingenieur, irgendwo draußen.«

Dass Arbeit für ihn wie Urlaub ist, begreife ich erst, als er mir von seinen Touren erzählt.

»Ich war mit meinem Rad überall in Europa, Deutschland, Tschechien, Holland, Schweiz, Frankreich, Australien, Neuseeland und ein paarmal durch die USA.«

»Hast du jemals deine Meilen zusammengezählt?«

»Alles in allem müssten das rund 250 000 Meilen sein. Ja, es wird Zeit für die Rente ...«

Wow, das muss der am weitesten gereiste Radler Amerikas sein, in einem Land, wo man normalerweise nur etwas gilt, wenn das eigene Auto mehr als 20 Liter auf 100 Kilometer frisst.

Mike führt mich in seine Garage. In einer Ecke hat er sich eine akribisch sortierte Werkstatt eingerichtet. Hier gibt es alles. Zahnkränze, Ketten, Tretlager und – jede Menge Ersatzspeichen.

Auf einem tragbaren CD-Spieler entdecke ich die Hülle einer CD. »Heino – 25 Jahre!«

»Was ist das denn?«

»Oh, das habe ich aus Berlin mitgebracht, da war ich sechs Jahre mit der Armee als Übersetzer.«

Mike grinst schelmisch.

»*Everyone loves Heino. I love Heino, you love Heino, Heino you do!*«

Er wendet sich meinem Rad zu.

»Du weißt ja, mit Musik geht alles besser!«

Und im nächsten Moment startet er seinen Lieblingssong: »*Ja, ja, sie ist so wunderbar, die schwarze Barbara ...*«

Innerhalb weniger Minuten sind die Ersatzspeichen eingezogen, das Rad ist wieder halbwegs zentriert, und ich kann weiterfahren. Zum Dank lade ich Mike ins rustikale No Name Café ein, das einzige wirkliche Restaurant der Stadt. Auf den wenigen Metalltischen liegen karierte Plastiktischdecken. Die Salz- und Pfefferstreuer stehen, säuberlich arrangiert, neben den Papierserviettenhaltern. So früh am Abend ist kaum Kundschaft da. Bei Tortillas und Eistee plaudern wir noch eine Weile.

»Ich wollte einen Platz zum Leben, der isoliert lag, weit weg von allem, günstig, wo ich mein Haus auch mal für sechs oder acht Wochen verlassen konnte, für Radtouren, Jobs oder einfach, um es mir gut gehen zu lassen, ohne dass ich mir Sorgen machen musste wegen Einbrechern.«

In seinem klugen Buch »Restless Nation – Starting over in America« (Rastlose Nation – Neubeginn in Amerika) schreibt der Soziologe James M. Jasper, dass der durchschnittliche Amerikaner alle fünf Jahre umzieht. 20 Prozent sind es rein statistisch pro Jahr. Zum Vergleich: Deutschland liegt mit gerade mal vier Prozent im europäischen Durchschnitt. Der amerikanische Psychiater Fred Goodwin hat das viele Umziehen in einem Interview mit dem Fernsehsender CNN sogar mal genetisch erklärt. Es gebe vermutlich ein Gen, dass den Menschen risikofreudig und abenteuerlustig mache. Wer das in sich trage, der ziehe womöglich auch gerne um, immer auf der Suche nach der nächsten Herausforderung. Und weil die ersten Siedler aus Europa sicher auch zu diesem Typus gehörten, treffe man in den USA wahrscheinlich mehr Träger des Umzugsgens.

Das erklärt vielleicht auch, warum die Amis so oberflächlich, aber auch so umgänglich und freundlich sind. Wer nur so kurz an einem Ort bleibt, hat nicht genug Zeit, um tief gehende Freundschaften aufzubauen. Man muss schnell Kontakt finden und grüßt halt jeden, auch wenn er fremd ist. Man geht viel schneller aufeinander zu. Kontakt zu finden ist einfach in den USA. Freunde finden vermutlich nicht. Die Amerikaner sind also im Grunde ein nomadisches, migrierendes Volk geblieben, ständig auf der Suche nach dem gelobten Land und jederzeit bereit, dafür alles stehen und liegen zu lassen, um woanders wieder ganz von vorne anzufangen. Wer so mobil lebt und denkt, ist hilfsbereiter und bleibt sicher wacher im Geist. Die amerikanische Regierung leistet seit Generationen ihren Beitrag, um die Landsleute mobil zu halten. So erklären sich vielleicht auch die relativ geringen Spritpreise in den USA, weil hier die Steuern auf Treibstoffe deutlich unter denen vieler anderer Länder liegen. In James Jaspers Buch über die rastlose Nation habe ich noch einen interessanten Aspekt entdeckt, der den anhaltenden Entdecker- und Abenteuergeist der Amerikaner unterstreicht: die Namen der Autos. Während bei uns ja vor allem die Modellreihen der Nobelkarossen spartanisch mit Buchstaben und Seriennummern bezeichnet werden, heißen amerikanische Fahrzeuge *Mustang*, *Thunderbird*, *Explorer*, *Expedition*, *Cherokee* oder *Yukon*. Das Auto sei für Amerikaner eine Insel der Autonomie und Freiheit, schließt Soziologe Jasper und erklärt damit auch, warum nicht mal sechzig Prozent der Autofahrer in seiner Heimat einen Sicherheitsgurt tragen, obwohl es in 49 der 50 Staaten vorgeschrieben ist. »*Buckle up – It's the law!*«, mahnen deshalb noch Schilder an den *interstates*, Anschnallen, so will es das Gesetz. Für uns eine Selbstverständlichkeit, für viele Amerikaner offenbar ein Eingriff in das persönliche Freiheitsrecht.

Während Mike also vor allem aus praktischen und wirtschaftlichen Gründen nach Sanderson zog, sind es bei Motelbesitzer Roy die Schlangen und die Suche nach einem alternativen Lebensstil gewesen, die ihn aus Kansas in die texanische Einöde verschlagen haben.

»Meine Frau arbeitete als Einkäuferin, hing ständig am Telefon und im Internet, musste sich mit Leuten herumärgern. Und ich hatte für sechs Jahre eine Tierhandlung. Wir wollten was Neues ausprobieren.«

Roys Leidenschaft für Schlangen begann im Alter von fünfzehn Jahren.

»Ich habe alles über sie gelesen und dann angefangen, sie zu sammeln. Klar hatte ich auch Angst vor ihnen, als kleines Kind, aber je mehr ich über sie lernte – wie sie leben, dass wir Menschen sie mehr und mehr bedrängen –, desto mehr war ich fasziniert.«

Jetzt versucht er, auch andere Menschen aufzuklären. Er geht besonders gerne in Schulen, damit die Kinder die Scheu und Angst vor Schlangen verlieren.

»Am Anfang will meist niemand eine Schlange anfassen. Dann halte ich den Kopf zurück und sage ihnen, berührt diesen Tisch, und dann berührt den Bauch der Schlange, und sagt mir, was der Unterschied ist. Kinder werden dann neugierig. Und sie merken, dass eine Schlange gar nicht schleimig ist, sondern ganz glatt und weich, dass es sich gar nicht schlimm anfühlt.«

Mittlerweile melden sich die Nachbarn sogar bei Roy, wenn sie eine Schlange in ihrem Garten oder Haus entdecken. Er fängt sie dann, um sie später in sicherem Gebiet wieder auszusetzen. Auch nachts ist Roy häufig unterwegs.

»Ja, die Schlangen kriechen nachts auf den warmen Asphalt und werden dann überfahren. Um das zu verhindern, patrouilliere ich fast jede Nacht für mehrere Stunden und sammle die kleinen Biester ein.«

Ich werde neugierig.

»Lust auf eine Schlangenjagd?«

Und ob. Schließlich ist es ja zum Wohle der Tiere, mache ich mir Mut. Wir beladen seinen Pick-up mit Eimern, Lampen und einer Greifzange und fahren auf dem Highway durch die laue Wüstennacht.

»Da drüben ist einer ihrer Lieblingsplätze.« Roy deutet auf Felsspalten und drückt mir eine Lampe in die Hand. Wir leuchten akribisch in jede Ritze. Nichts. Plötzlich klopft Roy mir auf die Schulter.

»Da drüben ... eine Schwarze Witwe.«

Erst bei genauerem Hinsehen erkenne ich das Spinnennetz.

»Siehst du den roten Punkt auf ihrem Leib?«

Ich habe sie mir viel größer vorgestellt, so aber könnte es jede dicke Kreuzspinne zu Hause in Deutschland mit ihr aufnehmen. Und hätte vermutlich keine Chance. Schwarze Witwen zählen zu den giftigsten Spinnen Amerikas, sind jedoch für einen Menschen längst nicht so gefährlich wie die beiden jungen Klapperschlangen, die wir später noch auf der Straße finden und in einem Plastikeimer mitnehmen.

»Die sind erst ein paar Monate alt, aber sie könnten dich schon töten. Pass also besser auf, wenn du hier draußen campierst!«

Das muss Roy mir nicht zweimal sagen. Ich werde meine Lagerplätze noch genauer unter die Lupe nehmen, bevor ich mein Zelt aufstelle, und möglichst viel Lärm machen, um jegliches Getier zu verscheuchen.

»Reptilien sind großartige und faszinierende Haustiere!«, beruhigt mich Roy wieder.

»Letztes Jahr war sogar ein Schweizer hier, der Schlangen jagen wollte. Natürlich kann man auch gezüchtete Schlangen kaufen, aber es ist wie bei einer Trophäe. Selbst in der

Wildnis eine Schlange zu fangen ist was ganz anderes. Die Leute kommen deswegen von überall hierher.«

Roy hat mittlerweile mehr als 80 Exemplare in seiner Sammlung. Die meisten hält er in Kunststoffgefäßen in einem Regal. Ich überlege kurz, ob man als Schlange wohl glücklich ist, wenn die Einzimmerwohnung eine olle Tupperdose ist? Dafür gibt es Vollpension.

»Die meisten Schlangen fressen Ratten oder Mäuse, die ich selbst züchte. Die braunen schmecken nach Schokolade, die weißen nach Vanille ...«

Netter Versuch.

Ah, ja ... und weil der Vorrat gleich eingefroren wird, ist Roys Tiefkühltruhe wohl so etwas wie ein Eiscremeparadies für Reptilien?

»Es ist sicherer für die Schlangen, sie mit toten Tieren zu füttern. Ich habe schon erlebt, wie Mäuse Schlangen getötet haben. Einmal hat sogar eine Maus die Rassel einer Klapperschlange abgebissen, ohne dass die Schlange sich gewehrt hat. Nein, tote Mäuse und Ratten sind besser für die Schlangen.«

Und was ist mit der Fairness? Ich verdränge den Gedanken und merke, wie ich selbst wieder Hunger kriege. Ich schlendere zum Truckstop auf die andere Seite der Straße. Zwischen Motoröl und Arbeitshandschuhen finde ich zwei Barbecue-Sandwiches und eine 3-Liter-Flasche Cola. 900 Einwohner und kein Supermarkt. Die meisten Bürger von Sanderson erledigen ihren Großeinkauf wohl einmal die Woche im 100 Kilometer entfernten Fort Stockton. Mein nächstes Ziel aber heißt El Paso.

Claudia und Markus haben mich eingeladen, ein Ehepaar aus Niederbayern, das für drei Jahre mit der Bundeswehr dort stationiert ist. Sie hören regelmäßig Bayern 3 übers Internet und haben so von meiner Reise erfahren. Außerdem gibt es in El Paso bestimmt einen guten Radladen, der meine Hinterradprobleme endgültig lösen kann. Die Kollegen in Houston haben mir nämlich am Telefon auf meine Nachfrage hin erklärt, dass man vermutlich in der Hektik vergessen habe, bei diesem maschinenverspeichten Modell noch mal nachzujustieren. Na, herzlichen Dank.

Von Schwarzwälder Kirsch in El Paso, Marshall Günters Klapperschlangeneintopf und einem Engel auf dem Müllberg

26. Mai, fast vier Wochen bin ich jetzt unterwegs. Fünf gebrochene Speichen, zwei platte Reifen, Kilometerstand 2600. Der Höhenmesser zeigt fast 1300 Meter. Ich bin in Marathon, Westtexas. Die Landschaft wird immer beeindruckender, die Berge höher, die Vegetation spärlicher. Mein Hinterrad hat einen halben Tag gehalten, dann ist die nächste Speiche gebrochen. Es wird nicht die letzte bleiben. Bis Seattle, also bei Halbzeit der Tour, werden es fünfzehn gebrochene Speichen sein. Auch alles Nachzentrieren und Austauschen in verschiedenen *bike shops* hilft nicht. Ich versuche eine gewisse Gelassenheit zu entwickeln, obwohl es schon nervt. Jedes Mal abladen, ausbauen, Speichen wechseln, justieren, einbauen, beladen. Im Schnitt kostet mich das fast eine Stunde, bis ich wieder auf dem Rad sitze und weiterfahren kann. Andererseits ergibt sich manche Begegnung vielleicht erst durch so einen Zwischenfall, wie ich es gerade in Sanderson erfahren habe.

Ich schreibe nicht gerade wirklich, dass die kaputten Speichen das Beste sind, was mir passieren konnte, oder? Wohl zu lange in der Sonne gefahren ...

Markus liest mich in Van Horn auf, einem trostlosen Autobahnkaff mit Fast-Food-Läden und heruntergekommenen Motels. Wir laden das Rad in den Kofferraum seines Opel

Zafira, den er aus Deutschland mitgebracht hat. Drei Jahre ist er insgesamt in El Paso stationiert, wo die deutsche Luftwaffe mit der amerikanischen Air Force gemeinsam Flugabwehr trainiert. Während der Fahrt überlege ich kurz, ob ich gerade schummle und nicht doch lieber mit dem Rad bis El Paso hätte fahren sollen. Über 200 Kilometer auf dem Seitenstreifen der Autobahn bei starkem Verkehr wäre zwar an dieser Stelle erlaubt, aber nicht wirklich verlockend. Und es wird der einzige längere Abschnitt der Tour bleiben, den ich nicht aus eigener Kraft zurücklege, beruhige ich mich.

Claudia und Markus wohnen in einem großzügigen Haus mit Pool und Jacuzzi am Nordostrand von El Paso. Zur Begrüßung ist die bayerische Fahne gehisst, neben der Eingangstür prangt sorgsam verschraubt das Wappen des Freistaats Bayern. Nicht nur die Amis können patriotisch sein.

Markus ist Oberstleutnant, arbeitet als Ausbilder an der Raketenschule. Für die beiden Niederbayern ist es schon der zweite Aufenthalt in Fort Bliss, El Paso. In den 1950er-Jahren begann die Bundeswehr, amerikanische Waffensysteme zu kaufen. Seit dieser Zeit werden jährlich einige hundert Soldaten der Luftwaffe an verschiedenen Standorten in den USA und Kanada gemeinsam mit den amerikanischen Truppen ausgebildet.

Manche deutsche Soldaten wollen anschließend gar nicht mehr weg. So wie Peter aus Bochum, der seit einem Jahr eine Bäckerei in der Stadt betreibt. Strudel, Bienenstich, Berliner, Vollkornbrote und Brezeln gibt es hier. Schmeckt fast wie zu Hause. Fast, denn manche Zutaten gibt es in den USA offenbar nicht.

»Die kennen zum Beispiel nur eine Schrotart. Für ein vernünftiges, schweres Schwarzbrot braucht man aber drei. Also kann man schon mal kein Schwarzbrot produzieren hier. Weil es dann einfach zu locker bleibt.«

Das erklärt einiges, aber es ist noch lange keine Entschuldigung für die berühmten labbrigen, weißen Laibe aus den Supermärkten, die die Bezeichnung »Brot« nun wahrlich nicht verdient haben.

»Ich glaube, das ist reine Gewohnheitssache. Und was hier speziell in El Paso dazukommt, ist der Einfluss von Mexiko, von der anderen Seite, weil es dort auch nur dieses weiche, matschige Brot gibt. Da haben sich die Bäcker hier einfach angepasst, an die Bräuche dieser Kultur, sehen keinen Sinn darin, das zu ändern.«

Ich weiß nicht, Peter. Da muss man doch als deutscher Bäcker Ausschlag kriegen, wenn man den nicht ohnehin schon von der Mehlstauballergie hat. Ähnlich peinlich finde ich übrigens, auch wenn es erst in zweiter Linie hierher gehört, das amerikanische Klopapier. Von der Konsistenz her genauso weit weg von der Zweckmäßigkeit wie das amerikanische Durchschnittsbrot.

Peters Laden jedenfalls brummt, die Hälfte der Kunden sind mittlerweile Amerikaner, die nicht gleich sauer werden, wenn die Spezialitäten mal vorübergehend aus sind.

»Ich kann mir vorstellen, wenn das in Deutschland passieren würde – man kommt in eine Bäckerei, und es sind keine Brötchen mehr da –, dann würde es ganz schön Ärger geben. Und hier sagen sie, sie kommen später wieder. Und die kommen auch wieder!«

Ja, geduldig sind die Amerikaner wirklich. Auch wenn es ums Anstellen geht. An der Supermarktkasse, vor der Achterbahn im Vergnügungspark oder am Flughafenschalter. Da wird nicht gedrängelt wie bei uns, sondern diszipliniert gewartet, bis man an der Reihe ist. Und ist mal nicht klar, wer zuerst da war, entschuldigt man sich vorsichtshalber und lässt dem anderen mit einer großzügigen Geste selbstverständlich den Vortritt. Manchmal kommt man aus dem Entschuldigen gar nicht mehr raus. Überall, wo Menschen sich begegnen und potenziell im Weg stehen könnten, hört man: »*Excuse me* ...« Wenn man im Supermarkt zum Beispiel das kilometerlange Cerealienregal blockiert, weil man sich bei der Auswahl nicht entscheiden kann, warten die Amerikaner geduldig und huschen irgendwann verstohlen, devot an einem vorbei, nicht ohne sich auch noch dafür zu entschuldigen. »*Excuse me* ...« Ja, die Amerikaner sind ein höfliches Volk. Da könnte sich mancher deutsche Griesgram ruhig mal ein wenig inspirieren lassen.

Samstags sind Sophie und Trudi regelmäßig bei Peter in der Bäckerei, zum Kaffeeklatsch bei Zwetschgendatschi und Schwarzwälder Kirschtorte. Über vierzig Jahre leben die beiden jetzt schon in Amerika, ihrer Männer wegen. Und sie fühlen sich wohl.

»Ich liebe Amerika. Deutschland ist meine Heimat und wird es immer bleiben. Aber ich liebe Amerika. Auf Dauer würde ich in Deutschland nicht mehr leben wollen.« Vor allem die Größe und Weite des Landes haben Trudi imponiert. Aber manchmal kommt doch das Heimweh.

»Ich vermisse zum Beispiel die deutschen Kaffeehäuser. Und den deutschen Stadtbummel, den man ja hier nicht so hat, weil es überall die großen Malls gibt. Aber im Großen und Ganzen bin ich sehr glücklich hier.«

Sophie nickt.

»Was mir fehlt hier, sind die Familientreffen. Ich hab ja niemanden hier, meine ganze Familie ist in Deutschland. Das vermisse ich. Zusammenkommen mit der Familie und die gemütlichen Abende und die Geburtstage, Weihnachten, das vermisse ich mehr als alles andere. Oft bin ich am Telefon, und ich sage, was ist das für ein Geräusch, und dann sagt die Heidi, ach, die Christa ist da und die Gabi, und wir haben Kaffee. Und dann packt es mich irgendwie, *you see what I mean*, nur für ein Wochenende oder so möchte ich sie dann besuchen, und das fehlt mir.«

Deutsch und Englisch vermischen sich ein wenig nach so langer Zeit in den USA.

Günters Geschichte ist auch spannend. Er kam vor über dreißig Jahren mit der Bundeswehr aus Neumünster in Schleswig-Holstein.

»Dann hab ich die ganze Zeit, wo ich beim Bund war, immer überlegt: Mensch, ich möchte gerne in den USA leben, wie mach ich das? Ich war mit einer deutschen Frau verheiratet, die hat sich dann hier unglücklicherweise von mir scheiden lassen und blieb einfach hier, die hat einen Amerikaner geheiratet, und bumms, war sie hier.«

Das kann ich auch, hat sich Günter vermutlich gedacht, und innerhalb von vier Monaten eine amerikanische Frau gefunden. Und bumms, war auch er hier. Ein kleines Baugeschäft hat er sich im Lauf der Jahre aufgebaut, aber seine große Leidenschaft gehört dem Wilden Westen. So schlüpft er regelmäßig in die Rolle des Marshalls, trägt einen langen schwarzen Stoffmantel, weißen Stetson mit breiter Krempe und die Winchester gerne im Anschlag. Mindestens einmal im Monat wird seine Kakteenhacienda zum Westernschauplatz. Die Kulisse hat er mit viel Liebe zum Detail selbst gebaut. Wände aus Lehmziegeln, Saloonfassade mit *porch*, nebenan ein Galgen samt Friedhof.

»Wir führen Geschichten auf, die sich in und um El Paso abgespielt haben. So naturgetreu und so gut wie möglich. Aber wir schreiben mittlerweile auch unsere eigenen Sachen. Ein Hauptmann hier hat ein sehr gutes Drehbuch geschrieben, und das führen wir jetzt auf, schon seit einem Jahr machen wir dieselbe Show.«

Die meisten Darsteller seiner Wildwesttruppe sind deutsche Soldaten, zuverlässiger als die Einheimischen, meint

Von Neumünster nach New Mexico: Marshall Günter

Günter. Auch bei den Zuschauern überwiegen die Deutschen. Sogar der damalige Verteidigungsminister Peter Struck war schon zu Gast und hatte einen Riesenspaß.

»Der sollte ursprünglich zwei Stunden hierbleiben und ist dann vier Stunden geblieben. Da habe ich meinen berühmten *cowboy stew* gekocht, wo ich immer sage, dass da Klapperschlangenfleisch drin ist, was gar nicht stimmt. Und da sagt er: Da soll ja eigentlich auch Schießpulver drin sein, und ich sag: Ja, im alten Wilden Westen hat man immer ein klein bisschen Sulfur oder Schießpulver mit reingetan, nur aus Spaß. Ja, sagt er, da ist doch aber keins drin? Da hab ich die Pistole genommen und hab da reingeschossen und gesagt: Jetzt ist es drin!« Günter lacht schelmisch. Und ich zweifle nicht, dass es sich genau so zugetragen hat.

»Ich könnte wohl ohne diese Shows kaum noch hier leben. Wenn das mal flachfällt, wenn ich mal zu alt werde für so was hier, dann nur noch Erinnerungen habe – nee. Also, man sagt immer: Du hättest im Wilden Westen leben müssen! Ich sag: Nee, nicht ohne kaltes Bier und mit der Hitze. Da hätte man nicht gut leben können, nee, aber die Sache wieder aufführen ist interessant.«

Ich bin noch nie in Mexiko gewesen. Es wäre fast ein Frevel, wenn ich die Gelegenheit jetzt nicht ergreifen würde. Wir müssen ja nur auf die andere Seite des Flusses. Da liegt Juarez. Und jenseits des legendären Rio Grande beginnt eine andere Welt. Der Fluss mit dem berühmten Namen ist hier nur noch eine Pfütze, in die die Abwässer der beiden Großstädte gepumpt werden. Alles andere als wildromantisch. Auf einer ehemaligen Mülldeponie in Juarez unterstützen die Bundeswehrsoldaten mit ihren Frauen ein Hilfsprojekt. Der Anblick der armseligen Hütten auf dem Gelände erinnert mich an die Favelas in Südamerika.

Wir treffen Frank Larcon, vierundsiebzig, klein und drahtig, ein pensionierter Postbote mit mexikanischen Wurzeln. Seit über dreißig Jahren setzt er sich jetzt schon für die Menschen hier ein. Angefangen hat alles mit dem Lord Store.

»Hier ist jeder arm. Aber wir wollten den besonders Armen helfen, die sich Einkaufen in einem normalen Laden nicht leisten können. Die kommen dann jeden Samstag zu uns und bekommen die Sachen mit etwa zwanzig Prozent Rabatt.«

Dreihundert Familien werden so zurzeit unterstützt, und wenn jemand mal überhaupt kein Geld hat, bekommt er die Lebensmittel ganz umsonst.

»Niemand wird abgewiesen, niemand. Die einzige Voraussetzung, die du mitbringen musst, um Hilfe zu bekommen, ist Armut!«

Frankys Engagement begann eigentlich Weihnachten 1972, als er mit einer Kirchengruppe aus El Paso zum ersten Mal auf den Müllberg kam.

»Wir hatten Essen für vielleicht hundert, hundertfünfzig Menschen mitgebracht, das wir verteilen wollten. Aber es kamen mindestens dreihundert. Ich war schockiert, wie viele hier oben auf dem Müll leben.«

Erst spät in der Nacht war Franky wieder zurück in El Paso, hat sich in sein Zimmer eingeschlossen und gebetet.

»Ich habe Jesus um einen Job da oben gebeten. Und hier bin ich, seit über dreißig Jahren. Manchmal sollte man eben vorsichtig sein, worum man Gott bittet ...«

Sein breites Lächeln hat fast etwas Bubenhaftes. Er ließ sich früh von seinem Job bei der amerikanischen Post pensionieren, um sich ganz den Menschen hier zu widmen.

»Damals habe ich von elf bis sieben Uhr abends gearbeitet, hatte die Wochenenden frei. Jetzt stehe ich um halb vier oder vier Uhr morgens auf und arbeite bis sechs oder sieben. Ich arbeite mehr als früher und werde nicht mal bezahlt. Im Gegenteil, ich gebe anderen noch Geld von meiner Rente.«

Und das meint er nicht vorwurfsvoll, Franky wirkt dankbar und glücklich. Stolz zeigt er uns die anderen Einrichtungen, die im Laufe der Jahre entstanden sind. Kinderbetreuung, Schule, Praxisräume, in denen verschiedene Ärzte tageweise arbeiten. Von den Patienten erhalten sie ein paar Pesos, die eher symbolischen Wert haben und, wenn es gut läuft, vielleicht die Spritkosten decken. Brillen und Medikamente werden kostenlos verteilt. In einem großen, zweistöckigen Gebäude mit weißen Mauern, auf die bunte Blumen gemalt sind, befindet sich ein Speisesaal.

»Wir geben ungefähr zweihundert Mahlzeiten am Tag aus, Frühstück und Mittagessen. Kostenlos. An die Kinder, bis sie in die sechste Klasse kommen.« Obwohl auch ein paar ältere noch kommen dürfen.

Wer keine Schule besuchen kann, weil er keine Geburtsurkunde besitzt (und das sind viele, bei der hohen Zahl an Hausgeburten), bekommt hier die Möglichkeit, trotzdem einen Abschluss zu machen. Frankys nächstes Projekt: eine Sargfabrik.

»Viele Menschen hier können sich keine Bestattung leisten. Denen wollen wir helfen.«

Auch seinen eigenen will er hier machen lassen, wenn es mal so weit ist. Franky hatte Krebs, und sein Elan täuscht über seinen Gesundheitszustand hinweg. Sein großer Traum ist ein komplettes Gemeindezentrum, mit Sporthalle, damit die Jugendlichen von der Straße und den Drogen dort wegkommen.

»Gott kümmert sich schon darum, dass wir das kriegen, was wir brauchen. Die Leute klopfen mir immer auf die Schulter, weil ich schon so lange dabei bin. Aber es ist Gott, der das alles macht. Er schickt all die wundervollen Menschen, die die ganze Arbeit machen, und ich bekomme am Ende die Lorbeeren.«

Seine Bescheidenheit, Zufriedenheit und sein Gottvertrauen beeindrucken. Ich kann mich nicht erinnern, bei uns einem Menschen begegnet zu sein, der ähnlich glücklich wirkte wie Franky.

Claudia und Markus schlagen noch einen Besuch bei den Rarámuri-Indianern weiter im Landesinneren vor. Auch hier helfen die Bundeswehrsoldaten und ihre Frauen, vor allem finanziell. Von meinen Reisen und Begegnungen im Land der Sioux möchte ich Ihnen später noch berichten. So viel aber schon mal vorweg: Ihre Kultur fasziniert mich. Heute kämpfen die Sioux vor allem darum, sie zu bewahren. Mit anderen indigenen Völkern habe ich mich dagegen nur wenig auseinandergesetzt und bin jetzt sehr gespannt, wie die Rarámuri in Mexiko heute leben. Ihr Name bedeutet so viel wie »Fußläufer«, ihre Ausdauer beim Laufen und Marschieren scheint den Buschmännern in Afrika in nichts nachzustehen. Bei traditionellen Wettkämpfen gibt es Rennen, die mehrere Tage dauern können und bei denen die Läufer ohne Unterbrechung manchmal weit über 100 Kilometer zurücklegen, allerdings nicht ganz ohne Doping. Um Müdigkeit und Erschöpfung zu bekämpfen, rauchen sie angeblich eine Mischung aus Tabak, Fledermausblut und getrockneter Schildkröte. Das klingt so wenig verlockend, dass ich nicht mal ansatzweise darüber nachdenke, es bei meiner Weiterfahrt auch zu probieren.

Angeblich sollen die Rarámuri die reinste ethnische Gruppe in ganz Amerika sein. Durch ihre zurückgezogene, isolierte Lebensweise haben sie ihre Traditionen und ihre Sprache noch weitgehend bewahren können. Über 50 000 Rarámuri leben heute in den Canyons und Bergen der Sierra Tarahumara am Südrand der Chihuahua-Wüste. Durch dieses Gebiet zieht sich auch die berühmte Kupferschlucht, deren Canyons mit teilweise über 1800 Meter tiefer sind als der Grand Canyon. Die meisten Besucher kommen vermutlich über die spektakuläre Eisenbahnstrecke hierher. Wir hingegen entscheiden uns für das Auto, um flexibler zu sein. Markus parkt seinen Wagen auf der amerikanischen Seite der Grenze, damit er sich aufwendige Kontrollen bei der Rückkehr erspart. Mit unserem Gepäck laufen wir dann zu Fuß über die Brücke des Rio Grande und werden auf der anderen Seite von Anna-Maria empfangen. Die Mexikanerin ist eigentlich Zahnärztin, arbeitet zurzeit aber als Lehrerin an einer Montessori-Schule und unterstützt die Hilfsprojekte für die Rarámuri. Acht Stunden dauert die Fahrt in ihrem Minivan von Juarez über staubige Wüstenpisten bis nach Creel. Der kleine Ort in den Bergen liegt auf fast 2500 Metern und bietet die beste Infrastruktur für Ausflüge und Wanderungen in die Schluchten. Seit über vierzig Jahren betreiben Jesuiten hier auch eine Mission mit Kinderkrankenhaus und einem kleinen Laden am Bahnhof, in dem man authentische Waren der Rarámuri kaufen kann. Damit werden die Indianer und die Arbeit der Mission unterstützt.

»Oft sehen wir die Indianer nur als arme Leute, denen wir helfen müssen. Dabei können wir so viel von ihnen lernen. Ihre tiefe Gastfreundschaft, ihren Respekt für alles Leben und die Natur oder ihre Bereitschaft zu teilen. Das ist das Grundprinzip in ihrer Kultur«, erklärt uns Padre Hilo nach einem Rundgang durchs Krankenhaus. »Wir machen heute immer noch die gleichen Fehler wie die ersten Missionare vor fünfhundert Jahren. Das Wichtigste ist, dass wir unsere Herzen öffnen. Sie sind in erster Linie Menschen und keine armen Schlucker.«

Und denen geht es am besten, wenn man ihnen hilft, ihre Kultur zu bewahren, statt dass man sich an europäischen Idealen orientiert.

»Wir wollten sie in die Stadt holen, aber nein! Die Indianer sind in den Bergen zu Hause, in den Tälern. Sie leben autark, und wir müssen erkennen, welche großen Schätze sie in ihrer Kultur bergen.«

Das hat Antonio offenbar schon begriffen. Mit ihm fahren wir über eine Hochebene in den Bergen.

»Ich kam vor über zehn Jahren hierher, eigentlich auf der Suche nach Frieden für meine Seele. Dann hat mich der Padre eingeladen, beim Bohren nach Wasser zu helfen. Und seit dieser Zeit arbeite ich jetzt mit den Indianern.«

Mit einer Wünschelrute sucht Antonio nach Wasseradern und unterirdischen Quellen. Die zu finden sei mit dieser Methode nicht schwer. Das anschließende Bohren aber ist manchmal problematisch.

»Der Bohrer geht oft kaputt, weil das Vulkangestein so hart ist.«

Achtzig neue Brunnen sind so in den letzten Jahren entstanden, die die zersiedelt lebenden Rarámuri mit klarem Wasser versorgen. Grundvoraussetzung für das Überleben in der trockenen Gegend. Vom Maisanbau und bescheidener Viehzucht leben die Familien, manche noch in altertümlichen Wohnhöhlen, viele aber inzwischen auch in kleinen Hütten aus Lehmziegeln.

Wir besuchen die zierliche Martha. Sie trägt einen leuchtend roten Faltenrock, eine rote Bluse mit Rosenmuster und ein buntes Kopftuch. Die Rarámuri lieben es farbenfroh, auch bei der traditionellen Kleidung der Männer, die ebenfalls aus Blusen und Lendenschurzen besteht. Schüchtern, aber auch ein wenig stolz zeigt uns Martha den Rohbau ihres neuen Häuschens. Bald soll sie auch noch einen neuen Brunnen bekommen. Der alte funktioniert nach fünfzehn Jahren nicht mehr richtig. 3500 Dollar kostet ein neuer Brunnen durchschnittlich. Viel Geld, das aus Spenden kommt, auch von den deutschen Soldaten. Aber nicht alle Familien können sofort versorgt werden. Stattdessen teilen sich viele dann Wasserlöcher mit den Tieren, die sie versorgen, Rinder, Schafe, Ziegen, ein paar Pferde. Es gehört nicht viel Phantasie dazu, sich die Folgen auszumalen. Vor allem kleine Kinder und alte, schwache Menschen werden krank, weil sich ihre Körper nicht gegen die Keime wehren können.

Um über die Runden zu kommen, flechten die Frauen aus duftenden Piniennadeln und Yucca-Fasern Körbe, die sie an Touristen verkaufen.

Vor einem schmucken Hotel, in dem vor allem Amerikaner absteigen, die mit der Eisenbahn zum Kupfercanyon anreisen, treffen wir Dolores. Fast jeden Tag sitzt sie hier und flicht stundenlang. An guten Tagen wird sie ein oder zwei Körbe für ein paar Pesos los, an schlechten verdient sie überhaupt nichts. Abends packt sie alle Waren wieder zusammen und macht sich auf den langen Marsch nach Hause. Fünf Stunden ist Dolores so täglich unterwegs, vor Sonnenaufgang muss sie losziehen, erst im Dunkeln kommt sie abends zurück. Die weiten Wege und fehlende Bodenschätze sind vermutlich aber auch der Grund, warum die Rarámuri noch nicht das gleiche Schicksal ereilt hat wie die indianischen Stämme in Nordamerika. Doch mit dem Tourismus als wichtiger Einnahmequelle können auch sie sich nicht länger von westlichen Einflüssen fernhalten. Ihre wichtigste Waffe gegen den Verlust der Identität ist neben ihren lebendigen Traditionen die Bildung. Anna-Maria führt uns zu einer Schule, die in einem idyllischen Hochtal liegt, umgeben von einzelnen, verstreuten Hütten. Gut hundert Rarámuri-Kinder werden hier in verschiedenen Klassen unterrichtet.

»Wir sind acht Lehrer. Zwei Rarámuri-Frauen im Kindergarten, dann drei Lehrer, die haben die erste, zweite und dritte Klasse, und dann wir drei Volontäre.« Die hübsche Marcela überrascht uns mit bestem Deutsch. »Ich komme aus Puebla, da ist diese VW-Fabrik, und es gibt einen starken deutschen Einfluss. Meine Eltern haben mich dann auch auf die deutsche Schule geschickt, weil die Lehrer und die Lehrmethoden da besser sind, meinten sie.«

Seit über vierzig Jahren baut VW in der Millionenstadt Puebla unweit von Mexico City Autos. Rund 15 000 Mitarbeiter sind heute dort beschäftigt, die jährlich 300 000 Fahrzeuge fertigen. Bis 2003 entstand hier auch noch der legendäre Ur-Käfer, den man in allen anderen VW-Werken weltweit längst ausgemustert hatte.

»Es ist wirklich unglaublich hier. Man kommt hierher und sieht die Kinder, Häuser und glaubt nicht, dass es so was Ursprüngliches immer noch geben kann. Ich liebe es, ich bin total glücklich hier, und ich freue mich, dass ich alle diese Kinder hier kennengelernt habe und dass ich seit August hier lebe. Es ist wirklich, wirklich schön.«

Ein Jahr dauert Marcelas Volontariat als Lehrerin, bald wird sie nach Mexico City gehen, um dort Politik zu studieren. Sie trägt ein Rarámuri-Kleid mit lila Blumenmuster.

Das fällt überhaupt auf: Die Mädchen sind fast alle noch traditionell gekleidet, während viele Jungen T-Shirts, Jeans und Baseballcaps tragen. Auch im Unterricht gibt es noch kein Fach, in dem die Traditionen oder Geschichte der Rarámuri gelehrt werden.

»Das ist das Problem. Eine normale Ausbildung ist wichtig, aber wir müssen ihnen auch helfen, ihre Kultur zu bewahren«, fordert Marcela. Das ist besonders wichtig für die Kinder, die die ganze Woche in der Schule bleiben. Weil sie mehr als eine halbe Stunde entfernt wohnen, bekommen sie ein Bett, werden mit Essen versorgt und können dann erst am Wochenende wieder nach Hause, wo sie am ursprünglichen Leben ihrer Familien teilhaben.

»Früher dachte ich, wie können die Kinder so rumlaufen, ohne Schuhe und ohne Jacke, kein Licht zu Hause und so. Aber nein, das ist unsere Kultur. Wir brauchen Wasser, wir brauchen Heizungen. Die Leute hier, die brauchen das nicht. Sie leben so seit Jahren, haben andere Wege gefunden und sind glücklich, mehr brauchen sie nicht.«

Ich muss an die Worte einer indianischen Lehrerin in South Dakota denken, die mal zu mir gesagt hat: »Ihr füttert uns zu Tode! Lasst diese ganze Unterstützung weg, das Geld, die Lebensmittelpakete, und zeigt uns stattdessen, wie wir wieder selbstständig leben können.«

Es ist mein letzter Tag in El Paso, Memorial Day, einer der wichtigsten Feiertage in den USA. Die Amerikaner gedenken der Truppen und gefallenen Soldaten. Die gesamte Nation hüllt sich in Stars and Stripes. Das große Wells-Fargo-Gebäude in El Paso ist nachts wie eine riesige amerikanische Flagge illuminiert. Wir in Europa tun uns schwer mit diesem Patriotismus, den wir schnell als militant, aggressiv abstempeln. Die Armee hat auch einen anderen Stellenwert als beispielsweise unsere Bundeswehr. Den amerikanischen

GIs haftet in ihrer Heimat gleich etwas Heldenhaftes an, sobald ihnen die Haare abgeschoren werden und sie die Uniform tragen. Selbst wenn sie noch gar nichts geleistet haben, zollt man ihnen Respekt.

»Im Supermarkt ziehst du als Soldat deine *military ID* und kriegst sofort einen Discount«, hat es ein deutscher Soldat beim Grillen bei Claudia und Markus vorgestern Abend etwas neidisch formuliert.

Nun schließen wir Europäer, und speziell wir Deutschen, ja gerne aus dieser Glorifizierung der Truppen, dass alle Amis auch automatisch den Krieg befürworten, egal, gegen wen. Dass dem nicht so ist, werde ich unter anderem in Los Angeles noch eindrucksvoll erfahren.

Vom größten Country-Music-Festival der Welt, 45 Grad in der Wüste ohne Wasser und Superman in Hollywood

Vergessen Sie L'Alpe d'Huez und die anderen Bergetappen bei der Tour de France. Wenn ich einen Stift fände, würde ich mir große rote Punkte aufs T-Shirt malen. Bergkönig, pah, alles Weicheier in Frankreich. Lassen sich die Ersatzteile und Verpflegung vom Materialwagen bringen und fangen an zu weinen, wenn die Wirkung des EPO nachlässt. Und die haben nicht mal Gepäck dabei, schon gar keine 50 Kilo ...

Mein erstes Etappenziel: Continental Divide, wo die beiden nordamerikanischen Kontinentalplatten aufeinandertreffen. Theoretisch geht es jetzt nach Westen, Richtung Pazifik, immer bergab. Theoretisch. Denn die knapp 1900 Meter, auf denen die Kontinentalscheide liegt, sind ein Klacks gegen die Pässe, die anschließend noch kommen. Einer bei 2500 Metern, einer bei 2300 Metern, ach ja, und der bei 2100 Metern. Ich bin noch nie so hoch über dem Meer gewesen, auf dem Rad. Zwischendrin immer munter rauf und runter. Auf der einen Seite japse ich mit sechs Stundenkilometern den Berg hoch, auf der anderen rase ich mit 60 wieder runter, nur um bald wieder von vorne zu beginnen. Wie der Pillendreher mit seiner Mistkugel. Willkommen in den Rockies! Manchmal sammle ich innerhalb nur weniger Meilen 1000 Höhenmeter. Und ich kann Ihnen sagen, wenn Sie mit so viel Ballast und sauber, also ohne

EPO, die Berge hochstrampeln, dann winken Sie oben am Pass nicht mehr freundlich lächelnd in die Kamera. Manchmal möchte ich mich nur noch hinlegen, alle Viere von mir strecken und nie wieder aufstehen.

Aber ich will nicht rumheulen, die Landschaft ist spektakulär. Mächtige Gipfel, duftende Pinienhaine, durch die sich malerisch die Serpentinen ziehen. Und an der Küste werde ich mir dieses Streckenprofil bald zurückwünschen ...

So erreiche ich Arizona, den Grand Canyon State. Der – also der Canyon – liegt zwar nicht auf meiner Route, dafür das Red Rock Country südlich davon. Felsen und Erde sind hier tatsächlich alle rot, wegen des hohen Eisengehaltes. Waren Sie schon mal in Disneyland und sind die Big-Thunder-Mountain-Railroad-Achterbahn gefahren? Exakt so sieht es hier aus. Mächtige rote Felswände, turmartige Spitzen, glatte Steinplateaus, dazwischen Bäche und Wasserfälle, dichte Pinienwälder, tiefe Schluchten, weite Täler. Und mittendrin, laut *USA Today*, »the most beautiful place in America« – Sedona. Hier wohnt Gayle, eine Freundin von Jims Schwester Pam aus Florida. Sie arbeitet als Psychologin in einer Suchtklinik und hat sich mit ihrem Sohn im Moment in einem 500 000-Dollar-Haus einquartiert, das sie hütet, bis die Besitzer in ein paar Monaten wiederkommen. Ich bin baff. Wie feist die Menschen hier in die atemberaubende Landschaft bauen. Sterile Protzbauten reihen sich gleichförmig aneinander. Zwischendrin Golfplätze, ein paar hochpreisige Läden und Restaurants. Und das ist eigentlich nur die Vorhut für Sedona, das erst ein paar Meilen weiter beginnt und zu den teuersten Wohngegenden der USA gehört. Johnny Depp, Nicholas Cage und Madonna sollen hier gewohnt haben oder immer noch leben, zumindest zeitweise. Irgendjemand, vermutlich ein kluger Marketingexperte, hat das Sprichwort geprägt: »Gott hat zwar den Grand Canyon geschaffen. Aber er wohnt in Sedona.« Wildwest-Bestsellerautor Zane Grey hat in der Gegend geschrieben, und ein paar der besten Western mit John Wayne sind hier entstanden. Viele Künstler, Schriftsteller, Musiker und Filmemacher zieht Sedona an. Wegen der Energiefelder. Vortexe heißen die unter Spezialisten. Und das ist wohl auch für viele die Hauptattraktion, neben der spektakulären Natur.

»Einen Vortex kann man als elektromagnetisches Feld messen ...«, versucht Gayle mich zu überzeugen.

»Hier gibt es vier Hauptvortexe, wo die Strahlung besonders hoch ist. Am Flughafen, der ist männlich, am Cathedral Rock, der ist weiblich ...«

Bitte was? Ein Magnetfeld kann ein Geschlecht haben?

»Die weiblichen fließen eher, wie ein Bach, die männlichen sind stärker, sie ziehen dich förmlich hoch ...«

Ich bin ja wahrlich ein spiritueller Mensch, glaube an Gott, habe bei den Lakota-Sioux schon einige spannende Erfahrungen sammeln dürfen, aber wenn es zu esoterisch wird, fühle ich mich irgendwann überfordert. Und das hier klingt alles verdammt esoterisch. Gayle bleibt beharrlich.

»Die Indianer nutzen die Vortexe seit Jahrtausenden, für Zeremonien und die Visionssuche. Aber sie können hier nicht leben.«

Vermutlich, weil die Grundstückspreise viel zu hoch liegen, denke ich leise.

»Die Energie ist auf Dauer zu intensiv.«

Na, da bin ich ja beruhigt, dass die vielen neureichen Weißen damit offenbar keine Probleme haben. Oder doch, nur merken sie es nicht, bis sie irgendwann völlig durchdrehen? Das würde einiges erklären ...

Noch spannender wird es, als Gayle mich zu einer besonderen Party mitnimmt. Denn just in diesen Tagen schiebt sich die Venus vor die Sonne, was nicht häufig vorkommt. Das sei ein ganz besonderer Moment, den man hier in Arizona zwar nicht am Himmel sehen kann, dafür aber umso intensiver feiert. Mit Sonnenuntergang betreten wir das weitläufige Gelände, in dessen Zentrum sich ein großes Labyrinth aus kleinen Felsbrocken befindet. Wobei Labyrinth hier kein Irrgarten ist, sondern quasi eine Spirale am Boden, bei der man elf Windungen durchläuft, bis man in die Mitte gelangt. Dort steht eine hüfthohe Marienfigur, die mit allerlei Kerzen dekoriert ist. Etwa zwanzig Männer und Frauen befinden sich im Labyrinth, gehen andächtig im Kreis, während die anderen Gäste wild vor sich hin trommeln oder irgendwelche Töne singen. Das müssen alles Gayles Patienten sein, versuche ich mir die skurrile Situation zu erklären. Irgendwann ergebe ich mich in mein Schicksal und mache auch die Runde. Soll das Hirn entspannen und den Geist in Balance bringen. In der Mitte werde ich schließlich von der Zeremonienmeisterin in die Arme geschlossen.

»Möge die Liebe mit dir sein!« oder so ähnlich.

Ich weiß, ich bin unfair. Aber mein Geist ist wohl noch nicht bereit. Wie gut, dass ich ohnehin eine kurze Auszeit von Sedona und vom Radeln geplant habe. Ich bin mit meinem Freund Jim in Nashville verabredet, zum größten Country-Music-Festival der Welt. Anfang Juni treffen sich dort jedes Jahr bis zu 200 000 Fans aus aller Welt. Der kleine Shuttlebus bringt mich am nächsten Morgen in anderthalb Stunden zum Flughafen von Phoenix. Die total überdrehte Shauna aus New York sitzt in der Reihe vor mir. Obwohl sichtbar übernächtigt, quasselt sie in einer Tour. Masseurin sei sie, habe jetzt eine Zeit lang hier gearbeitet und wolle nun zurück nach New York. Wird höchste Zeit, hat vermutlich zu viel Energie von den Feldern hier abbekommen. Eine Kostprobe ihres Könnens allerdings schlage ich nicht aus. So massiert sie etwas planlos eine Weile meine Waden, während ich mit Kopfhörern Radio höre. Country, Vorbereitung auf Nashville ...

Ich gehe mal davon aus, dass Ihnen Namen wie Martina McBride, Rascal Flatts oder Alan Jackson nicht allzu viel sagen. Dann stellen Sie sich mal vor, Madonna, Bon Jovi und Bruce Springsteen verabreden sich zusammen mit über einhundert Kollegen ähnlichen Kalibers einmal im Jahr, um Sie zu treffen. Vier Tage lang sitzen sie tagsüber brav in einer großen Messehalle an ihrem eigens mit Fotos und Videowänden dekorierten Stand, schreiben Autogramme, signieren mitgebrachte Hüte und Gitarren, lassen sich mit Ihnen fotografieren.

»Hallo, wie geht's? ... Wie ist Ihr Name? ... Danke fürs Kommen ...«

Und abends gehen sie dann rüber ins große Stadion und spielen vor 50 000 Fans, vier Stunden lang. Ohne auch nur einen Cent dafür zu bekommen. Klingt ziemlich abgefahren und nicht sehr realistisch, oder? Aber genau das ist die Idee hinter dem *CMA Music Festival* – »Country Music's Biggest Party«. Bis vor ein paar Jahren hieß es noch *Fan Fair*, weil es tatsächlich vor allem eine Messe für die Fans ist. Denn nicht nur die pausenlos gespielte Musik bringt sie in die Stadt. Es ist vor allem der hautnahe Kontakt mit den Stars. Nirgendwo sonst kann man so viele Autogramme und Fotos sammeln wie Anfang Juni in Nashville. Seit über dreißig Jahren schon, und jedes Jahr ist es größer geworden. Zuletzt über 200 000 Besucher an den vier Tagen. Wenn man sich mit den Stars unterhält, wird schnell klar, dass dieses Festival auch für sie etwas ganz Besonderes ist.

»Die Fans sind so unglaublich loyal, ganz anders als andere ...«, meint Jennifer Hanson. Die ehemalige Miss California könnte die jüngere Schwester von Madonna und Julia Roberts sein, rein optisch. Als Songschreiberin ist sie schon etabliert. Aber sie will es auch als Sängerin schaffen. Und eine bessere Plattform als das *CMA Music Fest* gibt es nicht. Man trifft aber nicht nur Countrystars hier. Paul McCartney war schon da, Bryan Adams, Ted Nugent, Lynyrd Skynyrd oder Uncle Kracker. Und wie sehr den Stars die Fans am Herzen liegen, hat Garth Brooks gezeigt. Kein anderer Sänger hat in den USA mehr Platten verkauft als er, weit über 120 Millionen bislang, sogar mehr als Elvis und Michael Jackson. Und als Dankeschön an seine Fans hat Garth 1996 länger als alle anderen Autogramme geschrieben – 23 Stunden und 10 Minuten am Stück, angeblich mit nur einer ganz kurzen Pinkelpause.

Music City nennen sie Nashville, wobei hier nicht nur das Herz der Country Music schlägt, sondern sich auch die vor allem in den USA erfolgreiche christliche Musikindustrie versammelt hat. In den 1920er-Jahren begann der Aufstieg von Nashville zur Musikmetropole, als die ersten Aufnahmen lokal bekannter Sänger und Musiker aus den umliegenden Bergen auf Schellack gepresst und dann durch das neue Medium Radio im ganzen Land verbreitet wurden. Unzählige Plattenfirmen, Musikverlage und vor allem die besten Studiomusiker zog es im Laufe der Jahrzehnte in die Stadt am Cumberland River, die sich bis heute mit nicht mal 600 000 Einwohnern einen fast kleinstädtischen Charme bewahrt hat. Country Music wurde indes zur Multimilliarden-Dollar-Industrie. Ihre Stars halten Verkaufsrekorde, die von Künstlern anderer Genres kaum erreicht werden, und kein anderes Musikformat wird von mehr Amerikanern gehört. Über 2000 Country-Radiostationen verteilen sich im ganzen Land, auch mehr als für jedes andere Genre. Kein Wunder, dass es Künstler, die musikalisch eigentlich woanders zu Hause sind, nach Nashville zieht. Bon Jovi haben ihr Album *Lost Highway* 2007 hier aufgenommen und im gleichen Jahr auch ihren ersten Grammy überhaupt gewonnen, für eine Country-Version ihres Hits »Who says you can't go home«.

Yeahaw! Country rocks!

Ich genieße die vier Tage mit Jimmy, mache ein paar Interviews für später, wenn ich wieder auf Sendung bin. Tagsüber schwitzen wir bei schwülheißen 40 Grad vor den Doppelbühnen am Cumberland River. Abends schlendern wir über die Brücke rüber ins Footballstadion. Okay, es gibt schon auch ein paar befremdliche Momente. Die Nationalhymne am ersten Abend und anschließend die Fliegerstaffel, die mit lautem Getöse und unter lautem Gejohle der Masse übers Stadion düst. Ach, scheiß doch auf den Klimawandel, hier wird geklotzt. Auch manches Fan-Outfit wirkt ein wenig gewagt. Etwa die bevorzugt von mittelalten, vollschlanken Damen getragenen hautengen Tanktops mit dem Aufdruck »Redneck Woman«. Dazu trägt man gern viel zu kurze Shorts, die in der Poritze gänzlich zu verschwinden drohen, bleiche Waden, die in kniehohen Cowboystiefeln stecken, und grell pinkfarbene Strohhüte, die die wasserstoffblonde Dauerwelle zähmen sollen. Kurzum, eine tolle Zeit, die vier Tage Nashville.

Die Energiefelder scheinen sich inzwischen auch bei mir bemerkbar zu machen. Unruhig fühle ich mich nach meiner Rückkehr aus Nashville, irgendwie hibbelig. Aber ich habe ja auch schon seit einer Woche nicht mehr auf dem Rad gesessen ...

Doch bevor ich weiterfahre, möchte ich noch die weißen Büffel sehen, die es in der Nähe von Sedona gibt. Für die Indianer ist die Geburt eines weißen Büffels ein Zeichen für den Beginn einer besseren Zukunft. Dann müsste es ja richtig rosig werden bald, denn auf einer Ranch unweit von Flagstaff leben inzwischen sechs Tiere. Und wir reden hier nicht von Albinos. Durch eine Mutation hat sich bei den Büffeln ein Gen so verändert, dass sie jetzt blondes Fell haben. An den Weidezäunen sammeln sich Unmengen Traumfänger, Tabakbündel, Süßgraszöpfe und Salbeibüschel. Eine Pilgerstätte für die Ureinwohner. Der Legende nach kam vor langer Zeit eine wunderschöne Frau zu den Menschen und überbrachte ihnen eine Pfeife. Mit der sollten sie zum Schöpfer beten. Der Rauch des verbrannten Tabaks würde ihre Fürbitten zu ihm tragen. Außerdem führte sie die Menschen in sieben heilige Zeremonien ein und nannte ihnen Tugenden und Werte, nach denen sie sich richten sollten. Anschließend drehte die Frau sich um, verwandelte sich in ein weißes Büffelkalb und galoppierte über die Prärie davon. Seit dieser Zeit erinnert die extrem seltene Geburt eines weißen Büffels an diese heilige »Weiße Büffelkalbfrau«.

Meinen letzten Abend in Sedona verbringe ich bei Misa und Jeffrey, Freunden von Gayle. Beide machen Musik. Jeffrey eher kommerziell, mit Gitarre und Piano. Misa hingegen nutzt ihre Stimme, um anderen Menschen zu helfen.

»Zu mir kommen die Menschen, um sich durch Klänge heilen zu lassen, emotional, spirituell oder körperlich. Und sie wollen lernen, wie Klänge ihren Geist beruhigen können.«

Etwas befremdlich ist es schon, wenn man Misas heilende Klänge zum ersten Mal hört. Vibration heißt dabei das Zauberwort.

»Ich glaube, dass Töne, Geräusche uns beeinflussen. Denk zum Beispiel an einen Kühlschrank, den du ausschaltest, weil das Brummen dich stört. Wir stehen mit allem in einer ›vibrierenden‹ Beziehung, zu jeder Zeit.«

Ursprünglich kommt Misa aus dem Nordwesten der USA. Sie hat bei verschiedenen Musicalproduktionen mitgewirkt, singt in einer Folkband, hätte Opernsängerin werden können. Aber sie hat sich für die Arbeit als Heilerin entschieden.

»Ich fühle in mir, welche Töne die Person für ihre individuellen Bedürfnisse braucht, was auch immer sie gerade beschäftigt.«

Und wenn Misa mal nicht persönlich bei einem Patienten sein kann, schickt sie CDs mit ihren Gesängen und verordnet das Anhören wie die Einnahme von Medikamenten.

»Ich hatte eine Patientin, die mich anrief und sagte: Misa, mein Blutdruck spielt verrückt. Sie lebte zu der Zeit in Oregon und ich hier in Arizona. Also habe ich ihr zwei CDs geschickt und ihr gesagt: Ich möchte, dass du eine am Morgen anhörst und die andere am Abend. Nimm dir zwanzig Minuten Zeit und Ruhe, atme langsam, und hör genau hin. Nach einer Woche rief sie mich wieder an und sagte: Mein Blutdruck ist wieder normal und stabil.«

Auch Schlafstörungen, Depressionen oder Übergewicht kann Misa erfolgreich mit ihrem Gesang behandeln, sagt sie. Die meisten Ärzte reagieren trotzdem erst mal skeptisch. Bis sie die Wirkung am eigenen Leib erfahren.

»Ich habe mit vielen renommierten Ärzten zusammengearbeitet. Die versuchten immer, mit ihrem Verstand zu begreifen, wovon ich sprach. Aber erst wenn ich anfange zu singen, gehen ihnen die Augen auf, weil sie es dann selbst fühlen. Sie sagen: Ich spüre, wie sich meine Zellen im Körper bewegen, ich fühle die Hitze aufsteigen. Und es ist so intensiv, dass sie es nicht erklären können.«

Misa erzählt noch von einem besonderen Fall, einer über achtzig Jahre alten Patientin. Sie litt an einem Aneurysma, einer gefährlichen Aussackung einer Arterie, die jederzeit platzen kann und an der man dann womöglich verblutet. Die Frau sollte operiert werden, aber das Herz war zu schwach. Ihre Tochter ließ Misa einfliegen. Eine Woche hat sie zu ihr gesungen, meditiert.

»Ich habe ihr erklärt, was sie fühlen soll, spüren soll. Es ist alles in dir, du schaffst das, dein Herz ist stark.«

Nach einer Woche wurde noch mal eine Untersuchung

gemacht und festgestellt, dass bei der alten Dame eine neue Herzklappe gewachsen war. Jetzt konnte sie operiert werden.

Zu esoterisch? Vermutlich. Klingt auch alles nicht sonderlich seriös. Aber Misa wirkt ganz und gar nicht verrückt oder völlig durchgedreht. Wegen der Energiefelder, meine ich. Im Gegenteil, sie macht auf mich einen sehr glaubwürdigen Eindruck. Und auch wenn ich nicht alle Schilderungen von Erfolgen und Heilungen nachvollziehen kann, scheint irgendwas dran zu sein an ihrer Gabe – und an Sedona.

»Sedona war der Ort, an dem ich begann, auf meine Muse zu hören. Ich begann, auf die Lieder in mir zu hören. Das Ergebnis war manchmal unglaublich, also setze ich am besten keine Grenzen. Ich weiß, dass es eine sehr intime Erfahrung ist. Manche Menschen können das eher zulassen als andere. Und je mehr du dich öffnen kannst, desto schneller und besser funktioniert es.«

Misa will zum Abschluss für mich singen. Ich bin gespannt, setze mich aufs Sofa und schließe die Augen. Sie stellt sich hinter mich. Die ersten Töne klingen wie ganz lang gezogene Vokale, A, E, I, O, U. Bald setzt sie neu an, wechselt die Tonlage, singt erst höher, dann sehr tief. Wie wenn man mit dem feuchten Finger über den Rand von Gläsern fährt, die mit unterschiedlich viel Wasser gefüllt sind. Es folgen unverständliche Silben, bruchstückartig klingt es nach Liedern, ohne dass ich ein bestimmtes Muster oder eine wirkliche Melodie erkennen kann. Eher ist es wie ein archaisches Mantra, das ganz plötzlich in ein Stottern umschlägt. Misa wird leise, dann wieder lauter, stakkatoartig. Jetzt hält sie die Töne wieder länger, pausiert nur kurz, um Luft zu holen.

»Hey ... hey ... hey ... heyoooooooooooooooo .... heyoooooooooooooooooo ...«

Zum Schluss haucht sie ganz leise in meinen Nacken.

Sehr, sehr mystisch irgendwie. Ich kann keine Veränderung in meinem Körper wahrnehmen. Fühle weder Wärme noch Kälte, kein Kribbeln. Aber ich schneide alles auf MD mit und kann es mir ja später noch mal anhören ... and thanks for trying!

Schuhe, massenweise Schuhe. Laufschuhe, Badelatschen, Wanderstiefel, Sneakers, Basketballschuhe ... an einem Baum ... mitten in der Wüste. Entweder ist das eine Fata Morgana, oder ich halluziniere. Zu viel Sonne. Wahrscheinlich geht es bald mit mir zu Ende, und der überhitzte Verstand verabschiedet sich jetzt schon mal. Okay, es ist heiß, so heiß wie auf der ganzen Tour bisher nicht (kein Wunder, bin ja auch mitten in der Mojawe-Wüste), 45 Grad, kein Schatten weit und breit. Vielleicht habe ich ja tatsächlich zu wenig getrunken ...

»Hey, kannst du ein Foto von uns machen, hier vor dem Shoe Tree ...«

Also doch. Kein Trugbild, keine Luftspiegelung, es gibt ihn tatsächlich, den Schuhbaum. Sonst würden mich die Jungs ja nicht bitten, sie davor zu fotografieren. Aber warum um Himmels willen hängen da überall Schuhe dran und ein paar olle Autoreifen?

»Keine Ahnung. Das ist der einzige Baum weit und breit, und wir machen ihn zum Kunstwerk, zur kostenlosen Sehenswürdigkeit.«

So kann man es natürlich auch sehen, gibt ja sonst auch nicht viel Bemerkenswertes in dieser Gegend. Eine Straße, viel Gestrüpp, in der Ferne schroffe Hügelketten. Und eben diese Müllhal... ich meine, diesen künstlerischen Schuhbaum. Auf manchen aussortierten Tretern stehen Botschaften, Gedichte, Grüße mit Datum. Manche hängen hier schon Jahre, manche Jahrzehnte. Irgendwann fängt einer mal an, wirft seine verknoteten Schuhe, so hoch er kann, über einen weit ausladenden Ast eines markanten, im Idealfall frei stehenden und gut mit dem Auto zu erreichenden Baumes. In den meisten Fällen war's das. »Guck mal da, hat wohl einer seine Schuhe vergessen, hihi ...« Manchmal aber löst dieser erste Wurf, das erste Paar eine Welle aus. Immer mehr Reisende kommen, stoppen und werfen. Irgendwann hängen an dem Baum mehr Schuhe als Blätter. Vielleicht stirbt er dann, egal, solange er nicht umstürzt, wird weitergeworfen. Manchmal befreien ein paar gute Seelen den Baum von einigem Ballast. Damit er von Neuem bestückt werden kann. Überall in den USA findet man Schuhbäume. Wer damit angefangen hat, weiß keiner genau. Aber in Internetforen oder Reiseführern werden die genauen Locations beschrieben. Und so pilgern mehr und mehr Touristen zu den Bäumen. Wer kein Paar Schuhe zurücklässt, macht zumindest ein Erinnerungsfoto. Permanent biegen die Autos vom Highway ab. Heute ist Vatertag. Anhalten, alle Mann raus, Foto, einsteigen, die Nächsten. Wundert mich, dass noch niemand auf die Idee gekommen ist, hier Eintritt zu nehmen ...

Eine Familie öffnet ihren Cooler für mich. Ich darf mich an den restlichen Eiswürfelstückchen bedienen, die im kalten Wasser schwimmen. Damit kriege ich meine Apfelsaftschorle und das Wasser kurzzeitig von Glühweintemperatur auf Babyflaschenwärme. »*Hydrate!*« und »*Ride on!*«, trinken und weiterfahren – mein Motto für diesen Wüstenabschnitt. Ich stecke die beiden Aufkleber, die mir ein Radfan an einer Tankstelle in New Mexico als Inspiration mit auf den Weg gegeben hat, in die Kartenhülle meiner Lenkertasche. Motivation ist alles. Und bloß nicht das Trinken vergessen. Wenn man Durst hat, ist es ja meist schon zu spät. Acht bis zehn Liter schütte ich in mich rein und könnte immer noch saufen wie ein Kamel, das tagelang durch die Sanddünen gezogen ist und endlich die Oase erreicht.

»*You are now beyond Hope!*«, steht auf einem Schild, das ich beim letzten Nachtanken passiert habe. Sicher nicht nur, weil der Ort oder besser die Straßenkreuzung mit Trailerpark und Tankstelle so heißt.

Warum ausgerechnet Schuhe?, überlege ich noch beim Weiterfahren. Warum hängen sie nicht Taschentücher, Haarbänder oder Ähnliches an die Bäume, sähe doch bestimmt netter aus. Aber die fliegen beim Werfen natürlich nicht so gut. Oder sollen die Schuhe vielleicht das Unterwegssein, den nomadischen Geist der Siedler symbolisieren? (Als ich übrigens ein Jahr später noch mal zum Shoe Tree fahre, existiert er nicht mehr. Irgendein Depp hat ihn abgefackelt, und lediglich zwei Stümpfe und eine große Lache schwarz verkohltes Gummi sind übrig geblieben. Aber einige Unentwegte lassen trotzdem weiterhin Schuhe da. Jetzt muss man ja auch nicht mehr so hoch werfen ...)

Einhundert Meilen Wüste ohne Versorgungsmöglichkeit liegen vor mir. Ich decke mich noch mal mit Wasser und vor allem Apfelsaft ein, schnalle die Flaschen auf die Packtaschen und fahre den endlosen Highway nach Westen. Ein tolles Bild, gerade jetzt im letzten Sonnenlicht. *The lonesome rider ...*

Ich mag die Wüste. Klar, sie ist heiß. Aber sie hat auch etwas Sauberes, Reines. Und dieser Abschnitt hier, nördlich des Joshua-Tree-Nationalparks mit seinen imposanten Kakteenbäumen und den glatten Felsen, die wie riesige Murmeln in der Landschaft verteilt sind, gefällt mir besonders gut. Werde mir für die Nacht irgendwo abseits der Straße ein Camp suchen, wenn der Heimreiseverkehr endlich abnimmt. Der ist zwar nicht so schlimm wie auf der A8 Salzburg – München am Sonntagabend, aber für die sonst menschenleere Gegend hier sind doch erstaunlich viele Autos unterwegs. Als es dunkel wird, schiebe ich mein Rad vom Asphalt über den Wüstenboden auf ein paar Felsblöcke zu.

In einer Nische stelle ich mein Zelt auf, esse ein paar salzige Chips und trinke, trinke, trinke. Suddelwarm ist die Schorle. Egal, runter damit. Ich breite die Karte aus. Keine Ahnung, wo genau ich bin. Schätze, bis 29 Palms – der nächste Ort – sind es vielleicht noch 40, 50 Kilometer. Das müsste locker zu schaffen sein, und meine Getränkevorräte reichen sicher. Denke ich, schaue noch mal in den klaren Wüstenhimmel, an dem die Sterne besonders hell strahlen, und krieche ins stickige Zelt ... wegen der Schlangen ...

»Pah ... bäh ...« Ich spucke die Schorle sofort wieder aus. Ungenießbar. Denn was passiert, wenn man Apfelsaft, der schon mal offen war, den ganzen Tag bei 40, 45 Grad durch die Sonne schaukelt, von links nach rechts, nach links, nach rechts ....richtig, er fängt an zu gären. Tolle Idee, wer hatte die gleich wieder? Blöd, weil ich gestern Abend nämlich sämtliches Wasser mit dem Saft vermischt habe. Und jetzt? Vorwärts immer, rückwärts nimmer. Sind ja bloß ein paar Kilometer bis zum nächsten Ort ...

Ich könnte schwören, die Straße führt ganz leicht bergab – wieso aber komme ich dann nur so zäh voran? Eine optische Täuschung? Es werden die längsten 50 Kilometer der Tour. Die Sonne brennt schon bald wieder unerbittlich vom Himmel. Mein Gaumen wird immer trockener. Ich versuche, den Mund geschlossen zu halten. Keine Chance. Die Zunge klebt am Gaumen fest. Hätte ich doch bloß die saure Schorle nicht weggeschüttet. Was aber, wenn ich dann womöglich Durchfall bekommen und noch mehr Flüssigkeit verloren hätte? Ich muss an die Karikaturen denken, von Verdurstenden, die sich durch die Wüste schleppen und nur »Wasser, Wasser!« stammeln, bevor sie kurz vor dem Ziel qualvoll verenden. Es geht doch nichts über positives Denken ...

Aus den geschätzten 40 bis 50 Kilometern werden am

Ende 70! Ich stürze ins Jack-in-the-Box-Restaurant, das erste in 29 Palms, und belagere die *soda fountain*. Cola, Eistee, Limonade und wieder von vorne, mit viel Eis. Ein Becher nach dem anderen. Vielleicht kann mir jemand die Adresse des Erfinders der *soda fountain* geben. Ich möchte ihm für diese großartige Errungenschaft der modernen Zivilisation gerne persönlich danken.

Keine 300 Kilometer mehr bis L. A. Ich fühle mich beflügelt. Liegt wahrscheinlich an der vielen Cola, die ich eben in mich hineingekippt habe. Von 29 Palms aus führt Highway 62 erst schnurstracks nach Westen, dann macht er einen lang gezogenen Bogen und stürzt sich in Richtung Interstate 10 mehrere hundert Meter in die Tiefe. Rasante Abfahrt, vorbei an Bergrücken, deren Kämme noch weiß gezuckert sind vom Schnee. Die letzten Meilen lasse ich ausrollen. Auf den Hügeln links von mir stehen unzählige Windräder, aneinandergereiht wie Soldaten einer mächtigen Armee, die sich in Schlachtformation positioniert hat. Die riesigen Rotoren drehen sich unentwegt. Mehr als 4000 sind es insgesamt. *Wind farms* nennen die Amerikaner ihre grünen Kraftwerke. Die Energie, die hier produziert wird, versorgt den Nobelort Palm Springs und die umliegenden Gemeinden des Tals. Der imposante Anblicks trügt allerdings. Erst ein Prozent des amerikanischen Energiebedarfs wird durch Windkraft gedeckt. Bei uns sind es immerhin sieben, in Dänemark sogar 20 Prozent. Dabei wären die Voraussetzungen gerade in den weiten Prärien ideal. Die amerikanische Windenergie-Vereinigung AWEA hat errechnet, dass man mit entsprechenden Windfarmen allein in North Dakota ein Drittel der in den ganzen USA benötigten Energie produzieren könnte. Gut, es sieht ein bisschen gewöhnungsbedürftig aus, ist aber allemal besser, als Kohle zu verbrennen oder Atomkerne zu spalten, überlege ich noch, als es mich fast umhaut. Vor lauter Windmühlen und wie toll die sich hier drehen, vergesse ich, richtig, den Wind. Mit Orkanstärke bläst er durchs Tal und wirft mich fast vom Rad, als der schützende Hügel zu meiner Rechten plötzlich endet. Ich muss absteigen. Das ist ja Wahnsinn. So was habe ich noch nie erlebt. Als ob ein Megaventilator direkt neben mir auf maximaler Stufe läuft. Die Schneise des *interstate* scheint die Winde zu sammeln, und so potenzieren sie sich zu einem gewaltigen Sturm, der gnadenlos von vorne blasen wird, wenn ich jetzt nach Westen abbiegen muss. Aber wo genau? Es gibt nur die Autobahn, auf die ich hier nicht drauf darf, sagen die Schilder an den Auffahrten. Vielleicht finde ich ja eine *frontage road*, die in den meisten Fällen parallel verläuft und vor allem von Servicefahrzeugen benutzt wird. Ich suche eine Weile, vergeblich. Bald geht die Sonne unter. Ach, blast mir doch den Schuh auf, ich nehme die Autobahn, der Seitenstreifen ist ja erfahrungsgemäß breit genug. Ich will mich aufs Rad schwingen und muss gleich wieder absteigen, um nicht umzufallen. Keine Chance. Der Gegenwind ist so stark, dass ich nicht genug Schwung bekomme, um loszurollen. Ich versuche es noch mal. Wieder komme ich nicht weit. Das gibt's doch gar nicht. Komme mir vor wie ein Kleinkind, das zum ersten Mal ohne Stützräder fahren soll. Kann mal jemand schieben? Ich suche eine Stelle mit leichtem Gefälle, das ich ausnutzen möchte. Es klappt. Im Zwielicht rolle ich auf den *interstate*. Die LKW brausen an mir vorbei. Im Schneckentempo quäle ich mich gegen den Wind voran. Für die letzten 35 Kilometer brauche ich über fünf Stunden. Wäre zu Fuß auch nicht viel langsamer gewesen. Gegen Mitternacht falle ich erschöpft ins Motelbett.

Ich schlafe unruhig, belade das Rad am nächsten Morgen irgendwie lethargisch. Eine weißgraue Wolke wabert bedrohlich durchs Tal. Der Westwind trägt den Smog der Stadt ins

Hinterland. Willkommen im Radlerparadies L. A.! Wer nicht von einem LKW niedergemäht wird, den schafft der Smog irgendwann. Ich versuche mich halbwegs legal nach Westen zu kämpfen, vermeide das undurchschaubare Netz an *freeways*. Immer gelingt das nicht, weil ein normaler Highway ganz plötzlich und ohne Vorwarnung zum *freeway* wird, auf dem das Radfahren dann nicht mehr gestattet ist. Wahrscheinlich soll hier aus gesundheitlichen Gründen niemand zum Radfahren animiert werden. Wenn die schwarze Rußschicht, die sich im Laufe des Tages auf meiner Haut sammelt und mit dem Schweiß verklebt, ein Indiz dafür ist, was meine Lungen gerade durchmachen, dann möchte ich den Städteplanern und Straßenbauern an dieser Stelle für ihre Weitsicht und Rücksichtnahme danken. Aber man hätte auch einfach ein paar Schilder aufstellen können: »Achtung! Radfahren gefährdet Ihre Gesundheit« oder »Radfahren ist tödlich«, wie auf den Zigarettenpackungen ...

Stoisch trete ich in die Pedale, ignoriere irgendwann sämtliche Schilder und achte nur noch auf die Richtung. Denn da hinten im Westen beginnt irgendwo der Pazifik, und dann ist mein Tagesziel nicht mehr weit. Habe mich für heute bei Kerstin eingeladen, unserer ARD-Hörfunkkorrespondentin, die in Pacific Palisades lebt und arbeitet. Bis dahin muss ich durch alle Stadtteile und Ortschaften, die den Großraum Los Angeles ausmachen. East L. A., Hollywood, Beverly Hills ... Rund zehn Millionen Menschen leben in diesem Moloch aus Beton, Verkehr und Smog. Und jeden Tag werden es mehr. Der amerikanische Traum ist nirgendwo so lebendig wie hier. Für mich bleibt es erst mal ein Albtraum. Nur zäh geht es voran, mit vielen Umwegen und Sackgassen, bedrohlichen Automassen und verwirrender Straßenführung.

Dafür treffe ich Superman. In Hollywood steht er vor dem Kodak Theatre, wo jedes Jahr die Oscars vergeben werden.

»Superman« vor dem Kodak Theatre in Hollywood

»Ja, wenn ich hier bin, dann als Superman.«

Eigentlich heißt Superman Christopher Lloyd Dennis, ist Schauspieler, einundvierzig und stammt aus Orange County, Kalifornien. Seit fast zwanzig Jahren kommt er regelmäßig hierher.

»Ich hab mich gefragt: Was hat Hollywood mir zu bieten? Jeder erzählt mir, ich sehe aus wie Christopher Reeve. Na ja, und in Hollywood gibt es den Walk of Fame mit den Handabdrücken in Zement. Aber die meisten Kinder hier werden die Stars nicht kennen. Wenn ich also schon aussehe wie Superman, warum ziehe ich dann nicht gleich das rote Cape und die Stiefel an ...«

Das war anfangs gar nicht so einfach für Christopher, denn ein bisschen peinlich sieht es ja schon aus.

»Das ist so eine Sache, wenn man als ›normaler‹ Mann in so einem engen Outfit auf die Straße geht. Ich fühlte mich ein bisschen unwohl. Aber als Schauspieler musst du bereit sein, dich bloßzustellen vor der Kamera, nichts darf dir peinlich sein.«

Neben Superman flanieren Elvis, Marilyn Monroe, Spongebob und Darth Vader auf dem Walk of Fame. Ein netter Nebenverdienst, wenn es mal nicht so gut läuft mit den Rollen bei Film und Fernsehen.

»Wir nehmen Trinkgeld, aber es ist kein Muss. Ein paar Kollegen allerdings sagen inzwischen: Du schuldest mir einen Dollar – obwohl das nicht richtig ist. Wenn jemand seine Dankbarkeit zeigen und etwas geben möchte, gerne. Aber niemand muss das.«

Manchmal kommen auch die echten Stars hierher, wenn ein neuer Stern auf dem Walk of Fame eingeweiht wird. Dann sammelt Christopher Autogramme auf seinem feuerroten Cape. Bruce Willis hat schon unterschrieben und die gesamte Filmcrew von *Superman Returns*, die ihn gleich zur Weltpremiere und nach England einlud.

Solange der ganz große Durchbruch noch auf sich warten lässt, genießt Christopher seine Rolle als Teilzeit-Superman in Hollywood.

»Ich treffe Menschen aus der ganzen Welt, und alle sagen: Oh, wir lieben die Amerikaner, wir lieben Amerika!«

Und das liegt sicher auch an Menschen wie Christopher, die ihren Traum niemals aufgeben und ewig an das Positive glauben.

Es wird dunkel, und ich sitze immer noch auf dem Rad. Bin irgendwo zwischen Downtown und Beverly Hills. Die Straßen, auf denen tagsüber die Touristen flanieren, verwaisen zunehmend. Einige Obdachlose rotten sich zusammen, ein paar Mülltonnen brennen, kein Witz. Es sieht wirklich wie im Film aus hier. Reichtum und Armut unmittelbar nebeneinander. Ich schlängle mich zwischen den Nobelkarossen am Wilshire Boulevard durch, erreiche Santa Monica, und schließlich endet die Straße. Ich stehe am Pazifik, dessen Wellen unter mir an den Strand schlagen. Mitternacht. Geschafft! Nach 4600 Kilometern in 53 Tagen. Ich bin einmal quer durch die USA gefahren. Ich will meine Freude in die Nacht schreien, trau mich aber nicht so recht. Möchte ja die Obdachlosen, die unter den Palmen nebenan schlafen, nicht wecken ...

Der Westen —
von Los Angeles nach Seattle

Von deutschen Träumern in L. A., einem Münchner, der es an die Spitze der Charts geschafft hat, Haferschleim für Arnold, der zermürbendsten Küstenstraße der Welt, einem australischen Bratwurst-BBQ, unzähligen Kalorienmassakern, einem Crash, der fast das Ende der Reise bedeutet hätte, Sandburgenbauprofis am Snoqualmie River und der Weisheit eines japanischen Philosophen …

Von deutschen Träumern in L. A., einem Münchner, der es an die Spitze der Charts geschafft hat, und Haferschleim für Arnold

Ich habe mir nie vorstellen können, dass mich eine große Stadt mal begeistert. Bin wohl eher ein Landei, auch wenn das nicht ganz stimmt. Schließlich komme ich aus Hanau, rund 100 000 Einwohner, habe über 25 Jahre dort gelebt. Aber am wohlsten fühle ich mich doch draußen auf dem Land, wo man den Blick auch mal schweifen lassen kann, ohne gleich an Betonfassaden hängen zu bleiben. Großstädte überfordern mich schnell. Zu viel Trubel, zu viele Menschen, zu viel Lärm und Verkehr. Aber nun ist es passiert: L. A. hat mich so fasziniert, dass ich immer wiederkommen möchte und mir sogar vorstellen könnte, hier zu leben. Und das liegt zu einem großen Teil an Kerstin und den Menschen, die ich durch sie kennengelernt habe.
Für fünf Jahre ist Kerstin die Korrespondentin der ARD-Hörfunkprogramme an der Westküste und lebt hier im Paradies: in Pacific Palisades, einem Nobelvorort am Meer, der während des Zweiten Weltkriegs Zuflucht für deutsche Literaturstars war. Nobelpreisträger Thomas Mann, sein Bruder Heinrich und Bertolt Brecht haben hier unter der Sonne Kaliforniens eine Zeit lang gelebt und geschrieben. Kerstins gemietetes Haus liegt auf einem der Hügel, mit atemberaubendem Blick auf den Pazifik und einer fußballfeldgroßen Terrasse. Gut, das ist vielleicht ein wenig übertrieben, aber die Ausmaße sind wirklich unfassbar. Wie die Preise, aber

lassen wir das, sonst bekommen Sie als treuer GEZ-Zahler noch einen falschen Eindruck.

Es ist weit nach 1 Uhr nachts, als ich das Haus erreiche. Beim letzten Anstieg, der sich anfühlt, als ob ein Bungeeseil mich zurückzieht, muss ich absteigen. 14 Stunden auf dem Rad heute, fast 200 Kilometer, ich bin völlig fertig. Um Kerstin nicht zu wecken, rolle ich Isomatte und Schlafsack vor der Eingangstür aus und falle sofort in einen komaähnlichen Schlaf.

»Guten Morgen, möchtest du nicht lieber reinkommen?«

Mühsam öffne ich die Augen. Ist ja alles grau ...?

»*June gloom*, haben wir hier im Moment fast jeden Morgen, aber bald wird die Sonne den Dunst vertreiben. Willste frühstücken?«

Oh ja! Essen ist gut, am liebsten auf der Traumterrasse. Merke beim Aufstehen, dass mir die gestrige Etappe ganz schön in den Knochen steckt. Noch etwas verschlafen löffle ich mein Granola.

»Ja, manchmal ist es das Paradies hier, wenn die Sonne scheint, mit den Palmen, wenn alle ganz entspannt sind und ich meinen Kaffee trinken kann, draußen sitzen und all diese verrückten und weniger verrückten Menschen angucken kann, dann ist es das Paradies.«

Kerstin strahlt. Wie eigentlich immer. Bei ihrem ersten Besuch in den USA vor über zehn Jahren war das noch anders. Damals überwog zunächst die Skepsis.

»Ich dachte, was soll ich da, die Amerikaner sind sowieso alle komisch. Und dann habe ich in den zwei Monaten so viele interessante Menschen kennengelernt und so viele tolle Orte und bin so neugierig geworden auf Amerika, dass ich immer wieder versucht hab, irgendeinen Grund zu finden, nach Amerika zu gehen und mich damit zu beschäftigen.«

Jetzt will Kerstin ihr kalifornisches Paradies auch nach Ende ihrer Zeit als Korrespondentin nicht wieder verlassen.

Ich begleite sie zu einem Interviewtermin. Sie besucht die Frau eines Soldaten, der zurzeit im Irak ist. Kimberley wohnt in einem Apartmentkomplex mit viel Grün und Brunnen im Innenhof. Wir kauern auf dem plüschigen Teppich ihrer engen Dreizimmerwohnung. Die Klimaanlage surrt behäbig.

»Er hat es wirklich verbockt, im großen Stil, von unseren langjährigen Verbündeten, die wir vor den Kopf gestoßen haben, bis zu meiner kleinen Familie zu Hause, den Spannungen in meiner Ehe.«

Präsident Bush ist ein rotes Tuch für Kimberley. Der sei kein guter Anführer, habe einfach nicht das Zeug dazu. Jetzt hätten sie den Schlamassel, die ganze Welt hasse Amerika. Und dabei habe Bush ja nicht mal wirklich die Wahl gewonnen, er sei nur ein Hausbesetzer im Weißen Haus gewesen.

Eine ganze Weile ist Kimberleys Mann jetzt schon im Irak, Sanitätsbataillon. Er hat sich freiwillig gemeldet. Allerdings nicht, weil er den Krieg und Präsident Bush so toll findet.

»Wenn er es tun würde, weil er patriotisch ist, und es deshalb richtig fände, dann würde ich vielleicht, aber auch nur vielleicht, anders darüber denken. Aber seine Gründe sind ganz persönliche. Er macht das jetzt schon fünfzehn Jahre, hat keine fünf Jahre mehr bis zum Rentenanspruch, damit er mit sechzig oder fünfundsechzig eine mickrige Summe Geld bekommt und sich in Militärkrankenhäusern behandeln lassen kann. Es geht ihm darum, es geschafft zu haben, die zwanzig Jahre. Ich finde das bescheuert. Wenn das der einzige Grund ist – nur für ein Blatt Papier.«

Kimberley redet sich in Rage. Sogar eine Homepage hatte sie eingerichtet, auf der sie den sofortigen Abzug der Truppen aus dem Irak forderte. Den Kollegen ihres Mannes gefiel das nicht. Ob er seine Frau denn nicht im Griff habe, fragten sie. Inzwischen ist die Seite abgeschaltet. Aber Kimberley steht zu ihren Forderungen, auch wenn ihr Mann das nicht nachvollziehen kann. Er findet ihre Ansichten zu radikal, immer wieder gibt es deshalb Diskussionen zwischen den beiden.

»Zu seiner Überzeugung zu stehen und seine Meinung zu äußern ist nicht radikal. Ich dachte, dafür kämpfen sie, das Recht auf freie Meinungsäußerung und Freiheit und Wahrheit und Gerechtigkeit für alle. Und dann sagt er mir, dass ich das nicht verstehe.«

Ihre Mimik kann mit den wütenden Worten nicht ganz mithalten. Zu sehr schmerzt die Nasenpartie. Die Operation ist noch frisch. Nur eine kleine Korrektur, sagt Kimberley. Sie will ihrem Mann gefallen, wenn er zurückkommt. Und sie hat Angst, ihn zu verlieren. Denn die Armee hat ihm ein neues Angebot gemacht.

»Geh nicht, wir sind jetzt deine Familie, sagen sie. Und er kann einfach nicht loslassen. Weil er sich dort sicher fühlt. Es ist wie bei einem Tier, das du in einen Käfig steckst. Und wenn du die Tür öffnest, nachdem es lange da drin war, hat es Angst, rauszukommen in die Freiheit. Ich hoffe, dass er erkennt, wie schön es sein kann, einfach nur ein Zivilist zu sein, ein amerikanischer Bürger. Und ich hoffe, dass es bald sein wird.«

Kimberley ist nicht allein mit ihrer Meinung. Doch trotz all der Kritik und den Auseinandersetzungen steht sie hinter ihrem Mann und den Soldaten. Schließlich machen die nur ihren Job. Die wahren Kriegstreiber tragen keine Uniform, sondern Maßanzüge und sitzen an schweren Edelholzschreibtischen.

Auf dem Rückweg geraten wir mit Kerstins Cabrio in einen Stau. Das ist nicht schwer in L. A. Es gibt so gut wie kein öffentliches Nahverkehrssystem, und so ist das Straßennetz regelmäßig völlig überlastet. Dabei sind die *freeways* schon zehnspurig. Eine der Kehrseiten des kalifornischen Traums. Selbst die streckenweise extra ausgewiesenen *car pool lanes* helfen nicht wirklich. Nur wer mindestens zu zweit im Auto sitzt, darf auf diesen Spuren fahren. Offenbar reicht das als Anreiz nicht aus: In keiner anderen amerikanischen Stadt fahren so viele allein zur Arbeit oder nach Hause wie in L. A.

Mehr als 80 000 Deutsche sollen im Großraum L. A. leben. Viele von ihnen kommen sicher wegen des unschlagbaren Wetters und der Leichtigkeit, die das Leben hier haben kann. Ich möchte Ihnen gerne ein paar dieser Glückssucher vorstellen, die ich mit oder durch Kerstin kennengelernt habe.

Christine zum Beispiel, die Kerstin als Journalistin unterstützt, Beiträge fürs deutsche Fernsehen dreht und nebenbei noch Schmuck entwirft. Vor acht Jahren ist sie hierhergekommen, ursprünglich nur für ein halbes Jahr, um ihren Freund zu besuchen, der es als Musiker schaffen wollte. Als sie nach den sechs Monaten wieder zurück nach Köln ging, hatte sich bei ihr etwas verändert. Deutschland war plötzlich zu eng geworden.

»Es ist einfach viel freier hier, irgendwie weiter, offener und heller. Du hast halt nicht dieses Beamtentum, dieses Engstirnige, die Leute sind hier viel offener. Ich meine jetzt nicht offen in dem Sinne, dass du wirklich schnell Freunde findest. Aber der Umgang ist wesentlich netter. In Deutschland sind die Leute teilweise sehr neidisch, keiner gönnt dir irgendwas, und du musst dich immer rechtfertigen. Das ist hier schon anders.«

Außerdem trauen sich die Menschen hier, »größer« zu träumen.

»Wenn du jetzt zum Beispiel jemand bist, der sich selbstständig machen möchte mit irgendwelchen Ideen, dann hat man in Deutschland ja von Kind auf gelernt: Das geht nicht, mach das bloß nicht, studier, mach 'ne Ausbildung, und du brauchst für alles irgendein Diplom. Die Kreativität wird dir total weggenommen. Und hier ist es eigentlich anders. Erstens kriegst du Unterstützung von allen Leuten, die sagen: *Hey, good for you, go for it.* Und wenn du genug Geld hast für den Anfang, dann kannst du einfach loslegen, und dann klappt das auch.«

Ab und zu leidet Christine aber noch am Deutschland-Syndrom, wie sie es nennt.

»Ja, die Selbstzweifel kommen manchmal noch. Und die habe ich bei den Amerikanern nie gesehen. Hier geht's darum: Hey, hilf dir selber, jemand anders tut das nicht, und wenn du was erreichen willst, musst du eben dran arbeiten, und dann geht das auch.«

Inzwischen ist Christine mit Jürgen verheiratet, der schon seit über zwanzig Jahren in der Stadt arbeitet und dabei vom Musiker zum Fotografen wurde. Earth, Wind & Fire und Prince hat er als Tourfotograf begleitet. Jetzt spezialisiert er sich auf Stars, Mode und Lifestyle, dreht Musikvideos und ist inzwischen amerikanischer Staatsbürger. Eines der ersten Videos hat er mit Nils Jiptner gemacht, der wie Jürgen aus München kommt. Auch Nils ist seit den Achtzigern in Kalifornien und lebt hier seinen amerikanischen Traum.

»Im Prinzip ja. Ich meine, ich bin hergekommen, um Musik zu machen, ich mach's jetzt. Es war nicht immer einfach. Ich hab Zeiten gehabt, wo mir fast der Strom abgestellt wurde, wo's auch hart war.«

Heute ist Nils nördlich von Los Angeles in einer sogenannten *gated community* zu Hause. Im Grunde ist das ein umzäuntes Dorf, in das man als Fremder nur nach vorheriger Anmeldung beim Sicherheitsmann kommt. Ziemlich verbreitetes Wohnmodell in den amerikanischen Ballungs-

Ein Münchner im Musikerhimmel

räumen. Zwischen 20 000 und 30 000 dieser Anlagen soll es mittlerweile geben, nach Schätzungen wohnen mindestens zehn Millionen Amerikaner so. Auch in Südamerika, Asien und Südafrika existieren *gated communities*. Manche vergleichen die Anlagen sogar mit den mittelalterlichen Burgen, wo man ja auch schon bewusst abgeschottet gelebt hat. Prestige, gemeinsame Freizeitinteressen und vor allem der Schutz vor Kriminalität treibt die Menschen heute hinter Zäune und Mauern.

»Ach, ist ein bisschen *silly*, wie man hier sagt, ich find's ein bisschen komisch. Ist so 'ne Pseudosicherheitssache. Bei uns in der Gemeinde wohnen halt die Priscilla Presley, ein paar von den Filmcomposern und ein paar Schauspieler.«

Wir sitzen auf der lauschigen Veranda seines zugewachsenen Hauses. Die Frösche im Garten sind laut heute. Nils nimmt einen großen Schluck aus dem Weißbierglas, Importware, damit das Heimweh nicht zu schlimm wird. Er kam vor über zwanzig Jahren aus Bayern nach Amerika, mit großen Träumen und wenig Geld. Seine Eltern waren erst mal nicht begeistert, dass er sein Architekturstudium abbrach, um Musik zu machen.

»In den Staaten gibt es die besten Musiker der Welt und in Los Angeles das GIT. Da wollte ich unbedingt hin, und dann haben mich meine Eltern glatt dahingeschickt.«

Nach dem Besuch des renommierten Guitar Institute of Technology hat Nils irgendwann eine Amerikanerin geheiratet, die Greencard bekommen, sich als Gitarrenlehrer und später mit Film- und Werbemusik durchgeschlagen. Zehn Jahre hat es dann noch mal gedauert, bis er seine erste Platte rausbringen konnte.

»Ich hab ein Duett mit George Benson aufgenommen auf der Scheibe, und na ja, es war eine super Sache, das war meine erste Platte, saugut drauf, Plattendeal bekommen in einer kleinen Firma und bin eben rausgegangen und hab angefangen, die Platte zu promoten.«

Bald darauf aber die ersten Rückschläge. Die Plattenfirma ging pleite, und Nils saß auf 20 000 Dollar Schulden, die er vorfinanziert hatte. Er verkrachte sich mit seinem Partner, die Ehe ging in die Brüche. Aber Nils gab nicht auf. Er hatte ja noch einen Song in der Schublade, von dem er wusste, der kann alles verändern.

»Eine super Nummer, der *hook* war einfach geil. *Pacific Coast Highway* hieß der Song. Ich wohn halt hier zwanzig Minuten vom PCH weg, und das hat mich doch irgendwie so vom Feeling her an diese Küstenstraße erinnert – weißt du, mit dem offenen Verdeck da hochfahren, und da hab ich gedacht, das wär doch der passende Titel dafür.«

Bis auf Platz 1 der amerikanischen Smooth Jazz Charts hat es Nils mit dem Song geschafft, eine große Nummer in den USA. Denn der Sound, von dem wir gerne etwas abfällig als Fahrstuhlmusik sprechen, ist hier sehr populär. Mit dem Erfolg lebt es sich noch angenehmer im kalifornischen Paradies.

»Momentan lebe ich in einem super Haus, hab Familie, alles, was ich will, Erfolg mit der CD. Also ich muss mich manchmal wirklich zur Seite nehmen und sagen: Okay, das ist eigentlich der Wahnsinn. Hat doch alles nach langer Zeit so hingehauen. Wenn man einfach dabeibleibt, den Fokus nicht verliert, sich immer reinhängt und nicht abbringen lässt von seinen Zielen!«

Auch die Geschichte von Kerstins Freundin Anne ist abenteuerlich. Sie kam mit ihrem Freund in den Achtzigern nach L. A. Hat an verschiedenen Sprachschulen Englisch für Ausländer unterrichtet. Eines Tages kam ein Bodybuilder aus Deutschland zu ihr, Ralf Möller.

»Der kannte den Arnold, und dann hat er mit mir Englischunterricht gemacht, fand mich gut als Lehrerin und hat mich Arnold empfohlen. Dann hat Arnold mich für seine Mutter eingestellt, und ich habe mit der Mutter Englischunterricht gemacht. Und das ging dann immer so weiter.«

Ja, sie meint *den* Arnold. Und »weiter« bedeutet, sie ist ins *business* oder in die *industry* eingestiegen, wie man das Filmgeschäft hier betont lässig formuliert. Für Starregisseur Oliver Stone hat sie gearbeitet und natürlich für Schwarzenegger, dessen persönliche Assistentin sie schließlich wurde.

»Das fing morgens an mit Haferflocken-Kochen, *oatmeal*, und als wir mal in Astoria, Oregon, waren, da hatte der Bush senior gerade Geburtstag, George Bush. Dann haben wir da angerufen, damals mit einem Radiotelefon, das war unglaublich, so 'ne Kiste, ein Riesengerät. Bis zum Vorzimmer hab ich dann telefoniert im Weißen Haus, der Arnold Schwarzenegger möchte gerne gratulieren. Also, es ging wirklich von den banalsten Sachen bis halt, wenn du mit Arnold sprechen willst, wende dich an die Anne.«

Bei einem großen Event im Weißen Haus, bei dem

Schwarzenegger eine Aktion für mehr Fitness und gegen die zunehmende Fettleibigkeit der Kinder vorgestellt hat, lernte Anne einen der geladenen Sportler kennen, 400-m-Hürden-Olympiasieger Edwin Moses. Die beiden freundeten sich an, Anne wurde Edwins Managerin, als der für die Olympischen Spiele 1996 in Atlanta arbeitete. Schließlich hat sich aus der beruflichen auch eine private Beziehung entwickelt. Sie bekamen einen Sohn, Julian. Als der zwei Jahre alt war, trennten sich Anne und Edwin. In ihrer Verzweiflung rief sie Schwarzenegger an.

»Und Arnold, am anderen Ende in Kalifornien, sagte: Also, Atlanta, das sehe ich, das ist nichts für dich. Deutschland, da passt du nicht mehr hin. Ostküste, da kennste niemanden. Komm doch wieder nach Kalifornien. Ich geb dir einen Job für sechs Monate, dann kannste hier wieder Fuß fassen und sehen, was du willst. Und das hab ich dann gemacht.«

Sie unterrichtete diesmal Schwarzenegger, der seinen Kindern bei den Englischschulaufgaben helfen wollte.

»Ich glaub, er hat sich das auch ein bisschen für mich ausgedacht, damit er mich irgendwofür bezahlen konnte. Er war echt mein Lebensretter.«

Heute arbeitet Anne als Mentaltrainerin für Leistungssportler. So hat sie auch Khadevis Robinson kennengelernt. Der gebürtige Texaner ist mehrfacher US-Meister über 800 Meter. Einmal die Woche treffen sich die beiden am Strand von Santa Monica, um mit Kindern Sport zu machen.

»Sie trainieren, bleiben fit und lernen Disziplin – sich Ziele zu setzen. Wenn du was anfängst, musst du es auch zu Ende bringen.«

Khadevis spricht so, wie er läuft, schnell und zielstrebig. Auf einer kurz geschorenen Rasenfläche zwischen Palmen und Strand hocken rund zwanzig Kinder zwischen sechs und vierzehn Jahren und lauschen den Worten des Coach.

»Es geht um Werte, Überzeugungen, darum, hart zu arbeiten, eine gute Zeit zu haben und davon zu profitieren, dass du erreichst, was du willst.«

Seine Botschaft an die Kids ist klar: runter vom Sofa, weg von Fernsehen und Computer und raus an die frische Luft. Das hilft nicht nur ihnen, sondern auch Khadevis selbst.

»Ich mag Kinder, weil Kinder dich jung halten. Und ich möchte so lange wie möglich jung bleiben. Außerdem ist die Leichtathletik für mich wirklich Arbeit, ein Job, bei dem wir manchmal den Spaß vergessen. Wenn ich dann die Kinder sehe, wie sie trainieren und laufen – sie genießen das. Und das zu sehen tut mir gut, es heilt mich regelrecht.«

Der Champ wird dabei unterstützt von einem weiteren Trainer und eben Anne, die den Youth Track & Running Club ins Leben gerufen hat.

»Ich hab gesagt: Pass auf, die Kinder wollen alle laufen, und es gibt nichts. Sollen wir was machen? Khadevis hatte ich mal eingestellt als Coach an einer Schule, an der ich gearbeitet hab. Und dann hab ich gesagt, hast du Lust, er hat Ja gesagt, und dann haben wir einfach angefangen.«

Mit Flugblättern an verschiedenen Schulen hat Anne für das neue Angebot Werbung gemacht. Dabei steht nicht die sportliche Leistung im Vordergrund, die Kinder sollen was ganz anderes lernen.

»Es geht eigentlich darum, das zu kriegen, was auf Englisch *healthy lifestyle habits* heißt – also dass die Kinder einfach merken, dass es Spaß macht, sich zu bewegen, dass es schön ist, mit anderen Leuten zusammen was zu machen.«

An den Schulen stehen andere Sportarten im Vordergrund, Football, Basketball, Softball, und nur die richtig guten Kinder werden gefördert. Vereine wie bei uns gibt es in den USA kaum. Umso wichtiger ist das Engagement von Khadevis und Anne. Knapp zwanzig Dollar zahlen die Eltern für eine wöchentliche Trainingseinheit an die Trainer und für Equipment. Aber es gibt auch Stipendien, mit denen Kinder eingeladen werden, deren Eltern sich das Training sonst nicht leisten könnten. Die Popularität von Khadevis Robinson scheint keine große Rolle für den Erfolg des Programms zu spielen. Die Kids kommen vor allem, weil es ihnen Spaß macht, sagt der Champ.

»Ich möchte nicht, dass es von mir abhängt, denn wenn ich mal nicht da bin oder wegziehe, soll es trotzdem weitergehen. Das Entscheidende sind die Kinder und Eltern, die sich dafür begeistern.«

Vom Rasen geht es jetzt runter an den Strand, zum Weitspringen und dann noch zu einem Sprint im schweren Sand. Kraft, Ausdauer, Schnelligkeit – Grundlagen sollen die Kinder trainieren. Und was fürs Leben lernen.

»Wenn sie älter werden, können sie eines Tages zurückblicken und sagen: Ich erinnere mich an die Zeit, als ich hier im Sand den ganzen Strand langgerannt bin. Es war anstrengend, ich war fertig, aber mein Trainer hat gesagt, ich schaffe das, und so war es auch. Danach habe ich mich gut gefühlt.«

Khadevis Grundregel: Motivieren und inspirieren!

Das könnte auch das Motto von L. A. sein.

Auf den ersten Blick ist man schockiert von der Hässlichkeit, vom täglichen Wahnsinn. Aber wer sich traut, die bunten Nischen zu entdecken, die spannende Vielfalt, wird sich in die Weite der Stadt verlieben und immer wiederkommen. Vielleicht auch, weil L. A. trotz aller Betonschluchten ein Stück Wilder Westen geblieben ist, bis heute. Oder in welchem deutschen Stadtpark haben Sie schon mal ein Schild gesehen, das Sie vor den Klapperschlangen im Gehölz warnt?

Von der zermürbendsten Küstenstraße der Welt, einem australischen Bratwurst-BBQ und unzähligen Kalorienmassakern

Und ich habe gedacht, nach den Bergen und der Wüste hätte ich das Schlimmste erst mal hinter mir und in Kalifornien beginnt der gemütliche Teil der Tour. Tolle Landschaft entlang der Küste, angenehme Temperaturen und gut ausgeschilderte Radwege. Teilweise trifft das ja sogar zu, also das mit der Landschaft und den Temperaturen. Die liegen jetzt je nach Tageszeit und Bewölkung bei 15 bis 25 Grad und damit rund 20 Grad unter denen von letzter Woche in der Wüste. Auch das mit den Schildern funktioniert verhältnismäßig gut. Meistens ergeben die Hinweise auf die Pacific Coast Bike Route auch Sinn, und man findet sich halbwegs zurecht. Was aber die Strecke betrifft (ich will nicht schon wieder jammern und tue es jetzt doch ...), das muss das Härteste sein, was ich bisher gefahren bin.

Ständig geht es in Serpentinen auf und ab. Man fängt morgens bei Meereshöhe an, dann ganz schnell rauf auf 300, 400 Meter, gleich wieder runter, wieder rauf, wieder runter ... Jeden Tag sammelt man so 1500 Höhenmeter und mehr, und am Ende des Tages campiert man doch wieder auf Meereshöhe. Dazu heftiger Wind aus Nord, Nordwest, yep, das heißt von vorne. Frustrierend und zermürbend. Mehr als durchschnittlich 15 Stundenkilometer geht nicht, und so schaffe ich kaum 100 Kilometer am Tag. Eigentlich ein Klacks, selbst in den Bergen und der Wüste, die hinter mir liegen.

»Die Rockies sind wenigstens ehrliche Berge!«, drücken Thomas und Wilm es treffend aus. Die beiden bärenstarken Norddeutschen kommen mir ebenso dick bepackt wie ich entgegen. Von Vancouver Island wollen sie nach San Diego und haben die Schnauze gewaltig voll.

»Das soll ja die schönste Küstenstraße der Welt sein hier. Aber irgendwann hat man's auch gesehen, die Landschaft verändert sich ja nicht wirklich, und dann will man eigentlich nur noch durch, ankommen und Urlaub machen.«

Wie gut das tut, wenn einem jemand aus der Seele spricht. Elende Plackerei, und das über 2000 Kilometer. Bin ja nur froh, dass es Tom und Wilm genauso geht, obwohl sie aus der »richtigen« Richtung kommen. In jedem Radführer steht nämlich, dass man die Westküste gefälligst von Nord nach Süd fahren soll, wegen der sonst heftigen Gegenwinde.

Nachdem wir uns alle mal ordentlich den Frust von der Seele geredet haben, fühlen wir uns gleich besser und feiern diesen Moment mit einem riesigen Muffin, den wir genüsslich verdrücken.

Da fällt mir ein, dass ich noch gar nicht übers Essen gesprochen habe. Eines meiner Lieblingsthemen – also, wenn Sie gestatten, ich finde, das wäre jetzt ein passender Zeitpunkt.

Ausgewogene Ernährung ist ja extrem wichtig bei körperlicher Betätigung. Regelmäßige, kleine Mahlzeiten, die leicht verdaulich sind. Mehrfachzucker, wie sie in Getreideprodukten enthalten sind, geben länger Energie, also Müsli, Vollkornbrote, dazu viel Obst und Gemüse wegen der Vitamine und Mineralstoffe. Und Wasser, viel Wasser, um den Flüssigkeitshaushalt auszugleichen. Klingt das nicht total vernünftig ... und extrem langweilig?

Ich sehe das ja so: Wenn ich schon den ganzen Tag schufte, mich mit gebrochenen Speichen und zermürbenden Gegenwinden rumärgern muss, will ich mich dafür wenigstens belohnen. Und das funktioniert mit Essen ganz ausgezeichnet. Also, morgens einen fetten Muffin, einen Donut und einen Riesencookie mit Schokolade. Und zwar nicht entweder oder, sondern alles, zusammen, auf einmal. Dazu ein Liter Milch. Zwischendrin dieser leckere Trailmix aus Nüssen und bunten Schokodragees, ein paar Kekse, Cola aus der *soda fountain* oder einen Blizzard. Von dieser unfassbar großartigen Eiscremespezialität möchte ich Ihnen später noch ein wenig ausführlicher berichten. Das würde im Moment aber zu weit führen. Gegen Nachmittag stoppe ich dann an einem Supermarkt, decke mich in der Bäckerei und Delikatessenabteilung mit überbackenen Käsebagels, *popcorn chicken* oder *corn dogs* ein und freue mich schon auf die abendliche Vesper mit all diesen Leckereien. Der mitgebrachte Benzinkocher bleibt meist unangetastet. Habe ihn auf der ganzen Tour keine zehnmal benutzt. Braucht man ja auch nicht, in Amerika gibt es alles im Überfluss, fast überall. Das Shoppen in den überdimensionalen Supermarkttempeln ist das Highlight des Tages, auf das ich jedes Mal mit großer Vorfreude hinfiebere. In Deutschland macht mir Einkaufen hingegen keinen Spaß. Wahrscheinlich alles nur eine Frage der Präsentation. Und das haben die Amis einfach drauf. Wie appetitlich schon das Obst glänzt, von Hand einzeln poliert, in Intervallen mit feinem Wasserstaub benetzt. Es lebe die Gentechnik. Kein Vergleich zu den traurig welken Salatblättern in den heimatlichen Regalen, die einen ähnlich lustlosen Eindruck machen wie die meisten Kassiererinnen. In Amerika hingegen überall verlockende Angebote. Kaufen Sie zehn Joghurt zum Preis von neun. Und der Gipfel für Schnäppchenjäger sind die Kundenkarten, die jede Supermarktkette anbietet. Zu Hause habe ich weder eine Payback-Karte, noch sammle ich Treueherzen. Aber hier in den USA bin ich stolzer Besitzer von rund zwanzig verschiedenen Preferred-Customer-, Max-Savings-, Plus-Shoppers-, Advantage-Rewards- oder MVP-, also Most-Valuable-Person-Karten. Einfach beim Bezahlen Formular ausfüllen, und schon wird man zum *very important customer*. Ein tolles Gefühl, wenn dann der Kassierer einem mit Stolz in der Stimme die Rechnung überreicht.

»Sie haben heute 2,37 Dollar gespart. Einen schönen Tag noch und danke, dass Sie bei uns eingekauft haben!«

Beschwingt und sehr zufrieden schnappen Sie sich dann die Berge von Plastiktüten, die fleißige Helfer für Sie schon mit den eben erworbenen Leckereien bestückt haben, und schlendern zum Rad, das draußen wartet, wie ein Gaul, den man nicht anzubinden braucht, weil er seinem Herrn so ergeben ist. Mal ehrlich, daneben fällt doch »Wir lieben Lebensmittel« gewaltig ab, oder?

Aber zurück zur Ernährung. Ich stehe auf dem Standpunkt, die Kalorienbilanz muss stimmen, egal wie. Und nirgendwo werden so viele Kalorien in einem Nahrungsmittel konzentriert wie in den USA. Nehmen wir noch mal mein reguläres Frühstück: Muffin, Donut, Cookie und der Liter Milch. Macht zusammen rund 1500 Kalorien. Normalerweise reichen unserem Körper ja 2000 bis 2500 Kalorien pro Tag aus, um alle wichtigen Funktionen und Aufgaben zu erfüllen.

Wenn ich jetzt noch die Snacks zwischendrin, das Eis, die viele Cola und das abendliche Picknick dazurechne, komme ich locker auf 4000 bis 5000 Kalorien, die ich da so jeden Tag in mich reinstopfe. Ganz schön viel, aber man gönnt sich ja sonst nix. Und nichts ist besser, um sich nach einem harten Tag zu belohnen, als essen, was und so viel man will. Bis man merkt: Hoppla, um 5000 Kalorien zu verbrennen, muss man schon ganz schön strampeln. Und weil das nicht immer gelingt, wächst die Wampe im Lauf der Zeit. Unterm Strich nehme ich bis Ende der Tour einige Kilo zu, und das liegt nicht nur an den Oberschenkeln, die dicker werden, auch wenn Muskeln mehr wiegen als Fett. Schlimm sind besonders Pausentage, an denen man nahezu nichts an Kalorien verbraucht. Aber der Magen hat sich inzwischen so an die Unmengen Nahrungsmittel gewöhnt, dass er einen sofort mit Hunger plagt, wenn mal eine Mahlzeit ausbleibt.

So weit mal für den Moment, und nun zurück zur Pacific Coast Bike Route. Zweifelsohne der populärste Fernradwanderweg der USA, trotz der mörderischen Strecke und der Tatsache, dass man größtenteils auf Highway Number One oder dem Seitenstreifen des mehrspurigen Highway 101 unterwegs ist. Keine idyllischen Pfade, die ausschließlich für Radfahrer oder Wanderer bestimmt sind, wie in Europa. Hier muss man überall mit gewaltigen Limousinen, SUVs (*sport utility vehicles*, ganz schön alberner Name für einen Jeep, oder?) und *pickup trucks* teilen. Und das sind nicht wenige, schließlich wissen die Autofahrer auch, wie atemberaubend die Pazifikküste ist. Mir machen besonders die gemieteten Wohnmobile Angst, deren Fahrer oft unerfahren sind und die Ausmaße ihrer rollenden Ferienwohnung nicht abschätzen können. Manchmal setzen sie dann zu brisanten Überholmanövern an und ziehen haarscharf an einem vorbei. Da brauchste echt gute Nerven und fleißige Schutzengel.

Der Radverkehr nimmt jetzt auch erstaunliche Ausmaße an, erinnert mich streckenweise fast an den Donauradweg, wo es ja in der Hochsaison an manchen Stellen sogar zu Staus kommen kann. Nach der Einsamkeit im Süden, wo mir nur Flor aus Belgien auf seinem Weg nach Miami entgegenkam, bin ich echt überrascht, was hier los ist. Allerdings sind alle Kollegen, die ich treffe, von Nord nach Süd unterwegs. Zumindest bei den abendlichen Camps hat man dann Gelegenheit, sich auszutauschen. Meistens darüber, wie es denn auf der weiteren Strecke so aussieht. Wie steil, wo kann man einkaufen, wo am schönsten zelten. Ist auch nett, wobei man jetzt natürlich als Radler nicht mehr so exotisch wirkt wie im Süden. Viele haben sich da überhaupt nicht vorstellen können, was einen dazu bewegt, mit dem Rad eine Reise zu machen. Wenn überhaupt, ist das Rad ein Sportgerät, mit dem man Rennen fährt oder in den Bergen unterwegs ist. Aber als Fortbewegungsmittel? Der Typ muss echt arm sein, dass der sich kein Auto leisten kann. Mal schauen, ob wir ihm irgendwie helfen können ...

Und jetzt an der Küste wirst du kaum noch wahrgenommen. Wobei das schon auch Vorteile hat, also die vielen Radfahrer. Denn die Infrastruktur für unsereins ist hier wirklich deutlich besser als im Rest Amerikas. Da gibt es dann so tolle Einrichtungen wie *hiker/biker sites* für Wanderer und Radfahrer auf den Campingplätzen. Die liegen meist im schönsten Teil des Geländes und kosten zwischen 2 und 5 Dollar die Nacht. Normalerweise würde man durchaus 20 bis 30 Dollar zahlen. Entlang des Highways stehen an besonders brenzligen Stellen Hinweisschilder: »*Bicycles share the road!*« Und in Oregon, weiter oben, gibt es Schalter, die man als Radfahrer betätigen kann, bevor man in einen schmalen Tunnel fährt. Dann fängt ein großes Schild über dem Eingang an zu blinken, und die nachfolgenden Autofahrer wissen, dass sie gefälligst langsam und vorsichtig fahren sollen, weil irgendwo in der düsteren Röhre vor ihnen ein wackerer Pedalritter um sein Leben strampelt.

Die Tunnel existieren in Oregon übrigens wegen der teils steilen Berge an der Küste. Was im Klartext für mich bedeutet, dass das ständige Auf und Ab sich fortsetzen wird. Ach, Kalifornien sei dagegen Kinderkram, macht mir Ben aus Seattle Mut, den ich kurz vor San Francisco treffe. Er ist die Strecke schon mehrfach gefahren. Und Wind und Steigungen in Oregon seien noch viel schlimmer als hier, echte Killer. Na, da fang ich doch gleich mal an, mich drauf zu freuen.

Wobei das heftigste an Steigungen überhaupt in San Francisco selbst auf mich wartet. Die Stadt ist ja quasi auf Hügeln gebaut. Jeder kennt die Lombard Street, die steilste Autostraße der Welt, durch deren Serpentinen sich permanent die Touris schlängeln. Ich komme an mehreren anderen Stellen auch auf 25 Prozent Steigung, laut Bordcomputer. Das heißt, auf 100 Meter gewinnt die Strecke um 25 Meter an Höhe. Das fühlt sich mit 50 Kilo Gepäck an wie senkrecht. Mit letzter Kraft und im Stehen tretend, wuchte ich das Rad auf den Scheitelpunkt und sause auf der anderen Seite runter bis zum nächsten Hügel. Irgendwo zwischendrin werde ich im Feierabendverkehr von einem Auto angefahren. Die Frau am Steuer merkt es nicht mal, so sehr ist sie damit beschäftigt, im Straßengewirr die richtige Route zu finden. Glücklicherweise passiert nichts, die prall gefüllten Packtaschen wirken wie Airbags, und bei Schrittgeschwindigkeit kriege ich rechtzeitig den Fuß aus der Pedalbindung und auf den Boden und kann einen Sturz verhindern. Irgendwann stehe ich vor der Golden Gate Bridge. Ein wahrhaft majestätischer Anblick, vor allem für einen mickrigen Radfahrer. Ich staune noch mit offenem Mund vor mich hin, als Ryan auf seinem Rennrad neben mir hält.

»Willst du rüber?«

So weit bin ich mit meinen Gedanken noch gar nicht, aber ja, sicher.

»Ist nämlich gar nicht so einfach zu finden, der Einstieg für Radfahrer. Ich kann's dir zeigen ...«

Ryan kommt gerade von der Arbeit, wohnt auf der anderen Seite der Bucht. Fast jeden Tag fährt er die Strecke, morgens hin, abends wieder zurück. Macht über einhundert Kilometer jeden Tag, Respekt. Ich habe Mühe mitzuhalten. Erst geht es unter der Brücke durch. Wir schlängeln uns an unzähligen Hobbyfotografen vorbei, die auf der Suche nach dem optimalen Bildausschnitt den Weg blockieren. Dann sind wir tatsächlich drauf!

Mythos Golden Gate. Kaum ein anderes Bauwerk steht so sehr für die USA wie diese Brücke. Das Tor zur Freiheit, Symbol für kühne Architektur, Lieblingsmotiv der Touristen. Und da rolle ich gerade mit meinem Rad drüber. Wow. Schon irgendwie ein erhebendes Gefühl, ein Moment, der hängen bleiben wird. Leider kann ich ihn nicht voll auskosten, weil der Wind vom Meer her so heftig bläst, dass ich Mühe habe, den Lenker gerade zu halten, und an einer Stelle sogar Ryans Empfehlung folge und absteige. Auf der anderen Seite kommen wir bald durch die Künstlersiedlung Sausalito mit den vielen Hausbooten und Kneipen, von deren Terrassen man einen sensationellen Blick auf die Bucht und die Skyline von San Francisco hat. Ryan verabschiedet sich, sind noch ein paar Meilen bis nach Hause, und es dämmert schon. Es wird wieder ein langer Tag für mich. Erst nach 22 Uhr erreiche ich in der Finsternis den State Park, den Ryan mir empfohlen hat. Ich stelle mein Zelt im fahlen Lichtkegel der Stirnlampe zwischen mächtige Redwood-Bäume, durch die selbst der Vollmond kaum durchdringen kann. Toller Platz. Dafür hat sich die Schufterei gelohnt.

Und falls bei dem ganzen Gejammer vorhin ein falscher Eindruck entstanden ist: Es macht schon auch Spaß, hier Rad zu fahren an der Westküste! Kurz vor Big Sur finde ich den vielleicht schönsten Lagerplatz der gesamten Tour. Es ist schon wieder spät geworden, fast dunkel. Habe zuvor bei den Seelöwen gestoppt, die sich dicht aneinandergedrängt in einigen Buchten fläzen und die Sonnenstrahlen genießen. Wenn es zu heiß wird, schaufeln sie sich mit Schwung eine Ladung feuchten Sand über den Pelz, und dann wird weitergeschnarcht. Selbst von dem permanenten Klicken der Fotoapparate lassen sie sich nicht stören. Sehr drollig und verlockend. Was für ein Leben ..., träume ich für einen kurzen Moment. Ich muss weiter, will noch einen der State Parks erreichen. Bald aber wird klar: keine Chance. Die Strecke ist zu hart. In Gorda breche ich ab. Eigentlich nur ein idyllisch gelegenes Motel mit Tankstelle, Souvenirladen und Restaurant. Der Koch macht gerade Zigarettenpause auf der Treppe und schlägt mir vor, doch auf der anderen Straßenseite zu campieren. Da gebe es ein idyllisches Plateau unter einer riesigen Pinie, mit atemberaubenden Blick auf den Pazifik, der hier an die schroffe Steilküste brandet. Ein Traum. Habe selten besser geschlafen. Und das für ganz umsonst.

In Lompoc nördlich von Santa Barbara nehme ich an der *Flower Parade* teil, das Highlight des Jahres in dem kleinen Ort. Die Bewohner haben überall ihre Klappstühle aufgebaut. An einer zentralen Stelle ist ein kleines Podest errichtet für die Juroren, die die schönsten Wagen prämieren sollen. Gegen 11 Uhr beginnt der Umzug durch die breite Hauptstraße, angeführt von einer feierlich gekleideten Blaskapelle. Dahinter ein Konvoi aus Oldtimern verschiedener Jahrgänge, deren Motorhauben mit prächtigen Blumengestecken dekoriert sind. Auf dem Einsatzwagen der örtlichen Feuerwehr sitzen die Highschool-Cheerleader und winken mit ihren silbernen und blauen Büscheln ins Publikum. Reiter folgen, die obligatorischen Veteranen, Vertreter des militärischen Fliegerhorstes in der Nähe, und am Schluss noch mal eine Blaskapelle. Kleiner Vorgeschmack auf den 4. Juli, den amerikanischen Unabhängigkeitstag, nächste Woche.

Immer öfter stülpe ich jetzt die Beinlinge über und ziehe ein langärmliges T-Shirt an, trotz strahlender Sonne ist es durch den Wind kühl. Kaum mehr als 15 Grad tagsüber. Erst als ich hinter Fort Bragg von der Küste ins Hinterland abbiege, kehrt der Sommer zurück. Highway Number One klettert hier noch mal über zwei Pässe auf rund 600 Meter, ehe er endet und mit Highway 101 fusioniert. Für 150 Kilometer bleibt die Route jetzt im Landesinneren, weit weg von der Küste. Dafür geht es durch beeindruckende Redwood-Haine und idyllische Täler. Besonders schön entlang der Avenue of the Giants, die sich über 50 Kilometer parallel zum Highway durch die Landschaft schlängelt. Überall preisen Holzschnitzer ihre Arbeiten an. Überdimensionale Figuren, Bären, Adler und kunstvoll verzierte Totempfähle wachen reglos am Straßenrand.

Vom *Independence Day* bekomme ich außer ein wenig Lärm, der vom Open-Air-Konzert im Nachbarort herüberdröhnt, nicht viel mit. Schade, aber ich habe mein Lager wohl an der falschen Stelle aufgeschlagen. Manchmal wären die Karten und Radführer, die die Adventure Cycling Association rausgibt, doch hilfreich, weil man mehr Infos zu den Orten bekommt, die auf der Strecke liegen. Wie viele Einwohner, welche Infrastruktur, Einkaufs- und Übernachtungsmöglichkeiten, *bike shops*, Ärzte und Krankenhäuser sind schön übersichtlich vermerkt. Auch das Streckenprofil mit Steigungen kann man erkennen. Gut, das will man vorher vielleicht gar nicht wissen. Aber alles in allem sind die Informationen doch wesentlich ausführlicher als bei meinem klassischen *Rand McNally Road Atlas*, dessen Seiten ich jeweils herausnehme und in die Kartenhülle auf meiner Lenkertasche falte. Andererseits hätte ich mich mit speziellen Radkarten in detailliertem Maßstab für die gesamte Route ja dumm und dämlich geschleppt. Da muss man halt Einschränkungen in Kauf nehmen, und es bleibt immer spannend und überraschend. Verhungern und verdursten muss man jedenfalls als Radler hier selbst in den einsamsten Gegenden nicht.

Nach über zwei Wochen entlang der kalifornischen Küste komme ich jetzt nach Oregon. Vorher aber will ich mich in Crescent City noch mit Proviant eindecken. Erinnere mich noch sehr gut an diese Stadt. Als ich 1988 bei meiner ersten

Leon – furchtlos gegen den Wind

Reise in die USA von Norden aus mit dem Greyhound nach Kalifornien einreiste, wurde unser Bus erst mal von Mitarbeitern des Landwirtschaftsamtes inspiziert. Sehr befremdlich, aber offenbar hatte man Angst vor Krankheiten, die die fragilen genmanipulierten Kulturpflanzen gefährden könnten. Außerdem war das Wetter damals echt enttäuschend. Ich hatte blauen Himmel, strahlenden Sonnenschein erwartet. »*It never rains in Southern California ...*« und so. Und was gab's? Nieselregen aus grauen Wolken und für Hochsommer verdammt kalte 10 Grad. Hätte vielleicht genauer hinhören sollen auf den Text. Schließlich singt Albert Hammond ja ausdrücklich von Southern California, und Crescent City liegt eindeutig in Nordkalifornien.

Ich steuere einen Safeway-Supermarkt an der Hauptstraße an. Bemerke beim Abschließen des Rades einen anderen Biker, der gerade in eine Banane beißt. Wir grüßen uns wortlos. Als ich zurückkomme, futtert er immer noch.

Erstaunlich, dabei wirkt er so hager, Kategorie Bergtrikot. Wir stellen uns vor.

Leon ist Australier, hat für ein paar Jahre bei einer Firma in San Francisco gearbeitet und sich jetzt eine Auszeit genommen. Wie lange, ist noch unklar und nicht so wichtig. Seit Mai tourt er durch Kalifornien, vor allem in den Bergen jenseits des Sacramento Valley. Jetzt will er nach Norden. Der Erste, der in meine Richtung fährt. Wir überlegen nicht lange und beschließen, zusammen weiterzufahren. Gesellschaft tut uns beiden nach Monaten der Einsamkeit gut. Bis zur Stadtgrenze funktioniert das auch. Dann ist Leon zu schnell für mich, vor allem bei Steigungen. Komme mir vor wie ein träges Walross. Er hingegen erklimmt die Pässe mit der Leichtigkeit einer Gazelle. Egal, dann verabreden wir uns halt zum gemeinsamen Camp am Abend, und tagsüber fährt jeder seinen eigenen Rhythmus. Der ist ohnehin sehr unterschiedlich. Leon ist Frühaufsteher, meist vor sechs Uhr auf den Beinen und eine Stunde später schon unterwegs. Ich hingegen schlafe normalerweise bis acht, mit Frühstück und Packen komme ich nicht vor zehn los und fahre dann bis 20 oder 21 Uhr. Da hat Leon es sich schon seit vier, fünf Stunden im Camp gemütlich gemacht und die Gegend erkundet. Vielleicht gar nicht so schlecht. Wer früher aufbricht, ist früher am Ziel und hat noch was vom Tag. Mal ganz abgesehen davon, dass ständig bis in die Dunkelheit zu fahren, ohne richtige Beleuchtung am Rad, ja nicht wirklich Spaß macht und zudem nicht ungefährlich ist. Am nächsten Morgen stehen wir gemeinsam früh auf und sitzen gegen sieben Uhr auf den gepackten Rädern. »Vorsicht, starke Winde auf den nächsten 27 Meilen!«, warnt ein Schild an der Straße, das wir bald passieren. Wie gut, dass wir zu zweit sind, dann können wir abwechselnd den Windschatten des anderen ausnutzen und kommen insgesamt besser voran. Trotzdem brauchen wir fast vier Stunden für die ersten 40

Kilometer. Danach trennen wir uns, jeder fährt seinen Stiefel, und wir freuen uns aufs gemeinsame Camp und Lagerfeuer am Abend. Wie erzählen von unseren Plänen. Leon will so weit nach Norden wie möglich, Kanada, Alaska und dann weitersehen. Ein wirkliches Ziel oder einen Zeitplan hat er nicht. Einfach unterwegs sein, sich treiben lassen. Für die ganz harten Momente hat ihm eine Lady, bei der er ein paar Tage pausierte, ein Schild gemalt, das er hinten auf seine Packtaschen schnallen kann: *Tired Aussie needs a ride!* (Müder Australier sucht Mitfahrgelegenheit.) Er setzt es nur selten ein. Aber wenn, dann funktioniert es prima.

Das Schöne daran, plötzlich Gesellschaft zu haben, sind nicht nur die Gespräche, der Austausch. Man unternimmt ja auch Dinge, die sich allein nicht lohnen würden oder zu aufwendig erscheinen. Grillen zum Beispiel. Zwar gibt es auf den Zeltplätzen überall *barbecue pits*, also Feuerstellen mit Grillrost. Aber man müsste ja noch Kohle oder Holz besorgen, Grillgut, und dann allein, ach nee ... Dann doch lieber einen Grillburger oder BBQ-Sandwich unterwegs. Jetzt aber sieht das natürlich ganz anders aus. Und so decken wir uns mit original grober »Bratwurst« (so steht es tatsächlich auf der Packung) aus dem Fertigfleischregal ein, kaufen Kartoffeln und ein Bündel Brennholz beim Ranger. Während das Feuer zu knistern beginnt, beträufeln wir die Kartoffeln zärtlich mit Öl, das Leon in eine kleine Kunststoffflasche abgefüllt hat, bestreuen sie liebevoll mit Salz, Pfeffer und Gewürzen, die er in Filmdosen dabei hat, und wickeln sie schließlich sorgfältig in Alufolie, die er, richtig, auch mit sich trägt. Kleiner Gourmet, wobei er an einer Glutenunverträglichkeit leidet und viele Getreideprodukte nicht essen kann. Da ernährt man sich bewusster, und das Zubereiten von Nahrung bekommt noch mal einen ganz anderen Stellenwert.

So recht will das Feuer nicht, es qualmt mehr, als es brennt. Wahrscheinlich auch wegen der hohen Luftfeuch-

Australisches BBQ mit Original-»Bratwurst«

tigkeit vom Meer her. Jetzt am Abend wird alles schnell klamm. Irgendwann ist der Hunger größer als die Geduld, und wir legen die Würstchen auf den Grill, zwei große Packungen, für jeden ein halbes Dutzend. Und zwar keine mickrigen Nürnberger oder Thüringer. Unsere haben eine amtliche Größe und Dicke, fast wie eine gut gewachsene Banane. Ordentlich Fleisch halt, und vom Geschmack überraschend nah am Original. Sonst ist Wurst in den USA ja eher mit Vorsicht zu genießen. Die Gewürze und Räuchermethoden sind äußerst gewöhnungsbedürftig. Wir nagen uns um die verkohlten Stellen, die das zwischenzeitlich auflodernde Feuer hinterlassen hat, und freuen uns auf die Kartoffeln, die wir noch ein wenig länger schmoren lassen.

Am nächsten Morgen setzen wir noch eins drauf, hauen zwanzig Eier in die Pfannen, dazu ein Pfund *bacon* und starten herzhaft gestärkt und zuversichtlich in die nächste

Etappe. Komm nur, Wind, heute schaffst du uns nicht, wir haben gerade 3000 Kalorien in die Speicher gefüllt.

Wobei sich die Abfahrt erst mal um zwei Stunden verzögert. So lange dauert es, bis die verkrusteten Töpfe und Pfannen wieder sauber geschrubbt sind. Das nächste Mal packen wir besser die Luxus-Camping-Variante mit Teflonbeschichtung ein.

Fotografieren geht zu zweit auch viel besser, also Bilder vom Unterwegssein und Fahren. Sonst baue ich immer mein kleines Klappstativ auf, das man mit Klettband auch an Schilderpfählen, Zäunen oder Ästen befestigen kann. Zuerst kommt die kleine Digitalkamera zum Einsatz. Selbstauslöser betätigen, zum Rad sprinten, aufsteigen und losfahren ... verdammt, ich komme nicht in die Bind ... Klick. Noch mal. Beim zweiten Mal schaffe ich es dann zumindest bis auf den Sattel. Bei Versuch drei und vier kippt das Rad wegen des Gewichtes, das man nur schwer kontrollieren kann, zur Seite. Beim fünften Mal denke ich, das sind doch nie zehn Sekunden bis zum Auslösen gewesen. Das sechste Bild wird dann ganz okay. Man sieht ja auch gleich das Ergebnis auf dem Monitor und kann dann den Ausschnitt oder die Position entsprechend korrigieren. Nach durchschnittlich sieben oder acht Versuchen passt es halbwegs, und ich schraube die analoge Spiegelreflexkamera mit dem Diafilm aufs Stativ. Gleiche Prozedur noch mal. Da vergeht gut und gerne mal eine halbe Stunde für ein Foto. Oft scheue ich deshalb den Aufwand, lasse die Kamera dann lieber stecken und ärgere mich hinterher, dass ich nicht zumindest ein, zwei Bilder geknipst habe. Leon und ich machen zwischendrin wahre Fotosessions. Ich fotografiere ihn, er mich. Wir posen abwechselnd vor einem spektatulären Küstenabschnitt mit kilometerlangem Sandstrand. Dann fahren wir in einem malerischen Tal mit Fleckvieh auf der saftig grünen Weide und glucksenden Bächen neben der Straße abwechselnd auf die Kamera zu und drücken ab. Unsere Lieblingslocation aber ist ein Abschnitt mit der größten Küstendüne in Oregon. »Amerikas Sahara« wird dieser über 60 Kilometer lange Streifen nördlich von Coos Bay genannt. Rund 150 Meter Höhe erreichen die weitläufigen Dünen, und mittendrin, wenn man den Horizont nicht sieht, fühlt man sich tatsächlich wie in einer Wüste. Während die meisten um uns herum mit Quads über die Kämme heizen, inszenieren wir eine extrem harte Wüstenpassage mit dem Rad, das wir mit vor Erschöpfung verzerrtem Gesicht durch den knöcheltiefen Sand schieben. Um besonders authentisch zu wirken, spritzen wir uns noch mit den Trinkflaschen Wasser ins Gesicht, das nun als Schweiß aus allen, äh, Verzeihung, über alle Poren läuft. Und Action ...

Nun will ich Sie ja nicht mit technischen Problemen langweilen, aber eine Geschichte muss ich doch noch loswerden. Wobei ich vorwegschicken sollte, dass mein Rad keinerlei Schuld trifft. Alles, was da ursprünglich mal dran war, hat tadellos funktioniert. Nur die Veränderungen, die ich vorgenommen habe, halten nicht. In diesem Fall die Pedale. Ich habe vor Beginn der Reise eine Hybridpedale montiert: Auf der einen Seite kann man in die Bindung einklicken, auf der anderen hat man ein ganz normales Plateaupedal. Nachdem ich bis zu dieser Tour keinerlei Erfahrung mit Klickpedalen gesammelt habe, die perfekte Lösung. Würde ich auch weiterhin so halten, obgleich ich schon bald nur noch mit Bindung gefahren bin. Man muss nur am Anfang bewusst daran denken, dass man eingeklickt ist. Sonst wird das Anhalten echt peinlich. Wenn es einem erst im letzten Moment vor dem totalen Stillstand einfällt, hat man nämlich keine Chance mehr auszuklicken und – fällt einfach zur Seite. Auch hier sind die dick befüllten Packtaschen optimale Stoßfänger gewesen, und es ist jedes Mal glimpflich ausgegangen. Kommt halt nur blöd, wenn man einen souveränen Eindruck hinterlassen möchte. Ich habe alles im Griff, macht euch keine Sorgen ... ähm ... kann mir mal jemand aufhelfen ... bitte.

Nachdem in Kalifornien schon der äußere Rahmen der Pedale gebrochen ist, spüre ich jetzt in Oregon ein immer stärker werdendes Mahlen und Verkanten im Kugellager. Nach gut 6000 Kilometern, echt lächerlich. Ich kaufe in einem Radladen ein Paar gebrauchte Klickpedale und lasse bei der Gelegenheit gleich noch die Gangschaltung justieren, die nicht einwandfrei funktioniert. Manche Gänge springen, liegt vermutlich an der Kette, die ich zu spät gewechselt habe, und jetzt sind die Zahnkränze einseitig verschlissen. Die Amerikaner wollen ja in so einem Fall gerne alles neu machen. Einfach austauschen, und gut ist. Das spart zwar Zeit, weil man sich nicht mit der Ursache beschäftigen muss, kostet natürlich aber auch gleich mehr. Wie gut, dass ich in solchen Situationen einen heißen Draht in die Heimat habe, zu Zweiradmechaniker-Supermeister Toni in Freising. Der hat mein Rad vor der Tour auch noch mal komplett überholt und mir die Telefonnummer im Laden mitgegeben, für Notfälle. Da haben wir ja beide nicht geahnt, wie viele Notfälle eintreten würden. Wenn dann die amerikanischen Kollegen mir ein ganzes, neues Rad als Lösung aller Probleme vorschlagen, wähle ich einfach Tonis Nummer, lasse mich von seiner Mutter, die im Geschäft mitarbeitet, durchstellen und bekomme sofort die besten Tipps. »Da nimmst erst amoi a Feile, entgratest vorsichtig von beiden Seiten die Ritzel, und dann passt des scho wieda!« Genauso mache ich es, und es funktioniert. An dieser Stelle also herzlichen Dank an Toni »Zweirad« Hübsch in Freising: Hast 'ne Spezi gut bei mir. Nur den Teil mit ... Rohrbach ... besser Pauschalreise ... nächstes Mal ... musst du mir noch mal erklären ...

Unser letztes Camp in Oregon – morgen werden wir Washington State erreichen. Das ist ein bisschen schade, denn in keinem anderen Staat im Westen gibt es so viele Dairy-Queen-Restaurants wie in Oregon. Falls Sie Dairy Queen nicht kennen – was durchaus verständlich wäre, denn leider hat es diese großartigste aller amerikanischen Fast-Food-Ketten noch nicht zu uns geschafft –, will ich Ihnen kurz die herausragende Einzigartigkeit erläutern. Grundsätzlich bekommen Sie bei DQ, wie man es der Einfachheit halber gerne abkürzt, alles, was Sie auch von anderen amerikanischen Schnellrestaurants erwarten dürfen. Labbrige Burger, fettige Pommes und nie versiegende *soda fountains*. Die eigentliche Spezialität von Dairy Queen, der Name lässt es erahnen, sind aber Milchprodukte, oder konkreter: Eiscreme, vorzugsweise Softeis. Und zwar das weißeste und geschmackloseste, das Sie sich vorstellen können. 97 Prozent fettfrei, und das merkt man bei jedem Löffel. Schließlich ist Fett ja der Träger für die meisten Geschmacksstoffe. Wobei das mit der Fettangabe äußerst irreführend ist. 97 Prozent fettfrei, wow, das ist ja bestimmt total kalorienarm dann, geradezu ein diätetisches Lebensmittel, das man sich vielleicht sogar auf Rezept verordnen lassen kann? Andererseits bedeuten 97 Prozent fettfrei, das noch drei Prozent Fett drin sind. Und wie viel Fett hat eine normale Vollmilch? Richtig, dreieinhalb. Da kämen wir ja auch nicht auf den Gedanken, Vollmilch wäre in großen Mengen gut für die Linie. Aber lassen wir den Amis an dieser Stelle ihre Illusion.

Großartig, ja sensationell veredelt wird dieses katastrophal fade Softeis durch die Erfindung des Blizzard. Den Namen hat sich DQ auch gleich als Markenzeichen sichern lassen, obwohl der ja nun wirklich nicht besonders einfallsreich klingt. Schneesturm halt. Ich habe in Oregon praktisch jeden Tag einen Blizzard verputzt (während der ganzen Tour sind es vermutlich über fünfzig gewesen!), kann die

Qualitätsunterschiede und Fehler bei der Zubereitung genau herausschmecken. Und man kann viele Fehler machen, vor allem bei der Dosierung der Inhaltsstoffe und der anschließenden Zubereitung. Auch wenn die Herstellung denkbar einfach klingt. Vanillesofteis wird mit einem Topping Ihrer Wahl versehen und kräftig geschleudert. Als Erstes entscheiden Sie sich für die Größe: Small, Regular, Large, in manchen Staaten gibt es noch Extra Large. Schätze, das ist abhängig vom durchschnittlichen Body-Mass-Index der Bürger, je höher der liegt, also je fetter die Kundschaft, desto größer muss auch der Portionsbecher sein. Nach der Größe dürfen Sie das Topping auswählen. Dazu steht Ihnen neben der Menütafel, auf der unter dem *Blizzard of the Month* (eine neue, besonders innovative Kreation) zwar lustige, aber wenig hilfreiche Namen wie *Mud Slide*, *Chocolate Extreme* oder *Brownie Batter* aufgeführt sind, in der Regel noch eine Auslage mit zerbröselten Oreo-Cookies, Snickers-Stückchen, M&Ms, verschiedenen Früchten, Nüssen und Soßen zur Verfügung.

Der beliebteste Blizzard von allen ist seit jeher der mit *Chocolate Chip Cookie Dough*, also Plätzchenteig. Allein die Idee, rohen Teig in einer Süßspeise zu verarbeiten, grenzt für mich an einen Geniestreich, weil es so naheliegt, aber sich bisher offenbar keiner richtig getraut hat. Ich meine, wir alle haben doch als Kinder am liebsten die Reste des rohen Teiges aus der Schüssel gekratzt, wenn Mama Plätzchen gebacken hat. Eigentlich schmeckt der ja auch viel besser als das fertige Produkt. Warum also diese Grunderfahrung nicht aufgreifen und kultivieren. Bei DQ wagen sie das. Die tiefgekühlten Teigkügelchen werden in den Becher mit dem vorher gezapften Softeis gegeben, dazu noch ordentlich Schokoladensoße drüber. Allein schon bei dem Gedanken daran fange ich an zu sabbern ... Wenn Sie sich jetzt noch trauen, zusätzlich zu dieser fast schon perfekten Mischung

Auf Tuchfühlung mit Amerika: mit dem Rad einmal ganz herum, in 180 Tagen

Start am 1. Mai im Sunshine State Florida

Morgenstimmung im tiefen Süden. Das Sonnenlicht spielt mit dem *spanish moss* an den knorrigen Ästen.

Auf dem Seitenstreifen Richtung Florida Panhandle. Plattes Land – und spürbarer Verkehr

Doctor Gene und sein 67er Cadillac – meine Rettung nach der Felgenpanne kurz hinter der Texas-Stateline

Vier gebrochene Speichen am neuen Hinterrad in drei Stunden – der Frust sitzt tief, und keine Rettung in Sicht

Fachwerk in Texas – Erinnerung an elsässische Einwanderer nach Castroville

Verfahren ? Heimatliche Gefühle zwischen Houston und San Antonio

»Everyone loves Heino – Heino you do!«
Rekordradler Mike Mann mit 250 000 Meilen in den Beinen
und deutschem Schlager im Ohr

Red Rock Country bei Sedona, Arizona. Der Grand Canyon ist nicht mehr weit.

Grelles Licht und sengende Hitze bis 45 Grad – der Highway durch die Mojawe-Wüste in Kalifornien

Trockenes Land, Nachtanken unmöglich – bis zu 10 Liter Flüssigkeit täglich muss ich gegen den Durst mitschleppen.

Wüstencamp in der Nähe des Joshua Tree Nationalparks – die Felsen reflektieren noch die Hitze des Tages.

Der Pacific Coast Highway wird zum »Radweg«, auf dem Wohnmobile auch gerne fahren.

Sonnenbaden statt Serpentinen-Plackerei – See-Elefant müsste man sein.

Atemberaubende Kulisse an der Küste. Da könnte man den Gegenwind fast vergessen, für einen kurzen Moment.

San Francisco, Hauptstadt der Hügel

Mit dem Rad über die Golden Gate Bridge. Die Sonne täuscht, es ist stürmisch und der Wind schneidend kalt.

Keine Zeit für Sightseeing – Alcatraz grüßt aus der Ferne.

Ein kühler Morgen an der Küste Oregons: Die Sonnenstrahlen kämpfen sich langsam durch den Wald.

Mit der Fähre über den Puget Sound nach Seattle – Halbzeit nach 7000 Kilometern

Natur pur in den Rocky Mountains: Ein junger Elchbulle markiert sein Revier. In der Prärie leben vereinzelt noch wilde Mustangs *(rechts unten)*.

Schattiges Camp am Bergfluss *(links unten)* oder entspannendes Bad in heißen Quellen – das entschädigt für eine Woche ohne Dusche.

Farmeridylle in den Plains – aber nur mit zwei Jobs kann Mark seine Familie durchbringen. Tauschen würde er trotzdem nicht.

Sturgis Rally – 500 000 Biker treffen sich Anfang August in den Black Hills von South Dakota. Trotzdem geht es halbwegs gesittet zu. Ob's am hohen Durchschnittsalter liegt?

Die Badlands, beeindruckende Relikte eines Binnenmeeres in der Prärie von South Dakota

Tipi-Aufbau im Pine Ridge Reservat. Die Lakota-Sioux nutzen die Zelte nur noch für Zeremonien.

Kunsthandwerk ist für viele Ureinwohner der einzige Weg aus der Sozialhilfe.

Das größte Monument der Welt – allein ins Gesicht von Crazy Horse passen die Präsidentenköpfe von Mount Rushmore.

Kaffee und Rindfleischsuppe kochen auf dem Feuer: das Abendessen für ein Fest im Reservat

Dave und seine Bürgerkriegskanone in Iowa – spannende Geschichten aus dem Mittleren Westen

Tatanka – der Büffel gewinnt wieder zunehmend an
Bedeutung für die Lakota-Sioux...

...und wird vor allem anlässlich von Zeremonien geschlachtet.
Das Fleisch kommt meist in einen traditionellen Eintopf.

Zum letzten Mal in die Berge: Anstieg zum Shenandoah Nationalpark

Baumwolle, so weit das Auge reicht – auch heute noch wichtiger Industriezweig im feucht-heißen Südosten

Abendstimmung in den Blue Ridge Mountains – nomen est omen.

Pionierhütte in den Appalachen – Relikte der ersten Siedler aus Europa

Zwangspause auf dem Pass – das Wetter ist zu schlecht und gefährlich.

Flucht mit Rückenwind vor dem Hurrikan

Wiederkehrende Bedrohung: Jedes Jahr fegen Hurrikans über den Süden und Osten ...

... und hinterlassen Spuren der Verwüstung. Die Aufräumarbeiten dauern Wochen – bis zum nächsten Mal.

Boston – Miami auf die harte Tour. Julio aus Peru läuft, um anderen Menschen mit Behinderungen Mut zu machen.

Endlich ankommen, der letzte Tag wird der längste – 222 Kilometer, bis in die Nacht!

Geschafft! In jeder Hinsicht.
2. Oktober, nach 14 153 Kilometern zurück am Golf von Mexico

Pecan Cluster zu ordern, Pecannüsse mit Karamellsoße, werden Sie gleich im siebten Desserthimmel schweben. Sie mögen es doch süß? Und zu süß gibt es ja bekanntlich genauso wenig wie zu viel Geld. Die Softeis-Teig-Nuss-Pampe wird jetzt im speziellen Blizzard-Mixer ordentlich umgerührt, damit sich alle Inhaltsstoffe gleichmäßig verteilen, ohne dabei zerstört zu werden. Und bevor serviert wird, muss jeder Blizzard noch den Konsistenztest bestehen. Vor den Augen des baffen Kunden wird der bis zum Rand gefüllte Pappbecher mit einem langen Löffel versehen und umgedreht. Bleibt alles an seinem Platz, prima, das Kalorienmassaker kann beginnen. Hält es nicht, muss der DQ-Mitarbeiter erst aufwischen und dann beim nächsten Versuch hoffentlich gewissenhafter vorgehen. Gut 1000 Kalorien hat übrigens ein mittlerer Blizzard-Becher, der feuert gewaltig und treibt einen samt Rad turboartig gegen den Wind und über alle Gipfel, rede ich mir immer ein. Damit ich nicht ein ganz so schlechtes Gewissen angesichts des maßlosen Konsums bekomme.

Von diesem Paradies der perfekten Glückseligkeit, wo in nahezu jeder Stadt mit mehr als 1000 Einwohnern zuverlässig ein DQ zu finden ist, müssen wir uns jetzt also verabschieden. Und auch voneinander. Leon und ich merken, dass uns die Zweisamkeit zwar gutgetan hat, aber jetzt ist es wieder Zeit, allein weiterzuziehen. Ganz ohne Rücksicht auf den anderen. Ich wage noch ein Bad im Pazifik, habe es ja lange genug rausgezögert. Immer ist es irgendwie zu kühl gewesen. Und jetzt die letzte Chance, bevor es morgen ins Landesinnere geht. Ganze zwölf Sekunden halte ich durch. Was für ein Waschlappen. Dabei ist die isolierende Fettschicht um die Hüften inzwischen mächtig angewachsen.

In Astoria quere ich die sechs Kilometer lange und extrem schmale Brücke über den Columbia River und erreiche den nordwestlichsten Staat meiner Tour, Washington. An der kleinen *tourist info* bekomme ich sogar eine spezielle Radkarte mit Tourentipps und ausgewiesenen *bike lanes*. Toller Service, der mir aber in Seattle auch nicht weiterhelfen wird. Ich fahre durch grünes Hügelland, dichten Mischwald, vorbei an saftigen Wiesen und halte schließlich schnurstracks nach Nordosten. In Bremerton besteige ich die aus dieser Richtung kostenlose Fähre über den Puget Sound und stelle mich ganz vorne aufs Deck, um die beste Aussicht auf Seattle zu haben. Ganz langsam wird die Skyline mit der markanten Space Needle größer. Die Sonne scheint vom fast wolkenlosen Himmel, durch den kreischende Seemöwen segeln. Wie auf einer Postkarte. Wahrscheinlich klinge ich allmählich unglaubwürdig, nachdem ich so vehement behauptet habe, dass ich keine Städte mag. Erst erzähle ich Ihnen, dass mich Los Angeles überraschenderweise fasziniert, und nun gestehe ich, dass ich Seattle toll finde. Vielleicht liegt das an der noch überschaubaren Größe: Keine 600 000 Menschen leben hier (auch wenn es im Großraum dann wieder über drei Millionen sind). Damit hat Seattle ungefähr die Ausmaße von Frankfurt am Main, für mich die spannendste Stadt in Deutschland, und das liegt nicht nur daran, dass ich dort studiert habe und ganz in der Nähe aufgewachsen bin. Frankfurt ist dreckig, glitzernd, hektisch, beschaulich, grau, sehr grün und eben vor allen Dingen überschaubar, man findet sich schnell zurecht. Das gilt im Wesentlichen auch für Seattle, das schon mehrfach zur lebenswertesten Stadt der USA gewählt wurde. Die Lage am Meer mit viel Wald und den umliegenden Bergen ist unschlagbar. Und Seattle ist kreativ und innovativ. Jimi Hendrix wurde hier geboren und der Grungerock der Neunziger, Microsoft und Amazon sitzen hier, und die Stadt rühmt sich, die Hauptstadt des Kaffees zu sein, nicht nur weil Starbucks von hier aus seinen Siegeszug um die ganze Welt gestartet hat. Und in welcher anderen Stadt kann man schon sagen: »Ich fahre jeden Morgen mit der Fähre zur Arbeit.«

Meine Vorfreude auf Seattle wird allerdings ein wenig getrübt, als die Beschilderung des Radwegs nach Osten plötzlich abreißt. So stehe ich bald ratlos vor einer Autobahnauffahrt und überlege, wie ich wohl am besten über den Lake Washington auf die andere Seite komme. Auf der Karte ist keine Alternative erkennbar. Was soll's, der Seitenstreifen hat hier ohnehin die doppelte Breite, zwei Sattelschlepper könnten darauf locker nebeneinander parken, und es wäre immer noch genug Platz für mich. Ich passe einen günstigen Moment ab und wage es. Läuft besser als erwartet, die Autos lassen mir genug Raum, niemand kommt zu nahe. Durch das leichte Gefälle geht es zügig voran. Auch der Tunnel vor uns scheint kein Problem, die weitläufige Fahrbahn setzt sich darin einfach fort, ich gewinne weiter an Fahrt ... Ups, nur verdammt dunkel ist es plötzlich, meine getönte Radbrille mit Stärke. Wird schon gehen, denke ich noch ... und dann passiert es ...

Von einem Crash, der fast das Ende der Reise bedeutet hätte, Sandburgenbauprofis am Snoqualmie River und der Weisheit eines japanischen Philosophen

Der Frust sitzt tief. Beide Räder demoliert, die vordere Felge ist angebrochen, die hintere stark deformiert. Der vordere Reifen platzt durch die Wucht des Aufpralls, und ich verliere durch den Crash die inzwischen fünfzehnte Speiche.

Habe in der Dunkelheit und bei der Geschwindigkeit bergab zu spät erkannt, dass direkt vor mir auf dem Seitenstreifen etwas Großes, Rechteckiges, Massives liegt, vermutlich eine alte Autobatterie. Keine Chance, zu bremsen oder auszuweichen. Ich halte den Lenker so fest und gerade wie möglich und schaffe es wie durch ein Wunder, nicht zu stürzen. Nach zwei dumpfen, heftigen Schlägen trudelt das Rad aus. Mir ist sofort klar, das war es erst mal. Aber zum Glück ist mir nichts passiert, habe nicht mal eine Schramme. Ich schicke ein Stoßgebet zum Himmel. Das hätte auch das Ende der gesamten Reise sein können. Schockiert schiebe ich das Rad an der nächsten Ausfahrt aus dem Tunnel. Im Tageslicht wird das ganze Ausmaß der Schäden sichtbar. Mit den Rädern kann ich keinen Meter mehr fahren. Erst mal sammeln. Ich rufe Connie an. Die Augsburgerin lebt mit ihrer Familie in Redmond bei Seattle, hat übers Internetradio von meiner Tour erfahren und mich schon vor Beginn per Mail zum bayerischen Wurstsalat eingeladen.

Willkommen zum bayerischen Wurstsalat

Hey, mit Essen kriegen Sie mich immer. Wobei mir gerade gar nicht danach zumute ist. Connie will Michael vorbeischicken, ebenfalls Deutscher und ein Arbeitskollege ihres Mannes bei Microsoft. Mit seinem alten Mercedes-Kombi liest er mich nach einer Stunde auf, und wir fahren zunächst zu einem *bike shop* in der Nähe. Wobei der Begriff vielleicht ein wenig irreführend an dieser Stelle ist. Der *bike shop* liegt in einer ehemaligen Wohngegend und ist in einem kleinen Haus untergebracht. Der einzige Hinweis ein Radtrikot, das in einem der verrammelten Fenster hängt.

»Chuck ist der Beste!«, antwortet Michael auf meinen skeptischen Gesichtsausdruck.

»Wenn ich ein Problem mit meinen Rädern habe, hilft er zuverlässig und günstig.«

Na dann … wir klopfen am Hintereingang. Es dauert eine Weile, bis Chuck die Tür öffnen kann. Vorher muss er erst noch umschichten – so deute ich die Geräusche, die

Alles nur eine Frage der Ordnung?

nach außen dringen. Und dann wird klar, warum. Wir starren fassungslos in einen Raum, in dem kein einziger Quadratzentimeter ungenutzt bleibt, um es positiv zu formulieren. Ist Chuck ein Messie? Das wäre eine naheliegende Vermutung, wobei er durchaus organisiert wirkt. Vermutlich kommt er vor lauter Arbeit in seinem Einmannbetrieb nicht zum Aufräumen. Außerdem fährt er mit dem Rad in seinen »Laden«. 80 Kilometer in zweieinhalb Stunden, einfache Strecke. Abends also wieder zurück, macht 160 Kilometer, jeden zweiten Tag – Respekt. Da bleibt halt keine Zeit fürs Sortieren. Und so stapeln sich überall Werkzeuge, Ersatzteile, Felgen, Rahmen, Tretkurbeln, Schläuche und die entsprechenden aufgerissenen Verpackungen.

»Ich mach dir zwei neue Räder, von Hand einzeln verspeicht, und du wirst nie wieder ein Problem haben, versprochen!«

Chuck hält sein Wort, die neuen Speichen auch, bis zum Ende der Tour. Und so wird sich wieder mal als Glücksfall erweisen, was erst wie eine Katastrophe aussah.

Rund 7000 Kilometer liegen jetzt hinter mir, nach zweieinhalb Monaten. Drei kaputte Felgen, fünf platte Reifen und fünfzehn gebrochene Speichen. Jetzt ist etwa Halbzeit, aber Seattle oder besser Redmond, wo Connie mich im Schwiegermutterzimmer über der Garage ihres schönen Hauses einquartiert, soll auch in anderer Hinsicht noch ein Wendepunkt der Reise werden.

Seit meiner Abfahrt aus Los Angeles vor drei Wochen habe ich keinen Pausentag mehr eingelegt. 21 Tage am Stück auf dem Rad. Und weil es noch ein paar Bekannte und Freunde in der Gegend gibt, nutze ich die freien Tage, bis mein Rad wieder fit ist, und besuche Bruce aus Kanada, der mit seiner amerikanischen Frau schon seit vielen Jahren am Fuß der Cascade Mountains östlich von Seattle lebt. Er ist Maler, und ich kenne ihn aus South Dakota, wo er im Pine-Ridge-Reservat mit Kindern ein großes Wandgemälde für die Turnhalle der Schule angefertigt hat. Die Technik für diese riesigen Gemeinschaftswerke stammt von ihm. Das Alter der Kinder spielt dabei keine Rolle. Bruce zeigt ihnen erst ein paar Tricks, wie sie selbst mit einfachen Formen Tiere und Pflanzen malen können. Dann kopiert er die Bilder der Kinder und projiziert sie im nächsten Schritt an die Stelle, wo sie hin sollen. Sorgfältig zeichnet er die Umrisse der Kinder nach, kann sie dabei durch den Abstand des Projektors vergrößern oder verkleinern und schreibt zu jedem Objekt mit Bleistift den Namen des Schülers. Im nächsten Schritt malen die Kinder ihre eigenen Zeichnungen wieder aus, die jetzt an der richtigen Stelle im Gesamtbild erscheinen. So entsteht über mehrere Tage hinweg eine Geschichte, an der am Ende alle mitgearbeitet haben.

Neben dieser Tätigkeit als Zeichenlehrer bemalt er Wassertanks, Wände, entwirft Schilder und Logos oder illustriert Bücher.

»Meine Frau und ich stellen keine hohen Ansprüche. Deshalb kommen wir so ganz gut über die Runden. Aber es gibt schon auch Phasen, wo es ein bisschen zäher läuft.«

Was Bruce nicht davon abhält, Zeit in seine Kunst zu investieren, auch wenn sie erst mal kein Einkommen bringt.

»Ich male gerne Dinge, die einfach schön aussehen, bei denen man sich gut fühlt, wenn man sie anschaut. Kinder, gelegentlich Tiere. Ich mag den Dschungel hier oben im Nordwesten, die tiefen Wälder.«

Seine besten Arbeiten will er malen, wenn er über sechzig ist, in zwei Jahren also geht's los.

»Ja, für ein paar Jahre übe ich jetzt noch, und dann werde ich sie alle umhauen mit meinen Bildern ...« Bruce lächelt mit den Augen. Ich fühle mich sehr wohl in seiner Gegenwart, er strahlt so eine Ausgeglichenheit und Ruhe aus. Sein Traum ist eine Kommune von Gleichgesinnten, die harmonisch irgendwo auf dem Lande zusammenleben. Dort will er mit seiner Kunst Kinder inspirieren, wie an diesem Wochenende beim großen *Sandblast Festival* in Duvall, einem Nachbarort. Das findet seit 1995 jedes Jahr im Juli am Ufer des malerischen Snoqualmie River statt. Der Fluss schlängelt sich hier in großen Kurven durchs Tal und lässt so an den Ufern jede Menge Sand zurück. Einmal im Jahr kommt ein Bagger, schiebt einen großen Haufen zusammen, und dann wird gebaut. Groß und Klein, Alt und Jung buddeln im Sand, mittendrin meist ein Profisandbauer. In diesem Jahr Brett, der hauptberuflich als Landschaftsgärtner arbeitet und im Sommer überall im Land angeheuert oder zu Sandbauwettbewerben eingeladen wird.

»Ich schätze, es gibt vierzig oder fünfzig Profis in Nordamerika, die davon leben können. Gegen die hab ich natürlich keine Chance, aber es macht mir einfach einen Riesenspaß.«

Brett zeigt mir seinen Ordner mit Fotos von Burgen und Skulpturen, die er im Laufe der Jahre geformt hat. Dafür gab's sogar schon Preise. In Duvall möchte er eine klassische mittelalterliche Burg mit großem Drachen bauen. Neben seiner Frau und Tochter gehören noch drei Sandbauer zum Team. Aber auch das Publikum soll mithelfen. Für Kinder, die lieber malen, bietet Bruce in einem umfunktionierten Planwagen einen Workshop an. Auf einer Bühne gibt es Livemusik, vor allem Folk und Bluegrass, und die Künstler der Gegend verkaufen an kleinen Ständen Schnitzarbeiten, Traumfänger, Batiktücher und handgemachte Aromakerzen. Gegen den Hunger wird gegrillt, ein bunter beschaulicher Jahrmarkt in sehr entspannter Atmosphäre. Nur Brett und seine Sandbauer müssen schuften.

»Wir starten immer mit Holzformen, rechteckigen Rahmen, die mit Wasser und Sand gefüllt werden, schön kompakt. Darauf kommt die nächste Form, etwas kleiner, dann die nächste und so weiter, wie eine Pyramide.«

Die Rahmen werden anschließend schichtweise entfernt, und das Formen des Sandes beginnt. Die Baumeister verwenden ein ganzes Sammelsurium an Spachteln, Schäufelchen und Kellen aus dem Baumarkt.

»Wenn wir mit den einzelnen Abschnitten und Elementen fertig sind, besprühen wir den Sand noch mit einer Mischung aus Wasser und biologisch abbaubarem Kleber. Das hält besser, gerade wenn's windig ist.«

Zwei Tage lang kauern die Sandbauer vor dem großen Haufen und arbeiten in fisseliger Kleinarbeit Treppen, Fenster, Steine, Dächer und Türen heraus, bis den staunenden Besuchern schließlich ein architektonisches Meisterwerk präsentiert wird. Ein paar Fotos für die Lokalzeitung, dann

Meisterliche Architektur aus Sand

wird die Burg freigegeben, und die Kinder springen in die Türme, auf den Drachenkopf, und alles ist wieder dahin. Brett kennt das schon und sieht's gelassen.

»So ist das Leben halt, alles ist vergänglich ...«

Bei der Frage nach dem reichsten Mann Amerikas fällt zumeist ein Name: Bill Gates. Ich glaube, der aktuelle Stand (2008) liegt bei 57 Milliarden Dollar. Das ist auch bei der zwischenzeitlichen Schwäche der US-Währung noch eine ganze Menge Holz. Manchmal überlege ich, ob Bill wohl wie Dagobert Duck einen riesigen Tresor mit Goldtalern hat, in dem er regelmäßig badet. Wenn es einer könnte, dann sicher er ... Seine Milliarden hat er ja bekanntlich mit Microsoft gemacht, und die Zentrale seines Imperiums liegt in Redmond bei Seattle. Connies Mann Chris arbeitet dort, wie 30 000 andere auch. Neben Flugzeugbauer Boeing ist Microsoft der wichtigste Arbeitgeber der Region. Und Chris hat es ganz besonders gut getroffen, er ist nämlich Produzent von Computerspielen. Traumjob, oder?

»Ja, für mich schon, weil ich als Junge schon gerne gespielt habe. Und es ist toll, dass jemand mich bezahlt, damit ich Computerspiele spiele. Aber es ist auch eine schwierige Arbeit. Zum Beispiel: In den letzten vier Jahren habe ich an vielleicht fünf Spielen gearbeitet, und nur eines ist auf den Markt gekommen.«

Dass Chris so gut Deutsch spricht, liegt natürlich an Connie. Die hat er als Soldat in Deutschland kennengelernt. Mittlerweile leben sie also mit ihren beiden Töchtern im äußersten Nordwesten der USA. Vor allen Dingen natürlich wegen Chris' Job.

Microsoft, so erzählt Chris, gilt als besonders angenehmer Arbeitsplatz, wegen der kleinen Wälder am *main campus*, der vielen Wanderwege und der Möglichkeit zu duschen, sodass man in der Mittagspause joggen oder mit dem Fahrrad in die Arbeit fahren kann. »Es ist ein bisschen wie eine kleine Uni.«

Seit dreizehn Jahren ist Chris jetzt bei Microsoft, und einmal ist er sogar Bill Gates persönlich begegnet.

»Ich hab ihn auf dem Klo getroffen, wollte gerade rausgehen, und er hat die Tür aufgemacht und stand vor meiner Nase, ich hab ihn fast umgerannt.«

Zu mehr als einem Hallo hat es damals nicht gereicht.

Ursprünglich stammt Chris übrigens aus Utah, hat bei der US-Armee Biomedizintechnik studiert und ist dann nach einem Praktikum bei Microsoft gelandet. Kein ungewöhnlicher Werdegang hier.

Chris erzählt, sie würden einfach kluge Leute suchen mit einer Passion für Computer und Technik. So stellt Microsoft zum Beispiel auch Musikstudenten ein, die jetzt lieber mit Computern arbeiten wollen. Klar gibt es auch ein paar

Freaks, die rund um die Uhr nur am PC sitzen. Aber erwartet wird das schon längst nicht mehr.

»Am Anfang waren alle Junggesellen, Leute ohne Familie, da war es kein Problem, so lange zu arbeiten, und die Leute haben gemeint, es würde von einem erwartet. Jetzt haben wir viele Leute, die Familie haben, Bill Gates auch, und jetzt versuchen wir eine Balance herzustellen zwischen Arbeit und Leben. *Work-life balance* heißt das hier auf Englisch.«

Nur in der heißen Phase, kurz vor Veröffentlichung eines neuen Spiels, wird rangeklotzt. Danach Pause und Akkus wieder aufladen. Und damit die Entwickler nicht zu Fachidioten werden, arbeiten sie mit fiktiven Kunden, denen sie sogar Namen geben und deren Steckbriefe sie überall in den Fluren und Kaffeeküchen aufhängen.

»Zum Beispiel ›Joanna‹, vielleicht ist sie alleinerziehende Mutter, hat zwei Kinder und ein Fotokopiergeschäft in der Stadt. In der Stadt leben 20 000 Menschen. Dann schreiben sie ein paar Features, die ihr und ihrem Geschäft helfen, noch effektiver zu arbeiten. Diese Figuren geben dem Team also eine klarere Vorstellung, für wen sie arbeiten.«

Das gilt natürlich vor allem für die klassischen Anwenderprogramme, nicht so sehr für die Spiele, um die sich Chris kümmert. Manchmal muss er sehr viel Geduld mitbringen, denn von der ersten Demoversion bis zur Veröffentlichung eines neuen Spiels oder Programms vergehen manchmal ein paar Jahre. Zwischendurch wird immer wieder getestet. Da trifft es sich gut, dass seine beiden Töchter mit ihren acht und zwölf Jahren auch gerne am Computer spielen.

»Ich kriege vielleicht einmal im Monat eine neue Version von dem Spiel, und meine Töchter fragen mich immer: Wann kommt die neue Version, wann können wir es sehen, und so bringe ich das Spiel mit heim, und wir spielen es am Fernseher zusammen.«

Ehefrau Connie ist dann meist nicht so begeistert.

Chris – Traumjob beim Computerriesen

»Wir spielen ab und zu irgendein Kartenspiel, aber im Allgemeinen mag sie Computerspiele überhaupt nicht. Sie meint, dass ich ein Freak bin, obwohl ich finde, ich bin ziemlich normal.«

Und Normalos braucht die Firma, denn schließlich sind die Nutzer der Programme und Spiele ja auch keine Freaks. Da ist es wichtig, Leute von außen ins Boot zu holen, die eine Brücke schlagen können. Byron Ricks ist so einer. Eigentlich Abenteurer und Schriftsteller. Hat mal beim Radio in Chicago angefangen, ist mit seiner Frau dann nach Seattle gezogen und 1996 mit ihr die Inside Passage, also den Seeweg vor der Küste von Alaska bis nach Seattle, entlanggepaddelt. Fünf Monate sind die beiden damals unterwegs gewesen. Das Buch zu dieser außergewöhnlichen Reise, in dem es weniger um das Abenteuer als die Bedeutung von Heimat und Zuhause geht, ist inzwischen zum

Klassiker geworden. Inspiriert davon, hat Byron angefangen, auch für Magazine zu schreiben, unter anderem das renommierte *National Geographic*, und ist so von Microsoft entdeckt worden.

»Ein Nachbar von mir arbeitet da als Programmmanager, war für den Flugsimulator zuständig.«

Der sollte zum 100. Geburtstag der modernen Luftfahrt neu erscheinen und sich mit den historischen Ereignissen und Hintergründen befassen. Auch mit den Wright-Brüdern, deren erste motorgetriebene Hüpfer im Jahre 1903 als Geburtsstunde der modernen Luftfahrt gelten. Wussten Sie, dass die beiden Brüder ihr Geld zunächst mit einer Fahrradwerkstatt verdienten und später selbst Räder entwickelten? Viel Know-how aus dem Fahrradbau haben sie dann in die Konstruktion ihrer Flugzeuge einfließen lassen.

Jedenfalls hat Microsoft damals Byron angeheuert, um das Ganze in einer Geschichte zu verpacken, damit das Handbuch nicht zu trocken klang und es leichter war, den Anleitungen zu folgen. Wenn dann ein Projekt bei Microsoft abgeschlossen ist, widmet sich Byron wieder großen und kleinen Abenteuern.

»Meine Frau und ich wurden nach der Kajakreise immer gefragt: Und, was ist euer nächstes Abenteuer? Eltern werden, haben wir geantwortet.«

Und dann ihre Tochter Julia bekommen. Es bleibt aber auch noch Zeit für andere Projekte.

Vor ein paar Jahren hat Byron den alten Ford Model T (Baujahr 1950) seines Großvaters geerbt und ist dann von seiner Heimatstadt White Hall in Illinois über die Berge bis nach Seattle gefahren. Das sind mehr als 3000 Kilometer. Zwischendrin ist er ein paarmal liegen geblieben, aber er hat es geschafft.

»Wenn man so langsam reist, in einem Kajak oder Model T, dann trifft man überall auf freundliche Menschen.

Weil man so verletzbar ist, den Elementen ausgesetzt. Du kannst mit dem Rest der Gesellschaft nicht mithalten, die vorbeirast. Und dadurch kommen die schönsten Begegnungen zustande.«

Ich muss mich zurückhalten, um ihm nicht ständig zustimmend auf die Schulter zu klopfen.

»Jeder will doch zwischendurch mal ausbrechen, erfahren, wie es ist, eine Zeit lang ohne die ›Stütze der Gewohnheit‹ zu leben. Und man lernt auf so einer Reise, dass man nicht wissen muss, was kommt, man muss einfach aufbrechen!«

Amen, Bruder. Echt schön formuliert, Poet halt, und sehr treffend. Manchmal gerät das selbst beim Reisen ein wenig aus dem Fokus. Vor allem, wenn man sich zu sehr unter Druck setzt, vorwärtskommen will und einen ständig irgendwelche technischen Probleme nerven, wenn Sie wissen, was ich meine.

Ich blättere noch in einem Exemplar seines Buches über die Kajakreise und finde gleich auf den ersten Seiten das Zitat eines japanischen Dichters aus dem 17. Jahrhundert. Ich halte inne beim Lesen der wenigen Worte ... Dann öffne ich mein Tagebuch und notiere die Worte von Matsuo Bashô:

Jeder Tag ist eine Reise und die Reise selbst – das Zuhause.

Ich nehme mir vor, das soll auch das Motto des zweiten Teils meiner Reise sein.

Der Norden —
von Seattle
nach Washington

Von den Spuren von Lewis & Clark, dem amerikanischen Radelmekka in den Rocky Mountains, den meistfotografierten Toiletten der USA, toten Bäumen aus Stein, Bier, Bikes und Bräuten beim größten Motorradtreffen der Welt, Lakota-Sioux, die ihre Sprache retten wollen, einer vierhundert Jahre alten Bürgerkriegsvioline, deutscher Heimat mitten in Iowa und einer Schulstunde in »Radreisen« in Indiana ...

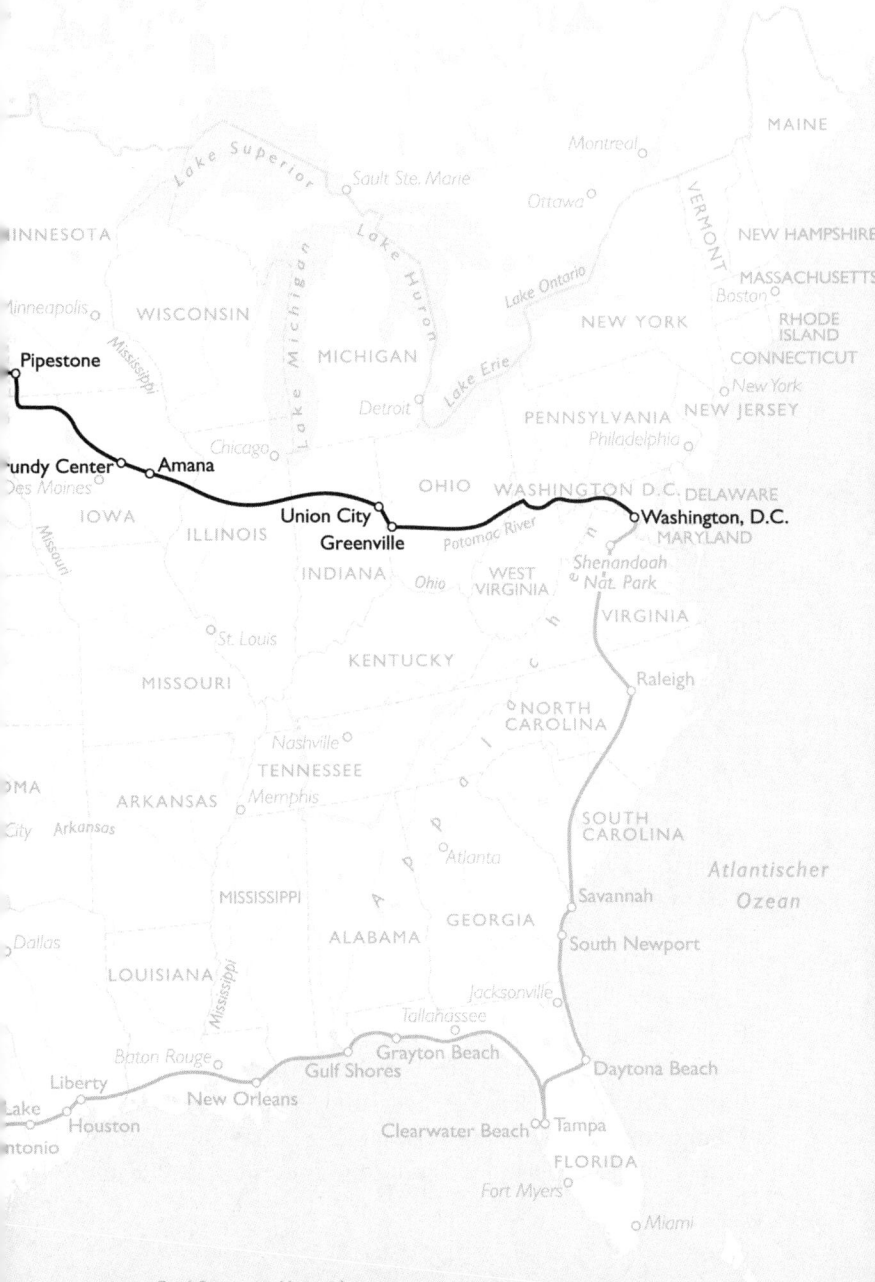

Von den Spuren von Lewis & Clark,
    dem amerikanischen Radelmekka in den
    Rocky Mountains und den meistfotografierten
    Toiletten der USA

»Und wo hat es dir bislang am besten gefallen?«
Das scheint die Frage zu sein, die alle Amerikaner, die ich unterwegs treffe, am meisten interessiert. Und entgegen der weitverbreiteten Meinung, dass es ihnen egal sei, was der Rest der Welt von den USA denkt, schwingt bei dieser Frage immer auch die Neugier mit, was wohl ein Ausländer hier für Eindrücke und Erfahrungen sammelt. Hoffentlich ist er bei uns überall gut behandelt worden, wir wollen als Gastgeber ja keinen schlechten Eindruck hinterlassen – das meine ich so manches Mal deutlich herausgehört zu haben.

Aber zurück zur Frage nach der schönsten Ecke, auf die es keine klare Antwort geben kann, weil das Land einfach so riesig und so vielfältig ist. Mich fasziniert die Wüste im Südwesten, weil wir in Europa so was nicht haben. Klar sind die Strände an der Golfküste traumhaft, ist die Pazifikküste atemberaubend. Aber mir gefällt auch die Weite der Prärie, die ich jetzt auf meinem Weg nach Washington ausgiebig erleben werde. Ich glaube, am wohlsten fühle ich mich im Nordwesten der USA, in den Bergen. Die beginnen ja gleich hinter Seattle mit den Cascades und dem majestätischen Mount Rainier, dessen über 4000 Meter hoher Vulkangipfel immer schneebedeckt ist. Dann folgt im Osten des Staates

Washington ein ausgedehntes Stück sehr trockener Halbwüste, und schließlich erreicht man ab Idaho die gewaltigen Rocky Mountains. Ich überlege lange, welches wohl die beste Route durchs Gebirge ist. Je weiter nördlich man kommt, desto höher liegen die Passstraßen.

Highway 12 scheint der direkteste Weg zu sein. Er zieht sich vom östlichen Washington quer über die Rockies bis nach Chicago. In weiten Teilen entspricht er dem Lewis & Clark Trail, einer Reiseroute, die den Spuren der beiden Entdecker folgt, die von 1804 bis 1806 im Auftrag von Präsident Jefferson den Westen Nordamerikas erkunden sollten. Jefferson hatte kurz zuvor das Louisiana-Territorium gekauft – von Napoleon, der sich mehr auf Europa konzentrieren wollte und mit dem Erlös, 80 Millionen Francs (zu der Zeit etwa 15 Millionen Dollar), seine Kriegskasse ordentlich füllen konnte. Auf einen Schlag verdoppelte sich die Größe der noch jungen Vereinigten Staaten damit um ein Gebiet, das sich von New Orleans am Mississippi bis zur kanadischen Grenze zog. Das Land westlich davon war allerdings noch völlig unbekannte Wildnis. Und so sollten Lewis und Clark mit rund dreißig Mann einen Wasserweg zur Küste finden und dabei das Gebiet erkunden. Gut eineinhalb Jahre brauchten die Abenteurer für Hin- und Rückweg. Und ihre erfolgreiche Expedition gab im Grunde den Startschuss für die Besiedelung des nordamerikanischen Westens. Entlang ihrer Route durch die Berge weisen überall Schilder auf Lagerstätten, Zwischenfälle oder Begegnungen mit den Indianern hin. Die *historical marker* erzählen von den Strapazen und Entbehrungen der Reise. Und so ein bisschen meint man, den Entdeckergeist noch zu spüren, wenn man durch die Schluchten und Täler radelt.

Gleich zu Beginn werde ich allerdings ständig gestoppt und fast wahnsinnig. Innerhalb von 60 Kilometern muss ich dreimal anhalten, weil mein Hinterrad einen Plattfuß hat. Ich untersuche akribisch den Mantel, kann aber keine Scherbe oder einen Nagel entdecken. Schließlich ziehe ich den Mantel komplett ab und stelle fest, dass sich das Felgenband an einer Stelle verschoben hat und so die messerscharfen Ränder der Speichenlöcher freiliegen. Da dauert es natürlich nicht lange, bis ein Schlauch durchgeschrubbt ist.

Ich korrigiere und kann mich den bald auftauchenden anderen Herausforderungen widmen. Mein Fahrradcomputer funktioniert plötzlich nicht mehr, ich muss einen neuen kaufen. Und auch die Gangschaltung meldet sich noch mal und hat Aussetzer. Aber hey, alles kein Problem, ich habe mir ja fest vorgenommen, jetzt entspannter an die Sache ranzugehen und mich treiben zu lassen. Fühlt sich nur gerade an, als ob es in die falsche Richtung geht.

Ich komme ins Land der Nez-Percé-Indianer, die heute wie viele Ureinwohner Nordamerikas in Reservaten leben. Auf dem Campingplatz, der zum Stammescasino gehört, stelle ich für eine Nacht mein Zelt auf, stärke mich am nächsten Morgen im Casino-Restaurant nebenan mit Rührei und einer dicken Scheibe Schinken. Eine Busladung weißer Rentner frühstückt ebenfalls, bevor es an die einarmigen Banditen geht, und bietet mir eine zweite Portion an, die übrig geblieben ist. Ich nehme dankend an, denn die nächsten Tage entlang des Lochsa River werden einsam sein. Keine Städte, keine Campingplätze, nur wenige, teure Einkaufsmöglichkeiten an Kiosken mit sehr begrenztem Sortiment. Dafür gibt es auch kein Ziel, das man am Abend krampfhaft noch erreichen muss. Ich kann wirklich entspannen, die Natur genießen und mein Zelt überall aufschlagen, wo es mir gefällt, solange ich einen gewissen Mindestabstand zu Straße und Wasserläufen einhalte. Ziellosigkeit kann so wohltuend sein.

Ich komme an Hinweisschildern zu heißen Quellen vorbei. Vielleicht eine gute Gelegenheit nach den Tagen ohne

Dusche. Der Pfad ist schmal, aber auch mit dem Rad, das ich neben mir herschiebe, passierbar. Auf halbem Weg halte ich kurz inne. Ein junger Elch grast auf einer Lichtung. Ich bemühe mich, äußerst leise zu sein. Aber er starrt nur gelangweilt herüber und fängt mit einem kräftigen Strahl an zu pinkeln. Nach einer guten halben Stunde erreiche ich die Quellen. Das Wasser hat tatsächlich Badewannentemperatur. Ich parke mein Rad neben einem der natürlichen Felsenpools, lege die Kleider ab und steige vorsichtig ins Wasser. Meine Hose lasse ich übrigens an, nachdem die Frau, von der der Tipp mit den Quellen kommt, gestern ganz empört von den FKKlern dort gesprochen hat, die selbst auf kleine Kinder keine Rücksicht nähmen.

Bei meiner weiteren Fahrt durch die Wildnis treffe ich auf eine ganze Reihe anderer Radfahrer, meist Männer im fortgeschrittenen Alter, die allein oder zu zweit offenbar die Freizeit nach der Pensionierung nutzen und sich ein paar Träume erfüllen. Als Erstes kommt mir Jim entgegen, den es gelegentlich nach Poing bei München verschlägt. Wir tauschen Adressen aus, vielleicht mal für eine Spezi im Biergarten, wenn wir beide wieder in Deutschland sind. Kurz darauf lerne ich Walter kennen. Wir begrüßen uns zunächst auf Englisch, aber sein Akzent wirkt so vertraut.

»Ich bin Holländer, lebe aber schon seit vielen Jahren in North Carolina.«

Dort hat er als Professor für Literaturgeschichte doziert, speziell über deutsche Werke aus dem Mittelalter. Wir verabreden uns für September, dann ist er wieder in North Carolina, und das liegt genau auf meinem Weg nach Süden. Walter folgt gerade der offiziellen Lewis-&-Clark-Route der Adventure Cycling Association, so was wie der amerikanische ADFC. Die Zentrale befindet sich nur ein paar Kilometer hinter der Staatsgrenze in Montana. Da müsse ich unbedingt zwischenstoppen, empfiehlt mir Walter. Es gebe auch Getränke umsonst und Eiscreme für die Radler. Na dann ... gebongt!

Das Mekka der Radler in den USA heißt Missoula, knapp 60 000 Einwohner, auf 1000 Meter in einem Tal der Rockies am Clark Fork River gelegen. Interessanterweise ist Missoula mit Neckargemünd in Baden-Württemberg verschwistert, obwohl ja Münster als deutsche Fahrradhochburg viel passender wäre. Jedes Jahr kommen Hunderte, vielleicht sogar Tausende von Tourenradlern auf ihrem Weg von Küste zu Küste oder auf einer anderen Route hierher und stoppen in der Zentrale der Adventure Cycling Association, kurz ACA. Seit über dreißig Jahren existiert die gemeinnützige Organisation schon mit dem Ziel, Radfahren in den USA populärer zu machen. Rund 45 000 Mitglieder unterstützen die Idee, zahllose andere nutzen die Karten und Routentipps oder buchen gleich eine geführte Radwanderung mit einem *guide*. Zum Vergleich: Der deutsche ADFC hat rund 120 000 Mitglieder. So gesehen, vor allem mit Blick auf die Einwohnerzahl, die ja fast viermal so hoch ist wie die von Deutschland, ist Radfahren in USA schon noch eher ein Minderheitsphänomen.

Die Idee, hier überhaupt eine Vereinigung für Radfahrer zu gründen, stammt von zwei Pärchen, die Anfang der 1970er-Jahre von Alaska nach Südamerika fuhren. Beim Zwischenstopp in San Francisco kamen sie auf den glorreichen Gedanken, zum 200. Geburtstag der USA im Jahr 1976 eine große Radtour zu organisieren, die von einer Küste zur anderen führen sollte, einmal querdurch. Schon bald wurde mit der Planung begonnen. Herbergen, Kirchen und Stadtparks wurden gesucht, in denen die Radler übernachten konnten. Es galt, die Idee bekannt zu machen, die Routen zu planen und Helfer zu suchen. Über 4000 Radler nahmen am *Bikecentennial* teil, wie das Event passenderweise getauft wurde. Gut die Hälfte davon fuhr tatsächlich die gesamte Strecke, über 5000 Kilometer, von Astoria am Pazifik in Oregon bis Yorktown in Virginia am Atlantik, wo General Washington die britischen Truppen im Unabhängigkeitskrieg entscheidend schlagen konnte. Wobei kein richtig großer Pulk an Radlern unterwegs war, eher kleine Gruppen mit zehn bis zwanzig Fahrern, von denen manche nach Osten, andere nach Westen fuhren. Ermutigt vom Erfolg dieser Aktion, entschlossen sich die Urheber dann, eine Organisation ins Leben zu rufen, um noch mehr Menschen fürs Radfahren zu begeistern. Denn sie sind überzeugt, Radfahren ist die Lösung vieler Probleme. Klimawandel, Übergewicht, Verkehrschaos, Robbensterben ... ups, das Letzte ist mir jetzt rausgerutscht, streichen Sie das bitte wieder.

Falls Sie überlegen, warum um Himmels willen die Zentrale einer Radlerorganisation ausgerechnet in den Bergen liegt: Nun, einer der Gründer kommt halt aus Missoula, und so ist sie bis heute dort geblieben. An der Eingangstür des kastenförmigen Gebäudes sind stilecht zwei bunt umwickelte Rennlenker als Griffe montiert. Im Eingangsbereich hängt ein antikes Rennrad an der Wand, das vermutlich den *Bikecentennial* mitgemacht hat. Packtaschen und Ausstattung stammen jedenfalls eindeutig aus der Siebzigern. Gegenüber von der Rezeption ist eine große Pinnwand montiert, an die zahllose Polaroids von Radfahrern geheftet sind, die in den letzten Monaten hier zwischengestoppt haben. Ich erkenne einige bekannte Gesichter von unterwegs. Auf jedem Foto stehen Name, Route und Datum. Paul, der Webmaster der ACA, führt mich durch die Räumlichkeiten. Er selbst ist leidenschaftlicher Mountainbiker, war schon in den Schnee- und Eisfeldern Alaskas unterwegs, worüber das *National Geographic Magazine* sogar einen mehrseitigen

Farbbericht veröffentlicht hat. Nicht alle der rund dreißig Mitarbeiter aber sind intensive Radler, obwohl man überall in den Räumen Lust bekommt. Fotos von abenteuerlichen Touren hängen an den Wänden, Räder verschiedener Generationen und Bauart verteilen sich wie in einem Museum auf den halbhohen Zwischenwänden des Großraumbüros. Und selbst auf dem Klo hängt das Papier in einer abgesägten Radgabel.

»Der typische Radler, der auf unseren Routen quer durchs Land fährt, ist zwischen sechzig und fünfundsechzig, würde ich sagen. Junge Frauen sind eher die Ausnahme«, schätzt Paul.

Das soll sich ändern, denn nicht nur für die Rentner, die jetzt Zeit haben, ihre Träume zu verwirklichen, ist Radfahren gut.

»Heute holen sich die Leute ihren Kick, indem sie auf den Everest klettern, obwohl sie keinerlei Erfahrung im Bergsteigen haben. Vor dreißig Jahren war eine Radtour quer durch Amerika noch was Besonderes.«

Das ist es immer noch, wenn Sie mich fragen, allerdings weniger wegen der Gefahren und sportlichen Höchstleistungen, sondern wegen der Erfahrungen und Begegnungen, die man unterwegs sammelt. Und auf dem Weg zum Everest gibt's auch kein Büro vom Alpenverein, in dem man Ihnen kostenlos Eiscreme und kalte Limo reicht wie hier beim ACA. Dazu noch ein Rechner, an dem man E-Mails checken kann. Tom und Wilm haben mir geschrieben, die beiden Norddeutschen vom Pacific Coast Highway. Sie sind inzwischen in San Diego angekommen, aber bei einem der Räder ist unterwegs sogar der Rahmen gebrochen. Und Leon, mein australischer Weggefährte in Oregon, will jetzt tatsächlich von Kanada nach Alaska weiter. Ich spüre, wie das Fernweh in mir wächst, obwohl diese Tour noch nicht mal zu Ende ist. Aber es gäbe noch so viel zu erkunden mit dem Rad. Alaska reizt mich auch sehr, muss ich gestehen, oder Südamerika oder Afrika ...

Meine nächste Bergprüfung heißt McDonald-Pass, knapp 2000 Meter hoch gelegen, mit lang gezogener Steigung, die sich aber äußerst moderat nach oben arbeitet. Wirklich angenehm zu fahren, wenn man bei Steigungen überhaupt davon sprechen kann. So mag ich das. Ich überquere zum zweiten Mal die Kontinentalscheide und stürze mich auf der anderen Seite halsbrecherisch wieder zu Tal. Fast 70 Stundenkilometer zeigt der Fahrradcomputer, so viel wie noch niemals zuvor. Und das mit dem Gepäck. Der Lenker flattert gewaltig, und ich bin froh, als ich unversehrt in Helena ankomme. Die Berge rücken jetzt weiter auseinander, sind nur noch spärlich bewachsen. Das vertraute Goldbraun der Prärie dominiert. *Big Sky Country*. Ein bisschen trostlos wirkt es ja schon, zumal der Wind die Rauchschwaden der großen Waldbrände aus Washington und Utah herübertreibt und den Himmel in eine fahle, gelbgraue Farbe taucht. In White Sulphur Springs bekomme ich auf einem privaten Campingplatz die erste Dusche seit einer Woche. Himmel auf Erden. Der Ort ist nach den heißen Quellen in der Nähe benannt, die die gleiche Wasserzusammensetzung haben sollen wie die Quellen in Baden-Baden, wie ein Schild am Ortseingang stolz verkündet. Allerdings wirkt Baden-Baden doch ein wenig schnieker gegenüber den *trailer homes* und lustlos gemauerten Bars und Läden hier, von denen vereinzelt die Farbe bröckelt. Der Osten Montanas, durch den ich jetzt komme, ist nur spärlich besiedelt. Die meisten Dörfer liegen über einhundert Kilometer auseinander, zwischendrin ein paar einsame Hütten wie in Checkerboard. Ein Dutzend Menschen leben hier in der winzigen Trailersiedlung. Am Wochenende und in den Ferien kommen ein paar mehr dazu. Dann brummt der Laden von Judy richtig. *Checker-*

board Inn heißt ihre urige Kneipe, in der neben einem hundert Jahre alten Piano ein Fernseher steht, der genauso antik anmutet, aber vermutlich aus den Sechzigerjahren stammt. Dazu der obligatorische Poolbillardtisch, ein paar Geweihe an den Wänden. Seit über sechzig Jahren ist die Bar im Familienbesitz, schätze, die spartanische Einrichtung hat sich in dieser Zeit auch nicht verändert. Aber allein die Tatsache, dass es in dieser Gegend überhaupt eine Kneipe gibt, ist für die Gäste offenbar Anreiz genug, um zu kommen. Das belegen die zahllosen echten Eindollarnoten, mit denen die niedrige Decke tapeziert ist. Auf allen stehen ein Name und ein Datum, gelegentlich ist noch eine Visitenkarte des großzügigen Spenders aufgetackert. Interessantes Gestaltungskonzept ...

Ich mache ein paar Fotos, und weil Judy partout nicht ins Bild möchte, bitte ich sie, wenigstens eine Aufnahme von mir mit debilem Silberblick und Jack-Daniel's-Flasche zu machen. Muss ja keiner wissen, das ich keinen Tropfen Alkohol trinke. Stattdessen bestelle ich eine eisgekühlte Dose Cola und verabschiede mich.

Am nächsten Tag kommt es noch skurriler. Bin mal wieder viel zu lange unterwegs. In der Ferne zucken Blitze über der finstern Prärie, als ich rechts vom Highway nach Ingomar abbiege und mich plötzlich im Wilden Westen wähne. Nur schemenhaft kann ich die verfallenen Häuser in der Dunkelheit erkennen. Das einzige Licht strahlt aus dem letzten Gebäude der Straßenzeile. »The Historic Jersey Lilly Saloon and Eatery« lese ich auf einem großen Schild, das sichtbar nachträglich an einem Eckpfeiler der Gehwegüberdachung angebracht ist. Ich stelle mein Rad ab und trete ein. Eine große, antike Kirschholzbar dominiert den Raum, davor acht nicht besetzte, akkurat nebeneinander stehende Hocker. Und als Abschluss am Boden ein zerdellter Spucknapf aus Messing. Überall an den Wänden hängen ausgestopfte Schädel von Hirschen, Antilopen und Büffeln. Mein Blick wandert zu einem Elchkopf auf der gegenüberliegenden Seite, der einen viel zu kleinen gelben Cowboyhut aus Kunststoff trägt. Aus seinem Mund hängt als besonderer Gag noch lässig eine Fluppe. Na, die sind ja lustig drauf hier.

»Kann ich helfen?«

Die Frau hinter der Bar macht einen netten Eindruck. Ich frage nach einer Übernachtungsmöglichkeit.

»Es gibt mehrere. Du kannst dir ein Bett im Bunk 'n' Biscuit nehmen, wenn du ein Zelt hast, findest du bestimmt einen Platz auf dem *campground*, oder du schläfst in einem der Tipis.«

Die sind mir schon aufgefallen, als ich die Straße runtergekommen bin. Das Bunk 'n' Biscuit, klärt man mich auf, ist das alte Schulhaus, das zu einer Herberge mit verschieden großen Schlafräumen umfunktioniert wurde. Ach nee, auf Stockbetten habe ich keine Lust und entscheide mich für das Tipi. Zum Duschen sperren sie mir noch die Turnhalle auf, die so gar nicht ins historische Ambiente passt. Aber das warme Wasser tut extrem gut.

Obwohl es mittlerweile schon fast 22 Uhr ist, bekomme ich in der Jersey Lilly noch etwas zu essen. Ich bestelle die »*world famous*« Bohnen, die nach einem geheimen Rezept zubereitet werden. Der Zusatz »weltberühmt« wird in den USA ja fast inflationär gebraucht. Alles scheint hier *world famous* zu sein, bevorzugt Restaurants, Apfelkuchen und kitschige Handarbeiten. Für wie blöd halten die uns Touris eigentlich, überlege ich, während ich auf meinen großen Teller *world famous* Jersey-Lilly-Bohnen warte.

Am Nebentisch bricht gerade eine Großfamilie auf, die den Sonntag offenbar zu einem Tagesausflug hierher genutzt hat. Ich studiere den Text auf dem Platzdeckchen vor mir und erfahre, dass Ingomar so um 1910 gegründet wurde. Die Eisenbahn wollte hier einen strategisch günstig gelegenen Verkehrsknotenpunkt einrichten, um verschiedene Güter durch das riesige Gebiet zwischen dem Missouri im Osten und dem Yellowstone River im Westen zu transportieren. Um Siedler anzulocken, stellte man ihnen kostenlos Ackerland zur Verfügung, das sie bewirtschaften konnten. In der Anfangszeit folgten jährlich etwa 2500 Familien diesem Ruf und siedelten sich in der Gegend um Ingomar an. Die Stadt selbst hatte bald 500 bis 600 Einwohner. Schafhirten zogen mit ihren Herden nach Ingomar, wo inzwischen die größte Schafscheranlage der Welt ihren Betrieb aufgenommen hatte. So entstand innerhalb von wenigen Jahren eine florierende Kleinstadt, die in ihrer Blütezeit fast fünfzig verschiedene Geschäfte beheimatete. Hotels, Läden, Cafés, eine Bank, eine Drogerie … Dabei hatte man nur übersehen, dass es in der ganzen Gegend kein Wasser gab. Das musste von der Eisenbahn einmal wöchentlich in einem Waggon hergekarrt werden. Auch der Boden war zu trocken, nicht fruchtbar genug. Und so verließen viele Familien nach einiger Zeit der vergeblichen Mühe die Gegend wieder. Nach und nach schrumpfte die Einwohnerzahl, bis auch die Eisenbahn ihren Betrieb hier einstellte, das endgültige Aus für Ingomar. Heute leben noch acht Menschen dauerhaft hier. Und der einzige Grund, warum Ingomar noch nicht zur totalen Geisterstadt geworden ist, scheint die Jersey Lilly zu sein.

»Der Name kommt von der Bar, die der legendäre Friedensrichter Roy Bean in Langtry, Texas, hatte. Die hieß genauso. Und der Besitzer dieser Bar hier kam auch aus Texas und hat sie deshalb Jersey Lilly genannt«, erklärt mir Patty am nächsten Morgen. (Ich muss mal wieder schmunzeln, weil ich im Mai zufällig an der original Jersey Lilly in Langtry gestoppt habe.) Die agile, grauhaarige Dame mit der resoluten Stimme gehört zu den letzten Einwohnern von Ingomar.

»Im Frühjahr haben wir hier unsere *Jamboree*, ein Musikfestival mit Fiddlern und Akkordeonspielern, im Sommer gibt es das Rodeo. Und am meisten los ist im Herbst zur Jagdsaison, vor allem Antilopen und Rotwild.«

Mittlerweile steht Ingomar ganz oben auf der »*Must See!*«-Liste der Attraktionen, die in den Besucherzentren überall in Montana an die Touristen verteilt werden. Und die kommen dann vor allem wegen der Toiletten, die hinter der Jersey Lilly liegen.

»Das sind wahrscheinlich die meistfotografierten Plumpsklos. So was gibt's ja normalerweise gar nicht mehr«, lacht Patty heiser. Ja, und das liegt vermutlich daran, dass so rustikale Toiletten nur sehr eingeschränkten Komfort bieten und das unvermeidbare Aroma nichts für feine Nasen ist. Normalerweise sind öffentliche Klos in den USA wahre Hygienetempel. Ich bin immer wieder erstaunt über die Sauberkeit. Nicht, dass ich es tun würde, aber man könnte da vermutlich tatsächlich vom Boden essen. Ein Gedanke, der mir bei deutschen Autobahntoiletten niemals in den Sinn käme. Da möchte man ja manchmal am liebsten nur mit Latexhandschuhen, einer Großpackung Sagrotan und Atemmaske eintreten.

Ich fotografiere noch ein wenig die verfallenen Gebäude, den Wasserwaggon, den die Eisenbahn als Andenken daließ, als sie sich aus Ingomar zurückzog, und, ja, auch die tollen Plumpsklos, derentwegen alle angeblich kommen. Grobe, mannshohe Bretter sind als Sichtschutz für das eigentliche Örtchen in den Boden gerammt. Innen ist an einer der Wände eine improvisierte Metallrinne als Pissoir montiert. Ich versuche beim Fotografieren schnell zu sein und nicht zu atmen. Welche Geschäfte auch immer da erledigt werden, die Hitze tut ihnen nicht gut.

Ich verabschiede mich von Patty, der Jersey Lilly und Ingomar, dem einzigen Platz im Umkreis von 100 Meilen, wo man übernachten kann, wie es auf dem Schild an der Straße steht. Verrückter Ort, ein Stück übrig gebliebener Wilder Westen, Begegnungsstätte und Treffpunkt für die Menschen, die hier leben, und Touristen, die sich hoffentlich hierher verirren. Es lohnt sich.

Von toten Bäumen aus Stein, Lakota-Sioux,
die ihre Sprache retten wollen, und Bier,
Bikes und Bräuten beim größten
Motorradtreffen der Welt

Die faszinierend monotone Einöde der Plains bestimmt ab jetzt das Bild. Trockene Hügel, verbranntes Gras, Weideland. Und keine schlimmen Steigungen mehr. Dafür wird der Wind stärker, interessanterweise wieder aus der falschen Richtung, obwohl mir ja in Seattle alle versichert haben, jetzt werde ich förmlich nach Washington getragen, mit kräftigem Rückenwind aus West. Pustekuchen! Tagelang kämpfe ich gegen den stärksten Gegenwind der gesamten Tour an. In Böen entwickelt er eine Geschwindigkeit von bis zu 100 Stundenkilometern, das ist dann mehr als zehnmal so viel, wie ich schaffe. Habe zwischenzeitlich Mühe, den Lenker gerade zu halten, um nicht immer wieder in die Mitte des Highways getrieben zu werden. Ich versuche, nicht daran zu denken, wie ich hier wohl vorankäme, wenn kein Wind wäre oder, noch besser, er von hinten blasen würde. Die Straße führt schnurstracks geradeaus, verschwindet irgendwo am Horizont. Leider gelingt es mir nicht immer, den Gedanken zu verdrängen. Dann steige ich aus dem Sattel, trete in die Pedale und schreie gleichzeitig den Wind an.

»Komm doch, ist das alles? Du schaffst mich nicht ...«

Man wird ganz schön schrullig auf so einer Tour, liegt wahrscheinlich an der Einsamkeit. Unterwegs ist auch nicht viel los. Die Ortschaften liegen immer noch weit auseinander. Manchmal campiere ich im *city park*, der mitunter nur ein schmaler Streifen Grün mit Wasserpumpe und Grillstelle neben dem Highway ist. Dafür kostet es nichts, und hier ist so wenig Verkehr, dass ich sehr gut schlafen kann. Wobei ich selbst unter einer Autobahnbrücke friedlich wie ein Baby schlummern würde, so gesegnet ist mein Schlaf. Mein guter Freund Jim, den ich bald in Dakota besuchen werde, setzt sogar noch eins drauf. Der kann ohne Lärm gar nicht mehr schlafen. Er glaubt an die Kraft des guten Lärms, des *white noise*, der dem Hirn helfen soll, sich auch im Schlaf auf etwas Unterschwelliges zu konzentrieren, um besser abzuschalten. Deshalb läuft in seinem Schlafzimmer immer ein Ventilator, auch wenn es dann bitterkalt wird. Die Frage ist nur, wo hört *white noise* auf und fängt Krach an. Jimmys Ventilator jedenfalls hat Propellerausmaße und könnte es von der Dezibelzahl her bestimmt mit einer laufenden Flugzeugturbine aufnehmen.

Das Faszinierende an den Great Plains, den großen Prärien, durch die ich jetzt fahre, sind neben der Weite die Gewitter. Nirgendwo habe ich spektakulärere Blitze gesehen. Manchmal kreisen sie einen förmlich ein, zucken von allen Seiten vom Himmel, ohne dass es regnet. Manchmal scheinen sie in der Ferne zu verharren, und man könnte ihnen stundenlang gebannt zuschauen. Manchmal aber können sie einem auch eine Heidenangst einjagen. Vor allem wenn man auf einem Rad über eine Hochebene fährt, wo es keine Bäume gibt und man sich verdammt gut an die Geschichte mit dem Faraday'schen Käfig aus dem Physikunterricht erinnert.

»Der Faraday'sche Käfig ist eine allseitig geschlossene Hülle aus einem elektrischen Leiter (zum Beispiel Drahtgeflecht oder Blech), deren Innenraum dadurch von äußeren elektrischen Feldern oder elektromagnetischen Wellen abgeschirmt ist. Bestes Beispiel ist ein Automobil, in dem die Insassen perfekt vor einem Blitz geschützt sind.«

Ganz anders bei einem Fahrrad, das prima als Blitzableiter verwendet werden kann. Wer bei Gewitter Fahrrad fährt, vor allem in offenem Gelände, ist deshalb lebensmüde und darf sich nicht wundern, wenn er gleich zum Brathähnchen gegrillt wird. Diese und ähnliche Gedanken gehen mir durch den Kopf, als ich im einsetzenden Regen und bei Dunkelheit auf dem Seitenstreifen der mehrspurigen Autobahn vor Miles City einen fünf Zentimeter langen Nagel aus meinem Hinterradmantel operiere, während das Gewitter mich einkesselt. Aus Mangel an wirklich guten alternativen Einfällen fahre ich einfach weiter, nachdem das Loch im Schlauch geflickt ist, und bete, dass alles gut gehen möge. Als am nächsten Tag wieder eine heftige Gewitterfront auf mich zurast (oder ich auf sie?), will ich Gott nicht schon wieder mit solchen Banalitäten nerven und nehme die Einladung von Mary Ann und John an, die gerade an mir vorbeifahren. Die ersten dicken Tropfen prasseln schon auf den warmen Asphalt, als wir mein Rad in den Minivan laden. Kurz darauf schüttet es, als ob im Himmel ein Wasserrohr gebrochen wäre. Wahnsinn, bin echt froh, dass ich im trockenen Auto sitze. John und Mary Ann wohnen in Baker, ein paar Kilometer weiter.

Im Keller ihres Hauses darf ich die Ausrüstung trocknen und heiß duschen. Sie rufen sogar noch bei der Lokalzeitung *Fallon County Times* an und vereinbaren einen Interviewtermin zu meiner Radtour am nächsten Morgen in der Redaktion. Die besteht aus einem kleinen Vorzimmer mit Schreibtisch. Der fensterlose Raum dahinter mutet deutlich größer an, muss er auch sein, denn hier wird die Zeitung »gesetzt«, auf archaische Weise. Nicht am Computer, sondern von Hand wird das Layout gemacht: Die Artikel und Anzeigen werden mit Klebstoff an die richtige Stelle positioniert, ehe sie dann gedruckt werden. Die fast fertigen Seiten sind auf dem Boden und den Tischen verstreut.

Darleen ist Managerin, Chefredakteurin und Verlegerin der kleinen Wochenzeitung, die jeden Freitag erscheint. Auflage knapp 1400. Das alljährliche Rodeo während der Kirmes nächste Woche soll der Aufmacher werden. Dazu ein großes, vierfarbiges Foto der diesjährigen *Rodeo Queen* und *Princess*. Danielle, 14, und Mandy, 12, haben sich jeweils gegen zwei andere Kandidatinnen durchgesetzt. Bewertet werden reiterliches Können, freie Rede und ein Interview mit jeder der Bewerberinnen. Auf dem Foto posieren die beiden Mädchen mit stolzem Siegerlächeln, Cowboyhut, Scherpe und Blumenstrauß vor dem Rodeogelände. Im Innenteil sind die aktuellen Preise für Rindfleisch bei der letzten Auktion aufgeführt, man kann einen Coupon ausschneiden und bekommt dann im örtlichen Eisenwarengeschäft ein Fünferpack Arbeitshandschuhe für 3,99 Dollar statt 4,99. Und hinten soll ein Bericht über meine Tour erscheinen. Ich bemühe mich um ein möglichst ungezwungenes Lächeln fürs Pressebild vor der Redaktion und werde später vor meinem abermals debilen Grinsen erschrecken, wenn ich die Ausgabe, die mir Darleen nach Deutschland schickt, aufschlage. Wahrscheinlich ist der Gedanke an den unbarmherzigen Wind, gegen den ich gleich wieder stundenlang ankämpfen werde, für die Grimasse verantwortlich. Mehr als 70 oder 80 Kilometer pro Tag schaffe ich nicht, und am Abend bin ich völlig fertig. Verdammte Plackerei. Aber die alte Radlerweisheit besagt ja auch: Der Wind kommt immer von vorne, egal, wo und wann man fährt. So ergebe ich mich demütig in mein Schicksal und vertraue darauf, dass der Wind irgendwann auf den Trichter kommt, dass er hier aus der falschen Richtung bläst, und sich dreht. Und so ein Dahingekrieche im Schneckentempo kann ja auch sehr meditativ sein. Om ...

In North Dakota begegne ich Susan und Dick. Schon von Weitem sind sie an ihren knallgelben Trikots erkennbar. In den letzten Tagen sind sie vor mir gefahren, und ich bin dann in den Ortschaften immer wieder mal angesprochen worden, ob ich sie nicht kenne oder gesehen hätte. Jetzt also treffe ich die beiden vor einem Supermarkt, als sie gerade neuen Proviant in den Packtaschen ihres Tandems verstauen. Die Einladung zu Dicks Klassentreffen nach New York ist der Grund ihrer Reise. Er wollte eigentlich allein mit dem Rad dahin fahren, schließlich hat er als Rentner jetzt genug Zeit. Und Zeit würde er brauchen: Dick und Susan leben in Kalifornien an der Westküste. Drei Monate sollte die Reise dauern.

»Bist du verrückt, so lange bleib ich doch nicht allein. Ich komme selbstverständlich mit!«, beschloss Susan. Und ein Tandem schien die beste Lösung, um tatsächlich auch gemeinsam zu reisen, ohne dass einer ständig auf den anderen warten muss.

»Ein bisschen haben wir trainiert vorher, vor allem das gemeinsame Auf- und Absteigen und Anfahren«, meint Dick, der vorne steuert und schaltet, während Susan hinten auch mal entspannen kann. Dafür muss sie ständig auf seinen Rücken starren. Auf ebener Strecke oder gegen den Wind entwickeln sie mit vereinten Kräften Geschwindigkeiten, von denen ich nur träumen kann. Wir fahren trotzdem ein paar Stunden zusammen, kommen gemeinsam nach South Dakota und machen eine lange Mittagspause in Lemmon, gleich hinter der Grenze zu North Dakota. Hier gibt es allerhand zu sehen, vorzugsweise versteinerte Bäume. In dem kleinen Prärieort befindet sich nämlich »*The World's largest Petrified Wood Park and Museum*«. Nun gilt für Attribute wie *the world's largest* oder auch *the world's smallest* Ähnliches wie für *the world famous*: Die Amerikaner machen davon reichlich Gebrauch, zumal es ja keine Kommission oder unabhängige Instanz gibt, die nachprüft, ob das stimmt. Solange wir dabei aber nicht abgezockt werden und hinterher nur ein paar Zweifel ob der Authentizität der feisten Behauptung aufkommen, soll es mir recht sein. Für den »Weltgrößten Versteinerte-Bäume-Park« jedenfalls verlangen sie nicht mal Eintritt, und so erkunden wir die kunterbunt unter freiem Himmel arrangierten Baummumien, die in einem Areal verteilt sind, das in etwa der Größe eines Häuserblocks entspricht.

In den USA kann mit dieser Größenangabe jeder sofort etwas anfangen. Wer hingegen zum ersten Mal hierherreist, wundert sich zunächst ein wenig, mit welcher Selbstverständlichkeit die Amerikaner diese äußerst vage klingende Größeneinheit gebrauchen. Nach einer Weile aber erkennt man, dass die amerikanischen Städteplaner allesamt die gleiche Vorlage verwendet zu haben scheinen, um Straßen und Häuser anzulegen. Und dann kann man mit einer Wegbeschreibung wie »fünf Blocks weiter auf der rechten Seite« wesentlich mehr anfangen, als mit »250 Meter geradeaus«. Denn manchmal können 250 Meter verdammt lang ausfallen. Korrekt schätzen ist nicht jedermanns Stärke. Dann doch lieber amerikanischer Pragmatismus.

Die Steinbäume jedenfalls sehen interessant aus, auch wenn man bei vielen zweimal hinschauen muss, um zu erahnen, dass das mal Holz war. Auf verschiedenen gemauerten Podesten ruhen schwere Wurzeln oder Stümpfe. Manche Fragmente sind zu spitzen Obelisken arrangiert. Und ein paar Baumleichen liegen einfach der Länge nach auf dem Boden, so als ob sie gerade gefällt worden wären.

Susan, Dick und ich gönnen uns zum Abschied noch eine Riesenportion Eis. Sie wollen über Nacht hierbleiben. Ich hingegen biege nach zwei Wochen, in denen ich ausschließlich auf Highway 12 nach Osten unterwegs war, jetzt nach Süden ab. Bald werde ich durch ein Schild auf die nächste spektakuläre Attraktion in South Dakota aufmerksam gemacht, die wahrscheinlich berühmteste Apotheke der Welt.

»*Free Ice Water! 5 Cent Coffee!* WALL DRUG!«

Die Geschichte von Wall Drug zählt zu den großartigsten Pionierabenteuern, die ich kenne. Alles begann 1931, mitten in der großen Depression. Der junge Apotheker Ted Hustead kaufte in Wall, einem gottverlassenen Präriekaff, mit ein paar Dollar, die er von seinem Vater geerbt hatte, einen Laden und eröffnete darin seine erste Apotheke. Unter heutigen Umständen schon jetzt ein klarer Fall für Peter Zwegat. Nur gab es damals halt noch keine Schuldnerberater. Dafür aber kluge Frauen, und Ted hatte so eine. Dorothy überlegte sich nämlich eines Tages, als sie wegen der brütenden Hitze und des vielen Verkehrs durch Ausflügler aus den nahe gelegenen Badlands nicht schlafen konnte, wie toll es doch wäre, wenn man wenigstens einen Teil der Touristen zu ihnen locken könnte. Immerhin hatten sie in der Apotheke auch eine *soda fountain* und verkauften hausgemachtes Eis. Danach würden Reisende mit ausgetrockneten Kehlen sicher lechzen. Ted sollte Schilder malen, auf denen außerdem noch Kaffee für 5 Cent und Eiswasser umsonst angepriesen wurden. Gerade das Eiswasser war ein zugkräftiges Argument, denn kaum einer konnte damals kühlen. Husteads aber hatten vorgesorgt und im Winter große Blöcke aus den zugefrorenen Bächen und Seen im Umland geschnitten, die sie dann monatelang isoliert durch Sägespäne aufbewahrten.

»Ich hab Mama damals gefragt, warum hat uns Dad hierhergebracht? Weil er verrückt ist!, hat sie geantwortet«, erinnert sich Bill Hustead, den ich vor ein paar Jahren mal interviewt habe.

Wie verrückt, zeigte sich, als Ted nicht nur Schilder im näheren Umkreis aufstellte, sondern auch in für damalige

Verhältnisse Lichtjahre entfernten Orten wie Billings, Montana, oder Denver, Colorado.

»Das war total peinlich. So ein Werbeaufwand, und dann kommst du hierher und findest nur eine staubige Pinte«, dachte Bill anfangs.

Aber die Idee schien zu funktionieren, immer mehr Touristen stoppten. Und denen konnte man sicher auch andere Sachen andrehen, wenn sie schon mal da waren.

»Als Dad im Urlaub war, habe ich sein schönes, großes Büro zu einem Schmuckladen umfunktioniert und seinen Schreibtisch einfach unter die Treppe geschoben.«

Bills Augen funkeln, wie bei einem Kind, das stolz erzählt, was es alles zu Weihnachten bekommen hat.

»Als Nächstes war der Verkaufsraum dran, der wurde zu einem T-Shirt-Laden. Und dann haben wir angebaut.«

Eine Kapelle für Reisende, ein Restaurant, ein Geschäft mit über 6000 Cowboystiefeln, Räume für Souvenirs und Tinnef und eine Buchhandlung, wo man alle Literatur über den Wilden Westen findet, die zu lesen sich lohnt.

»Sogar Universitäten und Colleges kaufen ihre Bücher bei uns!«

Darauf ist Bill mindestens so stolz wie auf die Kunstsammlung mit Gemälden und Skulpturen im Wert von über 2,5 Millionen Dollar, die vor allem an den Wänden der Räumlichkeiten des Restaurants verteilt sind. Heute finden darin 500 Gäste Platz, die nach einem deftigen Frühstücksbüfett in den hinteren Bereich des riesigen Geländes schlendern, beim mechanischen Cowboyorchester zwischenstoppen, wo lebensgroße Puppen alle 15 Minuten einen Westernklassiker intonieren, zugegeben etwas blechern. Dann noch ein Foto der Kinder neben dem Zwei-Meter-Hasen oder Tyrannosaurus Rex, der ebenfalls viertelstündlich Furcht einflößend brüllt, so als wäre er gerade aus dem Jurassic Park ausgebrochen. Ein kleines Disneyland in der Prärie ist Wall

Drug, wobei die eigentliche Apotheke auch immer noch in Betrieb ist.

»35 bis 100 Rezepte jeden Tag. Ich habe mit dreißig anderen damals meinen Abschluss gemacht, die alle ihre eigenen Apotheken hatten. Nur noch zwei davon sind heute im Geschäft, weil die großen Ketten uns verdrängen.«

Bill wirkt traurig und kämpferisch zugleich. Denn er weiß, Großvaters Schlangenölparfum haben die Großen nicht im Angebot. Bis zu 20 000 Besucher kommen täglich zu Wall Drug. (Der ganze Ort hat lediglich rund 800 Einwohner!) Viele sicher wegen der omnipräsenten Werbung.

»*Fun Like a Circus* – WALL DRUG.«

»*Take Picture on Bucking Horse* – FREE *at Wall Drug!*«

»*Who has the* GALL *to Bypass* WALL?«

Gaudi wie im Zirkus, machen Sie ein Foto auf einem Rodeopferd (Modell natürlich) umsonst – wer kann da noch die Frechheit besitzen, an Wall einfach vorbeizufahren? Das Eiswasser ist selbstverständlich immer noch kostenlos, und Kaffee gibt es weiterhin für nur 5 Cent. 300 bunt bemalte Schilder hämmern Ihnen das förmlich ins Hirn, wenn Sie durch den Westen und Mittleren Westen der USA fahren. Noch mal so viele sind auf der ganzen Welt verteilt.

»In Amsterdam am Kanal, da steht: ›5673 Meilen bis Wall Drug, South Dakota‹. Ich hatte zehn Jahre lang Schilder in jeder Eisenbahnstation in Kenia. Es gab welche in der U-Bahn in Paris und London, in den Doppeldeckerbussen.«

Über 300 000 Dollar hat Bill für Miete und Instandhaltung jedes Jahr gezahlt. Dazu kamen noch die unzähligen Schilder, die vor allem durch amerikanische GIs in der ganzen Welt verteilt wurden. Während des Zweiten Weltkrieges in Deutschland, später in Korea und Vietnam. Sogar am Nord- und Südpol, im Himalaja und in U-Booten gab es welche. Vergilbte Fotografien belegen die globale Werbestrategie eindrucksvoll. Dabei geht es Bill Hustead nur um eines:

»Überleben! Und wenn Sie hierherkommen und Ihnen irgendwas gefällt, kaufen Sie es um Gottes willen. Wir brauchen den Umsatz!«

Es fühlt sich ein bisschen wie nach Hause kommen an, so oft habe ich South Dakota in den letzten Jahren besucht. Das erste Mal 1995, auf Einladung von Tom aus Ebersberg bei München, der einen Verein zur Unterstützung nordamerikanischer Indianer gegründet hatte und Reisen nach Dakota anbieten wollte. Vielleicht könnte ich von seinen Projekten im Radio berichten. Meine naiven Vorstellungen vom Indianerland lagen damals irgendwo zwischen Karl May und *Der mit dem Wolf tanzt*. Was ich dann vor Ort sah, schockierte mich zunächst. Die Lakota-Sioux hier lebten größtenteils von der Sozialhilfe in kargen Reservaten. Armut, Arbeitslosigkeit und Alkoholismus schienen den tristen Alltag zu bestimmen. So hatte ich mir die Zustände in einem Land der Dritten Welt vorgestellt, aber sicher nicht mitten in den USA, einer der reichsten und mächtigsten Nationen der Welt.

Gleichzeitig aber war ich auch tief berührt von den Begegnungen mit den Menschen, die verzweifelt versuchten zu bewahren, was von ihrer Kultur nach Jahrhunderten der Unterdrückung und des Völkermordes noch übrig geblieben war. Tom hatte damals zum gleichen Zeitpunkt auch seinen alten Schulfreund Peter eingeladen, der für die *Süddeutsche Zeitung* arbeitete und Fotos für einen Flyer machen sollte. Wir beschlossen, etwas zu tun, wollten über die Situation berichten und begannen, gemeinsam Fotos und Interviews zu sammeln. Daraus entstand die Diavision *Auf den Spuren der Sioux*, mit der wir seitdem durch Deutschland, Österreich und die Schweiz touren und für die wir mit einem Preis ausgezeichnet wurden. Ich weiß, dass »Diavorträge« mitunter noch als antiquiert und langweilig gelten. Für mich aber ist eine spannend mit Musik, O-Tönen und Soundeffekten produzierte Multimediareportage das intensivste Medium, um Geschichten und Emotionen zu transportieren. Trauen Sie sich ruhig mal.

Noch intensiver ist unsere Beziehung zu den Lakota geworden, als wir vor einigen Jahren im Pine-Ridge-Reservat Leonard Little Finger begegnet sind. Leonard ist der Ururenkel von Chief Big Foot, der 1890 als letzter Häuptling während der Indianerkriege beim Massaker von Wounded Knee ums Leben kam. Kein anderes Ereignis in der Geschichte hat die Ureinwohner Amerikas so erschüttert wie dieses Gemetzel, bei dem die weiße Armee rund 300 indianische Männer, Frauen und Kinder ermordete.

»Sie mögen uns getötet haben, aber unser *Lakota way of life* wird niemals sterben!«, ist Leonards Botschaft an die jungen Lakota. Heute kämpfen die amerikanischen Ureinwohner vor allem um den Erhalt ihrer Kultur und ihrer Traditionen. Der Schlüssel dazu sind die Sprachen, die über Generationen verboten waren und jetzt nur noch von wenigen Alten gesprochen werden.

»Mit neunundsechzig fühle ich mich müde. Aber wir werden vom Geist unserer Vorfahren geleitet. Und der Geist will, dass wir unsere Lebensweise fortführen, unsere Sprache behalten«, weiß Leonard. Seine Zeit wird knapp, er leidet wie viele im Reservat an Diabetes. Inzwischen aber ist die kleine Schule eingeweiht, in der die Kinder wieder die Sprache ihrer Vorfahren erlernen sollen, bevor es zu spät ist – seine Lebensaufgabe. Wir unterstützen dieses Projekt mit unserem gemeinnützigen Verein Tatanka Oyate, den wir vor einigen Jahren gegründet haben, und mit Spendenreisen zu Leonard Little Finger nach Dakota. Falls Sie Lust haben: Mehr Infos zu diesen Projekten gibt's auf unserer Homepage und in unserem Buch *Der letzte Häuptling*, das genauso wie der gleichnamige Diavortrag die Geschichte von Leonard Little Finger erzählt (www.weltgeschichten.com).

»Weltweit suchen die Menschen nach ihren Wurzeln, ihrer Identität. Und auch wenn manche helle Haut haben und manche dunkle, wir Lakota sind ein Vorbild, wir sind Lehrer. Wir sagen: Stopp, hört zu, begreift, lasst uns die Welt besser machen, nicht nur für die Lakota, sondern für alle Nationen.«

Leonard möchte sein Wissen gerne teilen mit Menschen, die mit offenem Herzen zu ihm kommen.

Immer öfter begegne ich jetzt Bikern, die mit ihren schweren Choppern durch die Prärie dröhnen. Es ist Anfang August, bald beginnt die *Sturgis Rally*, das größte Motorradtreffen der Welt. Normalerweise leben in der kleinen Stadt in den Black Hills von South Dakota keine 7000 Menschen. Jedes Jahr in der ersten Augustwoche aber versiebzigfacht (!) sich diese Zahl, wenn bis zu einer halben Million Biker zumeist auf fetten Harleys hierherkommen.

Ich überlege, einen Abstecher zu machen. Allerdings würde das einen deutlichen Umweg zurück nach Westen bedeuten, gerade jetzt, wo der Wind mal nachgelassen hat. Lieber ausnutzen und weiterfahren. Bestimmt ergibt sich irgendwann ein besserer Zeitpunkt, das Spektakel zu erleben. Da ahne ich noch nicht, dass der Zeitpunkt schon morgen sein soll.

Wieder zieht ein Gewitter auf, wie eigentlich jeden Tag jetzt im Hochsommer. Beim T 34, einer Mischung aus Kreuzungstankstelle mit Raststätte und Gemeindezentrum, erkundige ich mich nach Zeltplätzen. Sie bieten mir an, auf der Wiese daneben zu übernachten, eine Dusche gebe es auch. Ich will schon zusagen, als Judith zum Tresen kommt.

»Hi, du suchst eine Bleibe für die Nacht? Wenn du magst, wir haben eine kleine Ranch, zwei Meilen von hier. Kannst gerne zu uns kommen.«

Nach den guten Erfahrungen und Begegnungen der letz-

Die Radways in der Prärie von South Dakota

ten Monate zögere ich keine Sekunde und nehme das Angebot gerne an. Während ich mich schon mal auf den kurzen Weg mache, kommt Judith mit dem Pick-up hinterher. Die Ranch liegt gleich neben dem wenig befahrenen Highway. Wir überlegen noch, wo der beste Platz fürs Zelt sei, als es aus den Gewitterwolken zu regnen beginnt.

»Ach, weißte was, komm einfach ins Haus, du kannst Baileys Zimmer haben.« Bailey ist die achtjährige Tochter. Ehemann Mark und Sohn Tanner kommen dazu. Die Arbeit auf den Feldern ist für heute erledigt, Zeit fürs Abendessen. Mais und *Sloppy Joe Sandwiches*: Hackfleisch mit Tomatensoße und Gewürzen auf Hamburger-Brötchen. Es muss schnell gehen, denn bald beginnt am T 34 das *hog wrestling*, Schweineringen im Schlamm. Wobei die *hogs*, die Schweine, die niedergerungen werden sollen, eher noch in die Kategorie halbstarke Ferkel fallen. Die Regeln sind einfach. Man braucht ein bisschen Platz, trockene, staubige

Erde, ordentlich Wasser drauf, einen geschlossenen, feinmaschigen Zaun und ein paar nichts ahnende Schweine. Die Ringerteams bestehen aus drei Personen, deren Aufgabe es ist, ein auserwähltes Schwein so schnell wie möglich zu fangen und in einen Käfig zu bugsieren. Je schneller, desto besser. Nur gut, dass keine Tierschützer anwesend sind. Die Ferkel quietschen erbärmlich, werden gezerrt, gezogen, geworfen und wehren sich mit allen Kräften. Immer wieder verlieren die Ringer das Gleichgewicht und landen kopfüber im Dreck. Eine feuchtfröhliche Schlammschlacht, vor allem für die Zuschauer draußen, hinterm Zaun. Wer am Ende die beste Zeit hat und gewinnt, spielt eigentlich keine Rolle. Ich gebe zu, schon eine etwas ungewohnte Art der sportlichen Betätigung, aber die Schweine haben sich bald wieder beruhigt, und die Ringer schwingen unter einem großen Zeltdach das Tanzbein. Eine lokale Countryband versucht sich an Hits der vergangenen Jahrzehnte, Wünsche werden erfüllt. Leider ist die mickrige Verstärkeranlage schnell überfordert, und die verzerrten Klänge schmerzen in den Ohren. Wir fahren zurück und plaudern noch ein wenig.

»Unsere Kinder und unsere Ranch sind so ziemlich unser Leben«, meint Judith.

Black-Angus-Rinder züchten sie, rund 200 Kopf zählt ihre Herde. Das allein reicht aber nicht, sagt Mark.

»Sechs Monate im Jahr arbeite ich Teilzeit in Philip in einer Futtermittelhandlung, die anderen sechs Monate bin ich voll auf der Ranch. Vom Kalben über Heumachen bis zu den Zäunen, das braucht viel Zeit. Und wir versuchen, unsere Kinder in alles mit einzubeziehen, machen auch am Wochenende viel mit ihnen.«

Judith hat ebenfalls noch einen anderen Job, in einer Fabrik in der Stadt. Nur so kommen sie halbwegs über die Runden.

»Bei den meisten ist das so, einer hat ein zusätzliches Einkommen und damit auch Versicherungsleistungen. Sonst kannst du es dir kaum leisten, dass beide zu Hause arbeiten.«

Viele Farmer in den USA haben inzwischen aufgegeben. Schuld sind die schlechten Preise für Rindfleisch, die seit zwanzig Jahren nahezu unverändert geblieben sind, während Sprit, Steuern und Energiepreise stetig steigen.

»Das liegt zu einem großen Teil an den Importen. Eigentlich produzieren wir genug Rindfleisch in diesem Land, um uns komplett zu versorgen. Ich weiß nicht, warum sie dann noch Fleisch von außerhalb importieren müssen. Das macht unseren Markt kaputt«, ärgert sich Mark.

Um zu überleben, müssen die Farmen heute größer sein. 2000 bis 3000 Hektar sind es mittlerweile durchschnittlich, etwa doppelt so viel wie noch vor ein, zwei Generationen. Mehr Tiere heißt auch mehr Arbeit. Aber tauschen oder weggehen würden er und Judith niemals.

»Ich glaube nicht, dass es einen besseren Platz auf der Welt gibt, um eine Familie zu gründen. Und dann die Kameradschaft unter den Nachbarn und in der Gemeinde. Die Leute winken sich zu, wenn sie sich auf dem Highway begegnen. Es ist einfach sicher hier.«

Wenn die Preise für Rindfleisch wieder steigen, will Mark seinen Job in der Stadt aufgeben und nur noch auf der Ranch arbeiten. Das wäre auch besser für die Kinder, meint Judith.

»Dann wäre unser Leben weniger hektisch und stressig. Er könnte zu Hause bei den Kindern sein. Dann müssten sie im Sommer auch nicht so oft in die Stadt.«

Mark ergänzt: »Als ich noch ein Kind war, so vor fünfundzwanzig, dreißig Jahren, hatten die Stadtkinder mehr Verantwortungsbewusstsein, mehr Werte als heute. Warum sich das verändert hat, kann ich nicht sagen. Vielleicht liegt es daran, dass die ganze Welt sich in diese Richtung verändert. Statt Hausarbeiten und Pflichten haben sie heute Nintendos zum Spielen oder sehen fern. Kinder müssen beschäftigt werden, ein bisschen Verantwortung übernehmen, damit sie auch verantwortungsbewusste Erwachsene werden.«

Die Stadt, von der beide sprechen, heißt Philip, 1000 Einwohner. Die nächste, größere ist eine Autostunde entfernt. Und auch die Nachbarn sieht man selten.

»Unsere nächsten Nachbarn sind so rund drei Meilen entfernt, manchmal fährst du aber auch 20 Meilen, um einen Nachbarn zu besuchen.«

Für manche mag diese Einsamkeit bedrückend wirken. Judith und Mark aber sind glücklich in der Prärie und bescheiden.

»Ich wünsche mir Frieden auf der Welt. Wir wollen hier nicht reich werden, einfach nur leben, über die Runden kommen und für das belohnt werden, was wir tun.«

Wir stehen früh auf am nächsten Morgen. Judith und Mark wollen mir ihre Rinder zeigen. Die stehen auf einer Weide im Reservat, die Mark gepachtet hat.

Die weiten Hügel wirken noch erstaunlich grün und saftig für die Jahreszeit. Normalerweise ist hier im August alles braun, aber es hat viel geregnet in diesem Sommer. Das tut dem trockenen Land gut. Tanner fährt den Quad vom Pick-up, als wir auf der Weide ankommen. Die Farmen hier haben andere Ausmaße als bei uns, und wenn man auf den Weiden zu den Tieren will, kommt man ohne Allradfahrzeug nicht weit.

Mark sitzt am Steuer, Judith dahinter, ich klammere mich vorne auf dem Notsitz fest. So holpern wir eine ganze Weile über die Kämme und durch die Täler, finden auch die meisten Tiere. Alles okay. Danach geht es direkt zur Kirche, wir sind spät dran. Aber das stört niemanden. Die Stimmung während des Gottesdienstes wirkt gelöst. Viele Kinder sind da, die durch die Gänge laufen, rausrennen und wieder reinkommen. Nach einer kurzweiligen, sehr lebhaften Stunde noch ein wenig Small Talk vor der kleinen weißen Kirche. Es ist ein herrlicher Morgen, strahlender Sonnenschein und kräftiger Westwind. Perfektes Radelwetter. Aber als Judith und Mark mir anbieten, nach Sturgis zu fahren, ändere ich meinen Plan weiterzufahren gerne. Die beiden müssen auf eine Beerdigung dort, und ich nutze die Zeit und komme aus dem Staunen nicht mehr raus.

Überall dröhnt und röhrt es, manchmal ohrenbetäubend. Kaum eine der aufgemotzten Maschinen würde wohl bei uns eine Straßenzulassung bekommen. Hier scheint das alles ebenso wenig eine Rolle zu spielen wie die Helmpflicht. Dafür und angesichts der 500 000 Motorräder passiert erstaunlich wenig. »Nur« vier Todesfälle zählt die Polizei während der gesamten Rallye. Vielleicht liegt es ja auch am Durchschnittsalter der Biker. Die meisten scheinen zwischen fünfzig und sechzig zu sein, von Beruf wahrscheinlich Anwalt, Arzt oder Unternehmer. Alle anderen können sich die teuren Maschinen und Spritpreise vermutlich nicht mehr leisten. Und in dem gesetzten Alter ist man wohl ein bisschen vorsichtiger.

»Ja, früher war es viel freier und offener«, klagt John.

Der Dreiunddreißigjährige trägt eine verspiegelte Sonnenbrille und einen Schnauzer und bemüht sich, möglichst tough zu schauen. Bloß keine Miene verziehen.

»Es geht um Bier, Bikes und Bräute. Früher sind sie hier die Main Street rauf und runter gefahren, und die Frauen haben ihre Möpse gezeigt. Heute darfst du das nicht mehr, sie würden dich verhaften.«

Ja, das ist bitter. Aber auf den T-Shirts, die überall verkauft werden, stehen wenigstens noch markige Sprüche wie:

Jesus loves bikers, too!

»Wenn du das hier lesen kannst, ist die Schlampe hinten runtergefallen!« oder: »Manche Menschen sind nur am Leben, weil es illegal ist, sie zu erschießen!« Und auf der Main Street cruisen sie immer noch mit ihren protzigen Maschinen durch das Spalier in der Mitte und seitlich geparkter Harleys. Ein bunter Zoo, dem man stundenlang zuschauen könnte. Neben den üblichen Attraktionen eines Motorradtreffens wie Reifen-zum-Glühen-Bringen, Motor-Schrotten und verschiedenen Rennen hat sich die Rallye auch zu einem riesigen Musikfestival entwickelt. Vor allem die Topstars aus Rock und Country spielen open air auf verschiedenen Campingplätzen vor Zehntausenden Fans. Aber auch die vielen hundert Verkäufer kommen voll auf ihre Kosten, machen ein Millionengeschäft mit Souvenirs, Motorradzubehör und Hotdogs.

»Ich komme jeden Morgen so gegen acht hierher, sperre

den Stand auf, genehmige mir erst mal zwei, drei Tequila. Dann räume ich alles an seinen Platz, trinke ein paar Bier und schwatze mit Freunden, die ich das ganze Jahr nicht gesehen habe«, meint Dan aus Spokane, Washington. Für ihn ist die Rallye wie ein großes Klassentreffen jedes Jahr. Was genau er verkauft, wird nicht so ganz klar. Auf jeden Fall will er eine alte Harley seiner Freundin loswerden. Andere machen in den paar Tagen in Sturgis das Geschäft des Jahres, nehmen sich anschließend eine Auszeit für elf Monate, lassen es sich gut gehen und kommen im nächsten Jahr wieder.

Larry aus Arizona ist auch seit vielen Jahren dabei. Er verkauft allerdings nichts, er verschenkt ... kleine Büchlein mit dem Neuen Testament.

»Ich bin nicht aufdringlich, aber Gott braucht Biker, die Jesus lieben, damit sie diese Liebe mit anderen Bikern teilen und ihnen die Hoffnung geben, in den Himmel zu kommen.« Früher ist Larry ein ganz Wilder gewesen, über die Details schweigt er lieber. Aber es gab einen Wendepunkt in seinem Leben, an dem sich ihm Jesus offenbart hat.

»Er hat mir alle Sünden vergeben, alle, die ich jemals begangen habe, und auch die, die ich noch begehen werde. Und jetzt weiß ich, wenn ich meinen letzten Atem ausgehaucht habe, werde ich in den Himmel kommen und für ewig bei ihm sein.«

Aus seinem Mund klingt das weder verklärt noch naiv. Er wirkt wie ein liebenswerter Althippie mit angegrautem Rauschebart und breitem roten Stirnband über der krausen Mähne. Auf dem weißen Tank seiner Harley steht in ebenfalls roten Lettern: »*Jesus is Lord*«. Und als Lehne hat er ein mannshohes weißes Kreuz hinten an seine Maschine montiert.

»Ich hab mal für zweieinhalb Jahre in Deutschland gelebt, Mitte der Siebziger«, gesteht er, als ich ihm erzähle, woher ich komme.

»In Düsseldorf gab es das beste Doppelbock, das ich jemals getrunken habe, auf der Zugspitze habe ich zum ersten Mal auf Skiern gestanden, und 1975 habe ich das Oktoberfest besucht. Die Deutschen sind so freundlich, sie feiern gerne und haben mindestens einen Feiertag im Monat.«

Larry muss lachen. Klischees können so amüsant sein. Wie Statistiken.

Also: In diesem Jahr sind während der Rallye in Sturgis 133 Ehen geschlossen worden, über 700 Tonnen Müll haben die Biker produziert und weit über eine Million Dollar in die Steuerkassen von Stadt, Bezirk und Staat gebracht. Leider gibt es keine offiziellen Zahlen über die neu gestochenen Tattoos in der einen Woche. Schätze aber, dass die Nadeln selten so geglüht haben und viele Ladys mit einem unvermeidlichen Arschgeweih und die Kerle mit neuen, obligatorischen Stacheldrahtmotiven am Oberarm nach Hause tuckern.

Erst spät kommen Judith, Mark und ich zurück und fallen todmüde in die Betten. Am nächsten Tag begleite ich Mark und die Kinder noch zum Heumachen auf eines der Felder. Gemächlich fährt Mark seinen John-Deere-Traktor über das vor ein paar Tagen geschnittene Gras, das von der Sonne inzwischen ausreichend getrocknet ist. Nach einer Weile hat sich genug Gras im Anhänger gesammelt. Mark stoppt, es ruckelt und poltert kurz, und dann kullert ein mannshoher, runder, ordentlich verschnürter Ballen aufs Feld. Verrückt. Habe noch nie drüber nachgedacht, wie so ein Ballen eigentlich entsteht, obwohl sie ja auch bei uns im Spätsommer überall auf den Feldern rumliegen. Vielleicht fasziniert mich aber auch die wohltuende Behäbigkeit der Arbeit, die irgendwie beruhigend wirkt. Der Abschied nach zwei Tagen jedenfalls fällt mir schwer, und ich werde noch oft an die bescheidene Zufriedenheit, die Judith und Mark ausstrahlen, zurückdenken. Sie wirken glücklich, trotz harter Arbeit und wenig Geld. Irgendwie beneidenswert, denke ich auf meiner Fahrt über die Prärie. Es muss nicht immer schneller, höher oder weiter gehen. Glück ist kein Ziel, sondern ein Weg, hat mal jemand formuliert. Wie wahr.

Im letzten Sonnenlicht erreiche ich Pierre, die Hauptstadt von South Dakota am Missouri. Mein guter Freund Jim lebt und arbeitet hier. Wir haben uns vor vielen Jahren beim *Buffalo Round Up*, dem jährlichen Zusammentreiben der Büffel im Custer State Park in Dakota, kennengelernt. Damals war Jim der *Chief of Staff* des Gouverneurs, quasi seine rechte Hand. Nach ein paar Jahren als Wirtschaftsminister seines Heimatstaates ist er jetzt Fundraiser für Crazy Horse Mountain, das größte Monument der Welt, das seit über sechzig Jahren unweit des Nationalheiligtums Mount Rushmore aus dem Granit der Black Hills gesprengt wird. Die vier Präsidentenköpfe von Rushmore würden allein in das Gesicht von Crazy Horse passen. Unvorstellbare Dimensionen.

»Wir haben doch auch Helden!«, soll Häuptling Henry Standing Bear zu Bildhauer Korczak Ziolkowski 1939 gesagt haben. Ziolkowski hatte zuvor schon am Mount Rushmore mitgearbeitet und begann seine Lebensaufgabe am Crazy Horse Mountain fast zehn Jahre später. Anfangs arbeitete er oft allein, mit einfachsten Werkzeugen und viel Dynamit. Aber erst nach Korczaks Tod (1982) nahm der Berg richtig Gestalt an. Allein zehn Jahre dauerte es, bis man im Sommer 1998 das Gesicht fertigstellen konnte. Jetzt braucht es nicht mehr ganz so viel Phantasie, um sich vorzustellen, wie es am Ende mal aussehen soll. Der berühmte Lakota-Krieger Crazy Horse sitzt mit wehendem Haar auf seinem Pferd und deutet mit ausgestrecktem Arm nach Osten: »My lands are where my dead lie buried.« (Mein Land ist da, wo meine Vorfahren begraben sind.)

Die ernormen Baukosten in den letzten sechzig Jahren sind ausschließlich privat finanziert worden, über Eintrittsgelder, den Verkauf von Souvenirs und vor allem Spenden. Korczak Ziolkowski wollte nicht, dass Staat oder Bund sich hier finanziell beteiligen, um seine Vision einer gigantischen Begegnungstätte mit Universität, Sporteinrichtungen und Museen nicht zu gefährden. Keiner kann sagen, wann das Mammutprojekt fertig wird. Aber sicher ist, je mehr Geld zur Verfügung steht, desto schneller geht's. Deshalb sammelt Jim überall im Land fleißig Spenden und hat schon viele Millionen Dollar beschaffen können. Er ist ein gefragter Mann, manche wollten ihn schon überreden, doch selbst Gouverneur oder Senator zu werden. Aber eigentlich würde Jim sein Glück viel lieber in Los Angeles suchen.

»Ich wollte immer in der Entertainmentindustrie arbeiten. Schon am College haben mich viele Professoren ermutigt, es als Schauspieler zu versuchen. Aber ich interessierte mich auch sehr für amerikanische Politik, und da haben sich für mich ganz einfach Türen geöffnet. Trotzdem habe ich meinen Traum, eines Tages in der Entertainmentbranche zu arbeiten, nie aufgegeben.«

Ich bin sicher, dass es kein Traum bleiben wird.

Die Pausentage bei Jim tun gut. Ich wasche Kleider, pflege die Ausrüstung und schicke die bislang belichteten Filme nach Florida, um sie am Ende der Reise dort abzuholen und mit nach Deutschland zu nehmen. Erscheint mir sicherer, als sie direkt nach Übersee zu senden.

Zum wiederholten Male telefoniere ich mit meinem Mobilfunkanbieter, ein Erlebnis, das mich regelmäßig an den Rand eines Nervenzusammenbruchs treibt, obwohl ich sonst ein wirklich geduldiger, verständnisvoller Mensch zu sein glaube. Es geht immer noch um die Erstattung des Preises für das Telefon. Das habe ich am Anfang kaufen müssen, um dann nach Abschluss eines Jahresvertrages den Kaufpreis erstattet zu bekommen. Dafür müsse ich nur ein kleines Formular ausfüllen, und schwupps, würde ich einen Scheck über den entsprechenden Betrag erhalten. Dass der selbst nach inzwischen über drei Monaten immer noch nicht auf dem Weg ist, finde ich zwar merkwürdig, aber längst nicht so kriminell wie die Hotlinestrategie. Leider setzen ja auch bei uns immer mehr Firmen Callcenter ein, um Kunden in den Wahnsinn zu treiben. Immerhin sind die Anrufe in den USA noch kostenlos, während man in Deutschland ja auch dabei oft noch richtig abgezockt wird.

Wie leider auch bei uns immer häufiger erreichen Sie in den USA erst mal einen Sprachcomputer, der Sie steril begrüßt. Dann werden Sie nach Ihrer bevorzugten Sprache (Englisch oder Spanisch) und Ihrer Nummer gefragt. Die nennen Sie oder geben sie per Tastatur ein, um sich anschließend für einen bestimmten Unterpunkt zu entscheiden: Kontostand, Upgrade, Produktinformation. Am Ende bietet man Ihnen die Option *operator* oder *customer representative* an, und Sie wähnen sich schon fast in Sicherheit. Zuversichtlich bestätigen Sie Ihre Auswahl und landen in einer endlosen Warteschleife, in der Sie minutenlang mit einer nervigen Melodie vollgedudelt werden. Unterbrochen wird die Tortur minütlich durch eine gekünstelt freundliche Frauenstimme: »Alle unsere Mitarbeiter sind gerade mit anderen Kunden beschäftigt ... Ihre durchschnittliche Wartezeit beträgt weniger als ... 25 Minuten ... bitte bleiben Sie am Apparat ...«

25 Minuten ... Sie versuchen sich an die letzte Studie zur Gefährlichkeit von Handystrahlung am Ohr zu erinnern ... welche Tumorform war gleich wieder die häufigste? Irgendwann, nach einer kleinen Ewigkeit, meldet sich tatsächlich ein Mitarbeiter aus Fleisch und Blut und begrüßt Sie monoton: »Danke, dass Sie T-Mobile angerufen haben, mein Name ist Jason, was kann ich für Sie tun?«

An seinem Akzent erkennen Sie sofort, Jason ist nur sein »Künstlername« und das Callcenter befindet sich vermutlich in Indonesien. Verdammt, das wird zäh. Sie versuchen, Ihr Anliegen möglichst einfach und mit Rücksicht auf die beschränkten Englischkenntnisse Ihres Gesprächspartners sehr langsam zu formulieren. Der antwortet schließlich begeistert: »*Okay, let me verify this* ...« und wiederholt Ihre Worte eins zu eins. Wegen des starken Akzents haben Sie trotzdem Schwierigkeiten, Ihr Anliegen als verstanden zu erkennen, und wiederholen es lieber noch mal, nur um Missverständnisse zu vermeiden. Wieder antwortet der *representative* wie ein Papagei, und irgendwann erreichen Sie die nächste Phase und versuchen eine Lösung für das Problem zu finden. Jetzt wird es noch frustrierender, weil Sie alsbald feststellen, dass der Kollege überhaupt nichts von dem kapiert hat, was Sie ihm gerade erklärt haben. Sie fangen also noch mal von vorne an ... und wieder grüßt das Murmeltier. Irgendwann nach zähen Verhandlungen erreichen Sie einen Punkt, an dem Ihr Gegenüber Ihnen versichert, dass doch alles in bester Ordnung sei und er nichts für Sie tun könne. Er bietet Ihnen an, Sie in eine andere Abteilung zu verbinden. Weil Sie ahnen, dass dann die ganze Prozedur wieder von vorne beginnt, ziehen Sie Ihre Trumpfkarte und verlangen einen *supervisor*. Der Abteilungsleiter spricht nämlich nicht nur ein wenig besser Englisch, er hat offenbar auch Befugnisse, die der Kundenberater nicht besitzt. Das wissen Sie, weil sich der Kollege in den letzten Minuten immer wieder aus dem Gespräch ausgeklinkt hat, um sich kurz mit seinem *supervisor* zu besprechen. Sie durften in der Zeit wieder einfältigem Gedudel lauschen und haben die Zeit für die taktische Ausarbeitung von Plan B genutzt. Der *supervisor* versichert Ihnen dann sofort, dass er sich um die Angelegenheit kümmert, hinterlässt seinen Namen und eine Identifikationsnummer, unter der Sie ihn immer erreichen können. Wenn Sie es dann Wochen später versuchen, weil der Scheck immer noch nicht raus ist, will plötzlich niemand diesen *supervisor* kennen, und die Nummer existiert angeblich auch gar nicht. Falls ich es noch nicht deutlich genug betont habe: *Verbrecher! Alle!* Die machen das doch mit System. Aber nicht mit uns. Ich versichere Ihnen, Sie haben eine Chance. Die größte, wenn Sie die Kollegen mit ihren eigenen Waffen schlagen. Stellen Sie sich dumm, und bleiben Sie penetrant. So habe ich jedenfalls alles Geld am Ende wiederbekommen. Auch wenn ich noch nicht sicher bin, ob der persönliche Triumph die investierte Zeit auch wirklich rechtfertigt. Aber wachsen wir nicht durch Herausforderungen?

Mein Blizzard-Peanutbutter-Donut-Rettungsring um die Hüften entwickelt sich prächtig, wenn ich mal ein Weilchen nicht auf dem Rad sitze. Und so starte ich nach ein paar Tagen zuversichtlich in den Mittleren Westen, der gleich hinter Dakota beginnt.

»Bloß nicht!«

»Da isses stinklangweilig, nur Felder, plattes Land, lohnt sich echt nicht.«

»Lass dich lieber per Anhalter irgendwohin mitnehmen, wo es interessanter ist!«

Worte von »echten« Amerikakennern zu Hause, als ich ihnen von meiner Route und dem Plan, auch durch den Mittleren Westen zu fahren, erzählt habe. Aber wenn ich wirklich was über die Menschen erfahren will, dann doch am besten im Herzen des Landes, wohin es nur wenige Touristen verschlägt. Meine Hoffnung soll nicht enttäuscht werden.

Von einer vierhundert Jahre alten Bürgerkriegsvioline, deutscher Heimat mitten in Iowa und einer Schulstunde in »Radreisen« in Indiana

»*Kawumm!*«

Ich schrecke auf.

»*Kawumm!*«

Wo bin ich? Und wer zum Teufel schießt da in der Gegend rum?

»*Kawumm ... Kawumm!!*«

Erst jetzt dämmert es mir. Das müssen wohl die Soldaten nebenan auf dem Feld sein. Ich schäle mich aus dem Schlafsack und öffne das Zelt. Ein klarer, kalter Morgen, fast herbstlich. Wieder werden einige Salven abgefeuert. Kurz nach acht, die legen aber früh los. Als ich gestern hier in Pipestone, Minnesota, angekommen bin, habe ich auf einigen Plakaten von den *Civil War Days* gelesen, die an diesem Wochenende stattfinden, bin aber gleich zum *national monument* abgebogen, das mich mehr interessiert hat.

National monuments sind ausgewiesene Gedenkstätten oder Schutzgebiete in den USA, die von der Nationalparkbehörde verwaltet werden. Sie sind in der Regel deutlich kleiner als richtige Nationalparks und erhalten weniger staatliche Mittel, dafür kann der Präsident aber ohne Zustimmung des Kongresses entscheiden, was zum *monument* werden soll. Prominentestes Beispiel ist die Freiheitsstatue in New York. Hier in Pipestone werden die Steinbrüche geschützt, in denen die Indianer seit Jahrhunderten den roten Tonstein fördern, aus dem sie die Köpfe für ihre zeremoniellen Pfeifen schnitzen. So kam der Ort auch zu seinem Namen, Pipestone. Der extrem weiche Stein, der sich selbst mit Knochenwerkzeugen früher einfach bearbeiten ließ, kommt nur hier in diesem sehr kleinen Gebiet vor. Rund fünfzig Gruben von der Größe einer Doppelgarage existieren, für die die Nationalparkbehörde Genehmigungen an die Indianer zum Abbau erteilt. Und das ist harte Knochenarbeit, wie mir Travis eindrucksvoll demonstriert. Ich folge ihm zu seiner kleinen Grube, die inzwischen eine Tiefe von gut fünf Metern erreicht hat. Der rote Pfeifenstein befindet sich als letzte Schicht unter stahlhartem Quarzitgestein, das mit Hammer und Meißel bearbeitet wird. Nach einigen gezielten Schlägen muss selbst der bärenstarke Travis jeweils für einen Moment pausieren. Ich versuche mich kurz am 20-Pfund-Hammer und versage kläglich. Nicht nur das Gewicht des Hammer ist ungewohnt, vor allem das nachhaltige Vibrieren in Hand und Arm, das jeder Schlag auslöst, macht mir zu schaffen. Kann den Hammer bald kaum mehr festhalten. Travis lächelt souverän.

»Ich mache das seit fünfundzwanzig Jahren jeden Sommer. Bis der erste Frost kommt. Dann lassen wir Mutter Erde ruhen und bearbeiten den Pfeifenstein.«

Im *visitor center* nebenan demonstriert Myron Taylor, wie mit Säge, Feilen und Bohrer ein Pfeifenkopf entsteht.

»Der Stein ist nur so hart wie ein Fingernagel. Wenn du dir also die Nägel feilst, weißt du ungefähr, wie das ist, den Pfeifenstein zu bearbeiten.«

Myron ist Dakota-Sioux, sitzt seit vielen Jahren im Rollstuhl und kommt unter der Woche jeden Tag hier ins Besucherzentrum. Im Eingangsbereich liegen ein paar Specksteine, an denen man die filigranen Feilarbeiten ausprobieren kann.

»An manchen Pfeifenköpfen sitze ich zwei Jahre, immer mal wieder zwischendurch. Für andere brauche ich bloß ein paar Tage.«

Die fertigen Köpfe, einige kunstvoll mit kleinen Tierfiguren verziert, werden dann zusammen mit einem entsprechenden Holzschaft nicht nur als Souvenir verkauft. Die Pfeifen sind heute immer noch wichtiger Bestandteil vieler Zeremonien der Ureinwohner und werden nur für diesen Anlass zusammengefügt.

»Wir glauben, dass der Rauch des verbrannten Tabaks unsere Gebete zum Schöpfer trägt. Nach der Zeremonie werden Kopf und Schaft dann wieder getrennt und verstaut.«

Schöner Gedanke, das mit dem Rauch und den Gebeten. Mir ist ohnehin auch durch die vielen Reisen zu den Lakota aufgefallen, wie ähnlich sich doch die Weltreligionen und die Spiritualität der Urvölker sind. Eigentlich läuft es immer auf einen Gott hinaus, der uns und alles Leben auf der Erde geschaffen hat. Warum schaffen wir es dann nicht, einander zu respektieren und zu achten?

Ich verabschiede mich von Myron, ohne zu ahnen, dass ich bald noch seinen Halbbruder kennenlernen werde. Wieder einer dieser »Zufälle«, die mir mit zunehmender Dauer der Reise kaum mehr als solche erscheinen. Aber entscheiden Sie selbst ...

Nachdem die Kanonensalven mich geweckt haben, packe ich zusammen und schiebe mein Rad rüber aufs »Schlachtfeld«. Die Unionssoldaten formieren sich gerade auf einer Wiese, um gleich gegen die Konföderierten zu ziehen, die sich schon in einer Senke positioniert haben. Die Kanonen werden neu ausgerichtet, geladen und ... *Kawumm!*

Ein paar Grauröcke gehen zu Boden. Wieder feuern die Yankees in die Menge. Es wird ein kurzer Kampf. Beide Seiten treffen sich zu Verhandlungen. Man einigt sich schnell, dann marschieren die Truppen zurück ins Lager. Am Schluss die »Gefallenen«, die wie durch ein Wunder plötzlich wiederauferstanden sind.

»Darf ich fragen, was das ist?«

Ich drehe mich um. Ein Sergeant der Unionsarmee mustert mein Rad.

»Ich meine das Bündel Salbei. Warum trägst du das bei dir?«

In Dakota habe ich ein paar Halme gesammelt und als Bündel hinten auf mein Gepäck geschnallt.

»Ach das, ich mag den Duft einfach. Und es erinnert mich an die Prärie und Dakota.«

»Weißt du, was Salbei für eine Bedeutung hat?«, will der Sergeant wissen.

Wahrscheinlich meint er die reinigende Wirkung des Krauts. Die Lakota und viele andere Stämme nutzen sie für Zeremonien. Ich stehe aber auch total auf das Aroma, kenne kaum etwas, das so angenehm riecht.

»Oh ja, Salbei ist eine heilige Pflanze ...«, beginne ich meine kurze Erklärung.

Der Sergeant ist zufrieden.

»Weißt du, ich habe selber Lakota- und Cherokee-Blut in mir«, gesteht er.

Ich erzähle ihm ein wenig über meine Erlebnisse mit den Lakota, von unseren Projekten dort und über meinen Besuch gestern beim Pipestone National Monument.

»Mein Bruder arbeitet dort, Myron Taylor, hast du ihn kennengelernt?«

Ich muss grinsen. Aber es kommt noch besser.

Nach ein paar Fotos fahre ich weiter in Richtung Süden, von wo der Wind heute wieder besonders stark bläst. Kurz vor der Grenze zu Iowa überholt mich eine Kanone. Sie steht auf einem Anhänger, den ein roter Pick-up zieht. Der Wagen hält vor mir, und Myrons Bruder steigt aus.

»Soll ich dich ein Stück mitnehmen?«

»Das ist nett, aber ich will lieber aus eigener Kraft vorankommen«, lehne ich dankend ab. Obwohl voranzukommen heute mal wieder sehr mühsam ist.

»Darf ich dich dann wenigstens einladen, die Nacht zu bleiben? Kannst dein Zelt gerne hinterm Haus aufschlagen.«

Ich zögere einen Moment. Aber Dave, so stellt er sich vor, scheint nett, auch wenn er Mühe hat zu sprechen. Sie haben ihm alle Zähne gezogen, und das neue Gebiss ist noch nicht fertig. Ich merke mir die Wegbeschreibung und stehe eine gute Stunde später vor seinem kleinen Haus.

»Er ist da!«, schallt es von drinnen.

Dave begrüßt mich. Er trägt noch immer seine Uniform: rotes Hemd, hellblaue Wollhose mit Trägern, an der jetzt etwas fehlplatziert ein Handy baumelt. Nur Jacke und Hut hat er abgelegt.

»Schatz, komm raus, Dirk ist hier.«

Die Tür öffnet sich, und eine junge, zierliche Frau mit sympathischem Lächeln kommt zu uns.

»Hi, ich bin Jodi. Willkommen.«

Für einen Moment überlege ich, Tochter? Bald aber wird klar, Jodi ist Daves Freundin. Er holt den selbst gebauten Grill aus der Garage, legt ein paar Holzscheite in das der Länge nach aufgeschnittene Fass mit Miniofenrohr und schüttet ordentlich Benzin drüber. Eine meterhohe Stichflamme schießt grell nach oben, als er das Streichholz draufwirft. Schon bald aber glühen die Scheite, und während Dave Burger und Hühnchenfilets auf den Rost legt, stelle ich mein Zelt hinters Haus auf den Rasen.

»Kennst du *hardtack*?«

Dave hält mir eine schokoladentafelgroße Mischung aus Knäckebrot und Cracker vor die Nase.

»Das war früher das Brot der Soldaten.«

Ich probiere, oder besser, ich versuche zu probieren. Vielleicht kennen Sie die Hartkekse der Bundeswehr, die wegen ihrer Konsistenz gerne auch Panzerplatten genannt werden. *Hardtack* scheint der Vorläufer zu sein, nur noch härter und noch geschmackloser. Dann doch lieber labbrige Burgerbrötchen, ich verspreche auch, dass ich mich nie wieder darüber beschweren werde. Vorläufig.

Nach dem Essen erfahre ich mehr über das Kanonengeballere heute Morgen. Die *Civil War Days* finden in Pipestone jeden Sommer statt.

»Es ist eine exzellente Möglichkeit, unsere Geschichte hautnah kennenzulernen, quasi zum Anfassen«, erklärt Jodi, die als Corporal in der Vierten Batterie von Iowa dient. Diese Einheit gab es tatsächlich. Während des Amerikanischen Bürgerkriegs von 1861 bis 1865 kämpfte sie zwei Jahre lang aufseiten der Union gegen die konföderierten Truppen. Jodi und Dave nehmen im Sommer fast an jedem Wochenende irgendwo an einer nachgestellten Schlacht teil. Zwischendrin gehen sie in Kindergärten und Schulen und erzählen vom Leben und Alltag der Soldaten früher.

»Es geht nicht darum, den Krieg zu glorifizieren, sondern darum, daran zu erinnern, woher wir kommen, und die zu ehren, die gedient haben, egal, auf welcher Seite.«

Und dabei versuchen die Hobbysoldaten, so authentisch wie möglich zu bleiben.

»Das geht sogar so weit, dass wir uns ein ganzes Wochenende lang nur von *hardtack*, Speck und Kaffee ernähren.« Dave klingt verständlicherweise nicht sehr begeistert. Das ändert sich, als wir nach nebenan in sein »Museum« gehen. Ein ganzer Raum voller Kostbarkeiten, die mich aus dem Staunen nicht mehr rauskommen lassen.

»Das hier ist eine Violine, die mein Urgroßvater aus der Schlacht bei Vicksburg mitbrachte, vielleicht war es auch die um Port Hudson.«

Wow, was für ein schönes Instrument. Dave hält sie vorsichtig in den Händen.

»Die soll zwischen 1500 und 1600 gemacht worden sein.«

Ich verstehe nichts von Instrumenten, schon gar nicht von solch historischen. Aber sie sieht toll aus. Neue Saiten braucht sie, aber sonst ...

»Das hier ist der Sattel, auf dem mein Urgroßvater im Bürgerkrieg geritten ist. Es gab ein paar kleinere Reparaturen in den letzten hundert Jahren, aber im Wesentlichen ist das noch alles original.«

Der schwarze Ledersattel thront auf einem hüfthohen Holzgestell. Vorne steckt noch der hundertfünfzig Jahre alte Säbel.

»Diesen Hut hier habe ich im Film *Der mit dem Wolf tanzt* getragen.«

Bitte was?

»In der Anfangssequenz, die Bürgerkriegsszene, da war ich ganz kurz zu sehen hinter dem Geländer. Und später bin ich noch mal durchs Bild gelaufen, als Costner im Fort war.«

Ich bin sprachlos. Als Nächstes zeigt er mir eine Kette voller Glasperlen, die für Lewis und Clark (Sie erinnern sich, die beiden Forscher, die den Weg nach Westen erkundet haben) als Geld bei Tauschgeschäften mit den Indianern dienten.

»Für eine Perle hast du damals einen mannshohen Stapel Biberfelle bekommen.« Na, dann ist ja klar, wer das Geschäft gemacht hat und wer mal wieder übers Ohr gehauen wurde.

Am nächsten Morgen schenkt Dave mir noch ein Bündel *sweet gras*, das er frisch aus seinem Garten schneidet, als Ergänzung zu meinem Salbei. Auch das Süßgras hat für die Indianer eine besondere Bedeutung, wird ebenfalls für Zeremonien verwendet und riecht angenehm süßlich, wenn es verbrannt wird.

Ich kann immer noch nicht fassen, was ich da alles gesehen und erlebt habe, als ich mit dem Rad weiter Richtung Osten ziehe. Wer hat behauptet, der Mittlere Westen sei langweilig?

Gut, landschaftlich vielleicht, obwohl ich gleich an dem Highlight schlechthin vorbeikomme, im wahrsten Sinne des Wortes. Denn direkt auf meiner Route liegt der höchste Punkt von Iowa. Sensationelle 1670 Fuß, das sind knapp über 500 Meter. Ich habe wenigstens ein kleines Gipfelkreuz erwartet, kann aber weit und breit nicht mal den Ansatz eines Hügels entdecken. Wohin ich auch blicke, nur plattes Farmland. Muss immer wieder an den Film *Gilbert Grape – Irgendwo in Iowa* denken. Johnny Depp spielt darin den Titelhelden, lebt mit seiner übergewichtigen Mutter und dem behinderten Bruder (Leonardo DiCaprio) in einer fiktiven Kleinstadt in Iowa und verliebt sich in Juliette Lewis als Becky, die mit ihrer Großmutter wegen einer Autopanne in dem Nest hängen bleibt. Als der Film in den Neunzigern rauskam, stand ich eigentlich gar nicht auf ruhige, melancholische Geschichten, aber irgendetwas hat mich schon damals an ihm fasziniert. Ich glaube, es waren die Beschaulichkeit eines Lebens *in the middle of nowhere* und die Weite des Landes, das nirgendwo zu enden schien. Bilder, die ich jetzt überall wiederfinde. Ich fahre im Zickzack auf den kleinen Nebenstraßen, treffe kaum eine Menschenseele und finde es ganz großartig, allein mit meinen Gedanken dahinzutreiben.

In Humboldt feiere ich den zehntausendsten Kilometer mit Pizzabüfett und einem stinkigen Raucherzimmer für 40 Dollar in einem Motel. Am nächsten Tag erreiche ich Grundy Center, wo mir ein Polizist vorschlägt, im County Park zu zelten. Da sei gerade ein bisschen was los, weil man sich auf das Autorennen und die Kirmes, die am Wochenende beginnt, vorbereite.

In der vertrauten Dunkelheit rolle ich mit dem Rad aufs Gelände, finde zwei Männer, die vor ein paar spärlich beleuchteten Wohnwagen sitzen. Sie schließen die Duschen für mich auf, bieten mir die Reste vom Abendessen an, Hackfleisch, Kartoffeln und Möhren. Nachdem das Zelt steht, setze ich mich noch eine Weile zu ihnen, muss von meiner Reise erzählen. Sie wollen unbedingt die örtliche Zeitung informieren. Ob ich nicht morgen früh noch ein paar Minuten Zeit hätte, bevor ich aufbreche.

Als ich am nächsten Morgen aufstehe, ist die Reporterin schon da, plaudert mit den Männern vom Vorabend an einem der Picknicktische. Joyce wird später im *Grundy Register* schreiben: »Nicht viele wussten, dass er in der Stadt war. Er blieb nicht lange. Aber bei denen, die das Privileg hatten, ihn zu treffen, hat er einen tiefen, bleibenden Eindruck hinterlassen.« Wow. Ich hatte ja keine Ahnung, habe es umgekehrt genauso empfunden. Die Gastfreundschaft und Hilfsbereitschaft gerade hier im »langweiligen« Mittleren Westen hat mich immer wieder umgehauen. Von Reporterin Joyce bekomme ich noch den Tipp, ich solle mir die deutschen Kolonien ganz in der Nähe nicht entgehen lassen. Schließlich gebe es da das beste Essen in ganz Amerika. Habe ich schon erwähnt, dass Essen bei mir immer zieht?

Welch eine Enttäuschung. Statt richtig gutem, hausgemachtem Brot mit Hüttenkäse und Sauerkraut gibt's *chili dog* mit *coleslaw*. Und das nur, weil ich zu spät bin. Pünktlich um 20 Uhr wird hier alles verrammelt, nur Schatzi's Schnellimbiss hat noch ein wenig länger auf. Und dabei habe ich mir schon ausgemalt, wie ich ein großes Schnitzel bestelle, das auf beiden Seiten über den Teller ragt. Eine Bedienung im Dirndl bringt mir unablässig Schüsseln mit Salat, Gemüse, Soße, Kartoffeln und zum Nachtisch hausgemachten

Kuchen mit ordentlich Vanilleeis. Stattdessen beiße ich gefrustet in den *chili dog* und nehme mir fürs Frühstück einen zweiten Versuch vor. Aus rein journalistischen Gründen natürlich. Muss ja recherchieren, ob der fast schon legendäre Ruf der Amana-Kolonien auch tatsächlich hält, was er verspricht.

Nach den Beschreibungen von Joyce heute Morgen habe ich ja erst gedacht, es handele sich um Siedlungen der Amish People. Vielleicht haben Sie den Film *Der einzige Zeuge* mit Harrison Ford und Kelly McGillis noch vor Augen. Da taucht Harrison Ford als Detective in einer Amish-Siedlung unter, schlüpft ins typische Outfit mit Hosenträgern, Hemd und breitkrempigem Hut und nimmt am archaisch anmutenden Alltag teil. Die Amish verzichten in ihren Siedlungen bis heute weitgehend auf neuere technische Errungenschaften, bewirtschaften die Felder noch mit Ochsenkarren und leben autark und abgeschottet. Dabei steht ihr christlicher Glaube im Mittelpunkt des Lebens. Bis vor rund siebzig Jahren galt das alles auch noch für die Kolonien von Amana. Dann aber wurde aus der Kommune ein Wirtschaftsunternehmen, und man begann, sich allmählich zu öffnen. Inzwischen zählen die Kolonien zu den Hauptattraktionen für Touristen in Iowa. Nicht nur das leckere und üppige Essen lockt die Besucher, auch die romantischen Natursteinhäuser und handwerklichen Erzeugnisse. Uhren, Holzmöbel, Besen, Brot und Wurst. Die Geschäfte und Restaurants heißen »Schnitzelbank« oder »Ronneburg«. Nächtigen kann man im »Die Heimat Country Inn«, feiern in der »Festhalle Barn« beim »Kinderfest« oder während des »Tannenbaum Forest«. Schade nur, dass kaum einer mehr Deutsch spricht.

»Mir sprechen es noch, und unsere Kinder sprechen es noch, aber unsere Enkelkinder sprechen es nimmer. Die verstehen's, aber sie geben uns die englische Antwort.«

Walter – deutsche Wurzeln in Iowa

Walter Schürer ist vierundachtzig, der Chef vom Brick Haus Restaurant, hier in Amana geboren. Ich kann seinen markanten Dialekt nicht genau zuordnen. Hat was Hessisches und was Pfälzisches, meine ich zu hören.

»Jahre zurück haben wir keine *automobiles* gehabt, haben kein Radio gehabt, kein *television* gehabt, es war, wie sagt man, *a simple life* gewesen. Es war schön, wir haben gut gelebt, haben keine Elektrizität gehabt, wir haben keine *indoor-toilets* gehabt, es war alles *a simple life*. Aber wir haben gut gelebt, gut gegessen, gut getrunken und immer gut geschlafen und viel gearbeitet.«

Klingt fast wie das Motto meiner Reise ...

Als ich in der Bäckerei von Amana zwei Sauerkrautbrote kaufe und nach jemandem frage, der noch Deutsch spricht, verweist man mich an Walter. Er trägt ein hellblaues Hemd mit bunter Krawatte und stets eine weiße Schürze. Die nimmt er auch für unsere kleine Spritztour mit dem Auto von Main Amana nach East, Middle, High, West und South Amana nicht ab. Sechs Stunden dauert unser gemeinsamer Ausflug durch die verschiedenen Orte. Wir besuchen den Friedhof, wo die Vorfahren begraben liegen, die vor über hundertfünfzig Jahren aus Deutschland kamen. Dann geht's zum Metzger mit Räucherkammer und original Pfanni-Fertigknödeln im Verkaufsregal. Schreinerei, Weinladen, Kirche und schließlich das Museum, in dem man alles über die Geschichte der Siedler erfährt. An einer Wand entdecke ich ein vertrautes Bild. »Ronneburg« steht unter der Zeichnung. Ich stutze. *Die* Ronneburg? Kein Zweifel! Was soll das jetzt wieder bedeuten?

Ich fahre 10 000 Kilometer durch die USA und treffe mitten in Iowa auf meine eigenen Wurzeln. Die Ronneburg liegt nämlich quasi vor den Toren meiner Heimatstadt Hanau in Hessen. Dort lebten die Gründer der Amana-Kolonien, bevor sie sich entschlossen, nach Amerika umzusiedeln, um dort ihren Glauben freier leben zu können. Verrückt.

Walter versorgt mich noch mit weiteren Infos zu den Kolonien und einer »Original Amana-Sommerwurst«. Dann ziehe ich immer noch ein wenig fassungslos weiter in Richtung Osten. Schade nur, dass ich den »Heimatabend« in der »Festhalle Barn« mit »German Folk Music« und dem »Linser Sextett« verpasst habe. Der war schon vor einer Woche, wie das kleine Plakat am Ortsausgang verrät.

Warum stehen die Amis nur so auf Deutschland? Ich kann mich an kein anderes Land erinnern, in dem ich den Eindruck hatte, als Deutscher so willkommen zu sein. Vielleicht liegt es daran, dass die eine Hälfte der Amerikaner irgendwann, und sei es vor vielen Generationen, mal deutsche Vorfahren hatte. Und die andere Hälfte mindestens einmal schon auf dem Oktoberfest gewesen ist.

Fakt ist: Amerika liebt uns! Schade und ein bisschen beschämend, dass das mitunter offenbar nicht auf Gegenseitigkeit beruht. Aber Vorurteile halten sich in der Regel hartnäckig, auch wenn sie mit der Realität nur wenig gemeinsam haben.

Nach einer Woche verlasse ich den »Brotkorb der Welt«, wie sich Iowa mit Blick auf die vielen Getreidefelder stolz nennt. Durch malerisches Farmland fahre ich nach Illinois. Es ist wieder wärmer geworden, fast stickig. Der vorgezogene »Herbst« der letzten Tage mit angenehmen Temperaturen unter 25 Grad ist mir deutlich lieber gewesen. Dafür darf ich in Pontiac einen kurzen Moment auf der legendärsten Straße der Welt fahren – Route 66! Nach gut zweihundert Metern aber muss ich schon wieder abbiegen. Ich will südlich der großen Seen bleiben und peile Washington, D.C., als nordöstlichsten Punkt der Reise an. Ursprünglich habe ich mir die Option offengelassen, weiter nördlich auf den Atlantik zu stoßen, vielleicht sogar in Höhe New York oder Boston. Aber dafür würde die Zeit jetzt nicht mehr reichen. Stattdessen will ich mich langsam nach Südosten vorarbeiten. Ein bisschen Wehmut kommt bei dem Gedanken auf, dass es schon bald auf die Zielgerade geht. Zum zweiten Mal nach der »Todesbrücke« in New Orleans überquere ich den Mississippi. Diesmal ohne Zwischenfälle. In Indiana wechsle ich von der *Central* zurück in die *Eastern Time Zone*. Bis zum Rückflug bleiben aber noch zwei Monate.

Ich bin jetzt mit einem Tierarzt verabredet, dessen Tochter ich in Nashville kennengelernt habe. Sie arbeitet als Flugbegleiterin für United, hat auch eine Wohnung im Taunus und mir die Adresse ihrer Eltern in Union City, Indiana, gegeben, die sich sehr über einen Besuch freuen würden.

Lecker essen bei Jay und Alice in Indiana

Nach 21 Uhr erreiche ich zwar die Stadt, nicht aber die Eltern. Ich hinterlasse Nachrichten auf dem Anrufbeantworter, probiere es mehrmals. Ohne Erfolg. In einem Supermarkt erkundige ich mich nach alternativen Übernachtungsmöglichkeiten. Ein paar *bed & breakfasts* gebe es und ein heruntergekommenes Motel, das man mir aber nicht empfehlen würde.

»Ist das dein Rad da draußen?«

Ich drehe mich um. Eine rundliche Frau lächelt mich an.

»Mein Mann hat gesagt, ich soll dich einladen, wenn du möchtest.«

Ich schwöre Ihnen, es hat sich genau so zugetragen, keine weiteren Fragen vorher, kein Small Talk. Alice kommt sofort auf den Punkt. Ist das nicht beängstigend, mit welcher Präzision mir mittlerweile Hilfe angeboten wird? Jay ist noch rundlicher als seine Frau und wartet vor dem Supermarkt mit dem Minivan. Wir verstauen das Rad im

Wagen und fahren ein paar Meilen nach Winchester zum Haus der beiden.

»Meine Kinder würden deine Geschichte bestimmt auch gerne hören«, meint Alice während des Abendessens. Sie ist Lehrerin an der örtlichen Grundschule.

»Hast du nicht Lust, morgen früh einfach mitzukommen in den Unterricht?«

So halte ich also tatsächlich noch etwas verschlafen vor zwei Klassen meine erste Schulstunde in »Radreisen als kontemplatives Kommunikationsinstrument auf multinationaler Ebene unter primärer Berücksichtigung sozioökonomischer und globalökologischer Aspekte« ... oder so ähnlich ...

Nach zwei Stunden darf jeder vor dem Schulgebäude noch auf meinem Rad Probe sitzen. Und schließlich das Abschlussfoto mit allen. Dann muss ich noch eine Runde vorfahren, während mir alle vierzig Kinder zuwinken. Ich sage Ihnen, besser kann sich kein Tour-de-France-Sieger auf den Champs-Élysées fühlen.

Alice hat inzwischen Tierarzt Dr. Bruce erreicht, den sie gut kennt, und erklärt mir den Weg zu Haus und Praxis. Ich brauche kaum mehr als dreißig Minuten zu der idyllisch gelegenen Farm. Bruce hat gerade Sprechstunde. Zahnkontrolle bei einem Sportpferd. Während zwei Helfer den Kopf des Gauls und eine Lampe halten, schleift er an einem Zahn, der das Tier offenbar stört. Im »Sprechzimmer« nebenan steht ein Rennpferd, in dessen Rücken fünf Akupunkturnadeln vor sich hin qualmen. Der Zahnpatient bekommt zum Abschluss noch eine Chirotherapie, indem Bruce mit dem Hammer die Wirbelgelenke bearbeitet. Dann ist Feierabend für heute. Wir verlassen die Praxis nicht ohne einen Blick auf das berühmte Zitat von Pferdenarr Winston Churchill, das an einer Wand prangt: »*There is something about the outside of a horse that is good for the inside of a man.*«

Und weil Pferde angucken also gut für unsere Seele ist, fahren Bruce, sein Vater und ich gleich anschließend rüber nach Ohio zur größten *county fair* der USA in Greenville. Wir kommen gerade rechtzeitig zum *Horse Pulling Contest*, bei dem die Tiere im Zweiergespann Betonsteine in einem Metallkasten über eine bestimmte Strecke ziehen müssen. Wer die meisten schafft, gewinnt. Als Erstes sind die Miniaturpferde dran, die gerade mal menschliche Hüfthöhe erreichen. Bin nicht sicher, ob ich die Plackerei der Tiere putzig finde oder eher Mitleid empfinden soll, wenn sie sich unter lautstarkem Antreiben der Besitzer völlig verausgaben. Brutal wird es, als dann die mächtigen Kaltblüter wie Gladiatoren in die Arena geführt werden. Ein Tieflader bringt weitere Betonsteine, die jetzt in einen deutlich größen Metallschlitten gestapelt werden. Mit dem Anfangsgewicht hat keines der Gespanne Probleme. Aber als die Anzahl der Betonsteine zunimmt, scheiden immer mehr Teams aus. Das Siegerduo schafft am Ende über fünf Tonnen, das Zwei- bis Dreifache seines eigenen Gewichts. Ich überschlage kurz. Das würde bedeuten, ich müsste etwa 200 Kilo ziehen. Habe aber gerade mal mickrige 50 auf meinem Rad. Dann bin ich jetzt mal ganz ruhig und höre auf zu jammern.

Obwohl es schon Gründe gäbe.

In Ohio stoße ich auf Highway 40, der während des ersten Automobilbooms in den 1920er-Jahren angelegt wurde und ursprünglich stolze 5200 Kilometer zwischen Atlantic City an der Ostküste und San Francisco an der Westküste umfasste. Nun war es offenbar so, dass die Kollegen damals noch rücksichtsvoll durch die Landschaft bauten und das Wort »Begradigung«, wenn überhaupt, nur als vage Zukunftsvision in den Köpfen futuristisch ambitionierter Straßenbauer existierte. Im Klartext heißt das, der Highway macht jeden verdammten Hügel, der auf dem Weg liegt, mit, und ich fühle mich alsbald wieder in meinem Element: Bergprüfungen!

»Ja, die Prärie ist vorbei. Ab jetzt beginnen die *foothills* der Apalachen!«, verkündet mir ein Campingplatzbesitzer in Zanesville, und ich meine, einen Tick Schadenfreude herauszuhören. Immerhin sind es noch rund 600 Kilometer bis Washington, und so früh habe ich die Rückkehr der Berge nun wahrlich nicht erwartet. Auch der Verkehr entwickelt sich zur Herausforderung und nimmt spürbar zu, je weiter ich nach Osten komme. Dummerweise haben die Straßenbauer bei den alten Highways offenbar den Seitenstreifen vergessen, was mitunter zu verbalen Auseinandersetzungen mit einigen Autofahrern führt.

»Hast du noch alle Tassen im Schrank? Der Gehweg existiert aus einem bestimmten Grund!«, plärrt ein Jungspund von hinten, als ich offensichtlich zu langsam vor ihm auf der mehrspurigen Straße fahre.

»Richtig, um darauf zu gehen, wie der Name schon sagt, nicht, um darauf mit dem Rad zu fahren!« Depp. Aber statt einfach zu überholen, schleicht er eine Weile hinter mir her und unterstreicht seinen Groll mit einem albernen Hupkonzert.

Dafür entschädigen die Städtchen, durch die ich jetzt komme. Viele Häuser sind mit richtigen Ziegelsteinen im viktorianischen Stil gemauert, dazwischen beschauliche Gassen, sodass man fast denken könnte, man wäre in Europa.

Die »*foothills*« der Appalachen entpuppen sich bald als schier endlose Aneinanderreihung von extrem steilen Steigungen und kurzen Abfahrten. Mit sechs Stundenkilometern auf der einen Seite im Stehen hoch, mit 60 auf der anderen wieder runter. Nur um dann gleich wieder aus dem Sattel zu steigen und den nächsten Hügel zu erklimmen.

Kommt mir sehr bekannt vor. Zum ersten Mal machen sich die Knie bemerkbar. Es geht echt ans Eingemachte. Fühle mich an die Westküste zurückversetzt, nur der Gegenwind fehlt. Jede Unterbrechung ist willkommen. Und so stoppe ich in Pennsylvania an einem Schild am Straßenrand mit der Aufschrift »Westerwald Pottery«. Natürlich fehlt auch hier der Zusatz »*world famous*« nicht. Mich interessiert aber der Teil mit dem »Westerwald« viel mehr. Und so frage ich Dan, einen der Töpfer.

»Der Besitzer mochte einfach den Namen. Sein Nachname ist Schaltenbrand, er hat also deutsche Vorfahren, und die grauen Töpferarbeiten mit Salzglasur stammen ja ursprünglich aus dem Westerwald.«

Zwanzig- bis fünfundzwanzigtausend Töpfe und Becher macht Dan im Jahr, die in die ganzen USA verschickt werden. Handarbeit, die sich über Jahrhunderte kaum verändert hat. Nur die sechs Öfen, die aus Steinen von Hand zusammengefügt sind, werden heute mit Gas und nicht mehr mit Holz befeuert. Drei Tage dauert dann das finale Brennen. Irgendwann wird es natürlich für die Jungs auch langweilig, wenn sie tagaus, tagein bis zu zweihundert Krüge formen. Dann entsteht zwischendrin auch mal eine Tonmaske oder Figur. Eine der Fratzen mit riesigen Segelohren, die zwischen den Regalen trocknet, erinnert mich an irgendjemanden. Ich komme nur nicht drauf ... ah, jetzt habe ich's: Hans-Dietrich Genscher!

Dan hat Feierabend, will langsam Schluss machen. Schade, hätte mich gerne noch ein bisschen vorm Weiterfahren gedrückt.

Meine Beine fühlen sich bleischwer an. Je näher Washington rückt, desto zäher scheint es zu werden. Auf einem Campingplatz bekomme ich einen heißen Tipp.

»Du musst am Kanal entlangfahren. Da ist es eben, und in null Komma nichts bist du in Washington.«

So ähnlich hat das doch am Beginn der nördlichen Durchquerung auch schon mal geklungen, oder? Von wegen Rückenwind aus Westen ... blabla. Eigentlich sollte ich skeptisch bleiben. Aber der Wunsch, dass es so kommen möge, ist wohl stärker als der Verstand, der aus Erfahrung alle Alarmglocken aktiviert bei der äußerst verdächtigen Aussage. Na ja, zumindest das mit dem »eben« stimmt. Und malerisch ist es auch. Der Chesapeake and Ohio Canal zieht sich insgesamt über rund 300 Kilometer parallel zum Potomac River und diente früher zum Transport von Gütern auf dem Wasserweg. Die Zugpferde trabten auf den schmalen Uferwegen, auf denen ich jetzt unterwegs bin. In der Zwischenzeit aber haben sich an vielen Stellen die Wurzeln der dicht stehenden Bäume durch die Erde nach oben gedrückt. Es holpert in einer Tour, was mit so viel Gepäck bald ziemlich nervt. Kommt jemand entgegen, muss man ausweichen oder anhalten. Und so brauche ich einen ganzen Tag für die letzten 100 Kilometer entlang des Kanals. Dass ich allerdings über die Hügel schneller gewesen wäre, wage ich zu bezweifeln. Wieder einmal im Dunkeln erreiche ich die Oase von Martin Wagner und seiner Familie in Potomac, einem Vorort von Washington. Nach 46 Tagen und ziemlich genau 5000 Kilometern seit dem Aufbruch aus Seattle.

Martin ist der Korrespondent des Bayerischen Rundfunks in der amerikanischen Hauptstadt. Obwohl wir uns nie zuvor begegnet sind, hat er mir schon vor Beginn der Tour versichert, dass ich gerne zwischenstoppen kann. Gastfreundschaft scheint hier abzufärben. Martins Frau Angelika stellt mir einen Berg Nudeln auf den Tisch. Als Vorspeise. Das Fleisch auf dem Grill braucht noch einen Moment. Ob Kerstin in Los Angeles meine Essgewohnheiten und -mengen an den Kollegen in Washington verpetzt hat? Ich fühle mich jedenfalls sehr willkommen, kühle mein rechtes Knie nach den Strapazen der letzten Tage mit einem Cool-Pack und freue mich auf das große Bett, das im Keller bereitsteht.

Der Osten –
von Washington nach Tampa

Von tollen Museen, tollen Reden und tollen Erfahrungen eines deutschen Korrespondenten, Hillbillies in den Appalachen, sintflutartigem Regen und einem Hurrikanveteranen, Drama-Queens beim Wetterkanal, einem einbeinigen Helden, der von Boston nach Miami wandert, und der längsten Etappe der gesamten Tour ...

Von tollen Museen, tollen Reden
und tollen Erfahrungen eines
deutschen Korrespondenten

»Zurück. Alle. Jetzt!«, bellt der Securitymann mit der dunklen Sonnenbrille und schusssicheren Weste. Das klingt weder nach Bitte noch nach Aufforderung. Für mich hört sich das wie ein Befehl an. Mann, ist der schlecht drauf. Aber wahrscheinlich gehört das zum Einstellungskriterium, wenn man beim Sicherheitsdienst arbeitet. Und schließlich könnte einer von uns ja ganz plötzlich eine Panzerfaust aus dem T-Shirt zaubern und den Helikopter des Präsidenten vom Himmel holen, noch bevor der planmäßig auf dem Rasen des Weißen Hauses landet.

Im Fernsehen hat das immer ganz anders ausgesehen, so als ob man direkt am Gartenzaun des berühmtesten Gebäudes der Welt stehen dürfe und ins Oval Office schielen könne. Der 11. September hat alles verändert. Seit diesem Datum herrscht in der Hauptstadt immer höchste Alarmstufe. Und wenn der Präsident tatsächlich hier ist, werden die ohnehin schon drastischen Sicherheitsmaßnahmen noch mal verschärft. Auf dem Dach des Weißen Hauses sind Scharfschützen in schwarzen Overalls postiert, die Waffen im Anschlag. Das Gelände um das Weiße Haus ist großräumig von Polizei und Sicherheitskräften abgeriegelt. Und als der Präsident aus dem gerade gelandeten Hubschrauber aussteigt, wird er sofort von einer Traube Leibwächter umringt. Erst als er im Weißen Haus verschwunden ist, löst sich die

Anspannung, und der Rasen im Präsidentenpark wird wieder freigegeben. Irgendwie eine blöde Situation, wenn das freieste Land der Welt einen solchen Aufwand betreiben muss, um sein Staatsoberhaupt zu schützen. Ich mache ein paar Fotos und radle dann rüber zur National Mall, wo sich die beeindruckenden Museen des Smithsonian Institute aneinanderreihen. Es handelt sich dabei selbstverständlich um den größten Museumkomplex der Welt, mit insgesamt 19 verschiedenen Museen, neun Forschungszentren und dem National Zoo. Etwa die Hälfte der Einrichtungen liegt an der National Mall, dem langen Grünstreifen zwischen Kapitol und Washington Monument. Man könnte sich hier tagelang über amerikanische Geschichte, Luft und Raumfahrt, Natur oder Indianer informieren. Und zwar ohne auch nur einen Cent Eintritt zu bezahlen. Der Besuch der Museen ist kostenlos. Die gesamte Einrichtung wurde vor über 150 Jahren mit Mitteln aus der Hinterlassenschaft des englischen Wissenschaftlers James Smithson gegründet. Ich schaffe an dem Nachmittag nur das National Museum of the American Indian und bin total begeistert. Nicht nur von der Architektur des neu errichteten Gebäudes. Die Ausstellungen und Vorführungen sind so spannend, dass ich gar nicht weiß, wo ich zuerst hin soll. Präsentieren haben die Amerikaner einfach drauf. Vielleicht versuchen sie damit auszugleichen, dass sie noch nicht lange existieren und daher das Angebot an historischen Ereignissen und Stätten im Vergleich zum Beispiel zu Europa eher überschaubar ist. Und so schaffen sie es auch, dass irgendeine x-beliebige Eiche auf dem Land zur Riesenattraktion wird, weil da im 19. Jahrhundert ein Postreiter vermutlich mal zum Austreten gehalten hat. Ich falle ja auf so was regelmäßig rein und überlege dann hinterher, warum mich solche Sachen hier brennend interessieren, während ich zu Hause Museen oder historische Plätze, die eigentlich viel älter und spektakulärer sind, meist langweilig finde. Muss einfach an der Verpackung liegen.

Ich erklimme noch die Stufen zum Lincoln Memorial, wo die riesige Statue des Bürgerkriegspräsidenten Abraham Lincoln thront. Darüber die pathetischen Worte: »In diesem Tempel, so wie in den Herzen der Menschen, für die er die Union rettete, ist die Erinnerung an Abraham Lincoln auf ewig festgehalten.«

Touristen aus aller Herren Länder knipsen wie die Weltmeister. Wenn man auf der obersten Stufe des Tempels steht und nach unten auf den 600 Meter langen Pool bis zum Obelisken des Washington Memorial blickt, wuseln die Menschen wie Ameisen. Martin Luther King hat hier 1963 gestanden und seine berühmte Rede »*I have a dream ...*« gehalten. Und ein bisschen weiter unten wurde Forrest Gump als Vietnamveteran versehentlich vor den Karren einer großen Antikriegsdemo gespannt und fand dabei seine Jenny wieder. Ein toller Ort, wo selbst Ausländer sich plötzlich ein bisschen wie Amerikaner fühlen.

Sie merken schon, worauf ich hinauswill, Washington gefällt mir. Vor allem das zentral gelegene Georgetown mit seinen historischen Gebäuden und der Kleinstadtatmosphäre. Hier kann man seine täglichen Erledigungen tatsächlich zu Fuß oder mit öffentlichen Verkehrsmitteln machen. Geradezu eine Sensation in den USA, wo man sonst ohne ein Auto oder Gewehr verhungern würde, weil man nicht anders an Lebensmittel kommt. Nur die Autofahrer scheinen wieder schnell überfordert, als ich von meinem Tagesausflug in die Stadt zurück zu Martins Haus in Potomac radle. Auf dieses Thema möchte ich aber an anderer Stelle noch ausführlicher eingehen. Reden wir lieber noch ein wenig über Martin und seine Familie, die zu den liebenswertesten Menschen zählen, die ich auf dieser Reise treffe.

Martin ist für fünf Jahre hier in Washington Radiokorres-

Martin und Familie mit Minibikes

pondent. Davor waren er und Angelika schon in Israel. Ein großer Unterschied, zumal Martins erster Arbeitstag der 10. September 2001 war. Einen Tag später sollte sich schlagartig alles verändern.

»Ich vermute, die ganze Welt weiß, was am 11. September 2001 passiert ist, die Anschläge in New York und in Washington. ›Unglaublich‹ war das Wort, das wir an dem ganzen Tag immer wieder gesagt haben. Das ist unglaublich, erstens die Anschläge, dann plötzlich, als das World Trade Center in sich zusammenstürzte und man die Bilder im Fernsehen sah. Dann konnte man ja von unserem Büro aus die Rauchwolke über dem Pentagon sehen, über dem Verteidigungsministerium, da haben wir immer wieder ›unglaublich‹ gesagt.«

Das hat sich auch jetzt mit ein paar Jahren Abstand für Martin nicht verändert.

»Na ja, daran schloss sich eine Kette von Ereignissen an, der Afghanistankrieg, der Irakkrieg, die Wiederwahl von Präsident Bush nach einem sehr heftigen und intensiven Wahlkampf, das waren oberflächlich die sicherlich wichtigsten und auch prägendsten Ereignisse der Zeit.«

Aber als Korrespondent darf man natürlich auch mal durchs Land reisen, wenn es in Washington nicht gerade wieder drunter und drüber geht. Da ist Martin dann ganz normalen Leuten begegnet und hat eines festgestellt:

»Dass in den USA unglaublich nette, unglaublich offene, unglaublich freundliche Menschen leben. Wenn ich als Reporter irgendwo hingekommen bin, auch wenn ich mich nicht angemeldet hatte, und mein Mikrofon ausgepackt habe und gesagt habe: ›Kann ich Ihnen mal eine Frage stellen?‹, dann haben die Amerikaner durch die Bank, ich glaube, in 99 von 100 Fällen, gesagt: ›Ja, klar.‹«

Ein bisschen enttäuscht waren seine Gesprächspartner meist, wenn sie erfahren haben, dass er gar nicht für die lokale Radiostation arbeitet, sondern »nur« für die ARD in Deutschland. Aber die Amerikaner sind ein sehr extrovertiertes Volk, das gerne und vor allem eloquent spricht. Da wird kaum gestammelt, sondern flüssig und frei referiert, selbst wenn man im Supermarkt nur mal fragt, in welchem Gang sich die Zahnpasta befindet. Meines Wissens nach hat man bislang kein Rhetorikgen isolieren können, dass dieses in den USA omnipräsente Talent erklären würde. Vielleicht sollte man mal danach suchen. Nehmen wir mal ein paar prominente Meilensteine amerikanischer Redekunst. Martin Luther King haben wir erwähnt, Kennedys »Ish bin ain Bearleener!« vor dem Schöneberger Rathaus ist ebenso unvergessen wie Reagans »*Mr. Gorbatschow, tear down this wall!*« zum 750. Geburtstag von Berlin vor dem Brandenburger Tor oder John Rambos Resümee am Ende von *Rambo 2*: »Wir wollen, dass Amerika uns so liebt, wie wir Amerika lieben!« Gut, die beiden letzten Zitate stammen von Schauspielern, deren Job es ist, Texte ausdrucksstark und glaubwürdig zu präsentieren. Und ja, manchmal kann man mit der englischen Sprache einfach schneller und prägnanter auf den Punkt kommen. Trotzdem, was ist denn von deutscher Redekunst hängen geblieben?

Vielleicht der verzweifelte Versuch des ehemaligen bayerischen Ministerpräsidenten Stoiber, alle zu überzeugen, dass der Transrapid 'ne super Sache ist, weil dann ja der Urlaub schon am Münchner Hauptbahnhof beginnt? Zur Erinnerung:

»Wenn Sie vom Flug – äh vom Hauptbahnhof starten, Sie steigen in den Hauptbahnhof ein, Sie fahren mit dem Transrapid in zehn Minuten an den Flughafen in, an den Flughafen Franz-Josef Strauß. Dann starten Sie praktisch hier am Hauptbahnhof in München – das bedeutet natürlich, dass der Hauptbahnhof im Grunde genommen näher an Bayern, an die bayerischen Städte heranwächst. Weil das ja klar ist, weil aus dem Hauptbahnhof viele Linien aus Bayern zusammenlaufen.« Zitatende.

Also halten wir mal fest, die Amerikaner sind einfach bessere Performer. Ich freue mich schon auf die nächsten Redehighlights des neuen Präsidenten Barack Obama, der sicher noch mehr auf dem Kasten hat als »*Yes, we can!*« und ein echtes Jahrhunderttalent zu sein scheint.

Und wie ist das mit den anderen Klischees, Martin?

»Na ja, die Amerikaner sind oberflächlich, sagen wir. Im Prinzip stimmt's wahrscheinlich. Das ist nicht immer gleich die tiefe Freundschaft, aber die oberflächliche Freundlichkeit tut einfach gut, das macht Spaß, wenn man überall freundlich begrüßt wird und nicht gleich angeraunzt wird, was einem in Mitteleuropa eher mal passiert.«

In einem Supermarkt in Colorado hat an einem brütend heißen Tag mal eine Kassiererin mit einem bezaubernd freundlichen Lächeln zu mir gesagt: »*Enjoy the day for me, I'm not going nowhere. And try to stay cool today!*«

Ich solle den Tag für sie genießen, weil sie nirgendwo hingehen könne, und immer dran denken: schön kühl bleiben! Wir machen beim Radio sogenannte Airchecks, bei denen wir uns Sendemitschnitte anhören und überlegen, was lief gut, was weniger. Dabei achten wir besonders auf die Ansprache an die Hörer. Ich weiß nicht, ob es so was auch für Supermarktkassiererinnen gibt, aber diese Dame hat ja wohl alles richtig gemacht. Nicht nur, dass sie uns mit ihrer reizenden Art alle um den Finger wickelte. Nein, sie hat es mit zwei kurzen Sätzen geschafft, dass wir gleichzeitig an sie denken, wenn wir jetzt die Sonne genießen, und glauben, dass sie um unser Wohl bemüht ist, schließlich könnten wir uns ja einen Hitzschlag holen.

Manche Floskeln in Amerika machen mir allerdings auch zu schaffen, etwa das obligatorische »*Nice to meet you*«, was einem ja bei jeder Gelegenheit um die Ohren gehauen wird und vermutlich genauso wenig ernst gemeint ist wie die Frage »*How are you?*«, auf die niemand hier wirklich eine Antwort erwartet (also unterstehen Sie sich gefälligst, wenn Sie keine verwirrten Blicke ernten wollen). Und ich weiß auch nicht, was ich von der Formulierung »*Good for you!*« halten soll. Wenn ich von meiner Reise und den verschiedenen Projekten erzählt habe, kam gelegentlich als einzige Reaktion: »*Good for you!*«, quasi: »Schön für dich!«, was auf Deutsch gleich wieder suggeriert: »Mir doch egal« oder gar: »Du mich auch.« Ich kann jedenfalls nicht zweifelsfrei sagen, ob es sich dabei um geheuchelte Anteilnahme oder ernsthafte Freude handelt.

Trotzdem scheint, was den Umgang miteinander angeht, vieles angenehmer in den USA. Aber natürlich ist nicht alles Gold, was glänzt, wenn Sie mir diese ebenfalls abgegriffene Formulierung an dieser Stelle gestatten. Martin erinnert sich mit gemischten Gefühlen an eine besondere Veranstaltung, die er als Korrespondent besucht hat. Es war ein Treffen des Ku-Klux-Klan (genau, die mit den weißen Kapuzen), der auch gleich ein paar Freunde in Naziuniformen eingeladen hatte.

»Da sind nur Rassisten gewesen, die was gegen Schwarze haben. Ich war sehr erstaunt, da Leute mit dem Hakenkreuz auf einem braunen Hemd zu sehen, Symbole, die in Deutschland verboten sind. Das ist das Verrückte an den USA, hier heißt es dann ›*First Amendment*‹, die Freiheit, seine Meinung zu äußern, geht sogar so weit, dass man Dinge sagt, die man in Europa, finde ich jedenfalls, Gott sei Dank nicht sagen darf.«

Ewig Gestrige findet man also auch in Amerika und dem Rest der Welt.

»Ich glaube, es gibt nicht mehr Rassisten als in Europa hier, ich bin mir sicher, das ist auch meine Erfahrung: Die Zahl der – ich sag's immer etwas salopp und flapsig –, die Zahl der Idioten ist in jedem Land etwa gleich groß. Bloß bei 300 Millionen Amerikanern ist es rein quantitativ eine größere Menge.«

Unfassbar ist für Martin, dass heute immer noch über 40 Millionen Menschen in den USA nicht krankenversichert sein sollen.

»Das wäre Pi mal Daumen die Hälfte der Bevölkerung Deutschlands. Keine Krankenversicherung! Wenn dann irgendetwas passiert, dass man sich ein Bein bricht oder Schlimmeres, Krebserkrankungen, dann haben die Menschen keinen Schutz. Das ist völlig verrückt. Und trotzdem ist die große Mehrheit der Menschen in diesem Land überzeugt, wenn sie sich nur richtig anstrengen, ins Zeug legen, dann könnten sie's auch schaffen, mal richtig reich zu werden und wirklich an der Spitze zu stehen. Wir Europäer neigen dazu zu sagen, na ja, völlige Illusion, ist ja Quatsch. Auf der anderen Seite ist das einfach die Überzeugung der Menschen: Wenn man sich anstrengt, schafft man's.«

Den Eindruck habe ich ja auch immer wieder gewonnen. In Amerika ist das Glas halb voll, nicht halb leer. *Think positive and dream big.* Überrascht hat Martin in diesem Zusammenhang das Gespräch mit einer Indianerin. Die Ureinwohner machen heute etwa ein Prozent der amerikanischen Bevölkerung aus. Und auch wenn die meisten mittlerweile nicht mehr in Reservaten leben, zählen viele zur sozialen Unterschicht.

»Auf die Frage, ob sie sich als vollständig integrierter Teil der amerikanischen Gesellschaft fühlt, hat sie gesagt: ›Ja.‹ Und dann zitierte sie ausgerechnet Walt Disney, der für das glamouröse Amerika steht, für Mickey Mouse und dergleichen mehr. Walt Disney hat mal gesagt, es gibt zwei Typen von Menschen. Die einen, die sagen: ›Nein, weil ...‹, ›Nein, das geht nicht, weil das viel zu schwierig ist.‹ Und die anderen sagen: ›Ja, wenn ...‹, ›Ja, das funktioniert, wenn ich mich richtig anstrenge, wenn ich mich ins Zeug lege, wenn ich eine gute Ausbildung habe ...‹ Und auf sich bezogen, sagte sie: ›Wenn ich mich anstrenge, dann kann ich in dieser Gesellschaft was werden.‹ Und das ist eigentlich, ganz ehrlich gesagt, eine Einstellung, die mir gefällt, weil's zumindest den Anspruch an einen selber stellt.«

Ich höre Martin gerne zu. Weil er ein begnadeter Geschichtenerzähler ist und durch seine Zeit als Korrespondent noch viel länger Eindrücke hat sammeln können als ich auf dieser sechsmonatigen Reise. Oft decken sich unsere Beobachtungen.

»Eines hat mich überrascht: wie altmodisch manche technischen Geräte sind. Also Kühlschränke zum Beispiel oder Gefriertruhen oder Spülmaschinen in der Küche, die machen Geräusche, als stammten sie aus dem letzten Jahrhundert, nicht aus dem einundzwanzigsten.«

Handwerkliches Fachwissen ist auch ein schönes Beispiel. Durch die zahlreichen Besuche in diversen Radläden überall im ganzen Land bin ich irgendwann zu dem Schluss gekommen, dass hier fundiertes Wissen eher selten ist. Man trifft viel häufiger auf Abenteurer, die gerne improvisieren oder, wenn sie auf Nummer sicher gehen wollen, alles komplett austauschen, was auch nur ansatzweise Ursache des Problems sein könnte.

»Amerikanische Handwerker haben uns Leitungen von der Garage ins Haus verlegt, Telefonleitungen, Stromleitungen, was man da so alles braucht, und manchmal braucht man da als Radiokorrespondent noch eine Extraleitung. Das war zum Teil abenteuerlich, was die da gemacht haben. Das hatte ich nicht erwartet, dass Handwerker nicht so gut sind wie in Deutschland, da dachte ich, hier ist das einfach top und funktioniert.«

Mir kommt sofort das Bild eines Stromverteilerkastens in den Sinn, an dem ich im Süden vorbeigefahren bin. Aus der offenen Frontklappe quollen Hunderte, wenn nicht Tausende von bunten Kabeln und Drähtchen. Wenn man dann noch die zum Teil rustikalen, windschiefen Holzmasten betrachtet, mit denen die Leitungen durchs ganze Land gezogen werden, wundert man sich, dass es nicht noch viel häufiger zu kompletten Stromausfällen kommt. Aber vielleicht neigen wir Deutschen ja auch zu übertriebenem Perfektionismus, der mitunter langwierige Planungen und Anträge nach sich zieht, bevor es endlich losgeht. Aber wenn, dann ...

Das mit der Freiheit ist in den USA manchmal auch so eine Sache. *Freedom* gilt ja als oberstes Anrecht für alle, ist in der Verfassung stolz verankert. Das betrifft auch die Pressefreiheit, was aber bei Weitem nicht automatisch bedeutet, dass alle Amerikaner auch besser und umfassender informiert werden. Im Gegenteil.

»Wenn ich zum Beispiel irgendwo im Mittleren Westen unterwegs bin, wissen die Leute oft nicht furchtbar viel von der Welt. Das liegt an den amerikanischen Medien, die, weil's ein großes Land ist, auf sich selbst konzentriert sind und sich dann wundern, wenn am anderen Ende der Welt auch was passiert. Die Leute reisen auch nicht so viel, weil oft auch das Geld fehlt, große Reisen zu machen. Deswegen bleiben sie ihr Leben lang in Oklahoma oder Iowa oder sonst wo – da ist natürlich der Horizont beschränkt. Aber seien wir mal ganz ehrlich, es gibt auch in Europa – und damit muss man die USA dann vergleichen und nicht mit Deutschland –, es gibt auch in Europa Gegenden, wo die Leute eher sesshaft sind, nicht so furchtbar viel wissen. Ich denke aber immer noch, die europäischen Medien sind weltoffener als die amerikanischen Medien, denn da – wo sonst, wenn ich nicht reise – erfahre ich was über die Welt.«

Viele Nachrichtensendungen scheinen in den USA primär Show, Unterhaltung zu sein. Aber macht sie das automatisch schlechter?

»Normalerweise kommt man hier auf einen Besuch rüber, schaut sich Disneyland an und natürlich die Nationalparks im Westen oder die Niagarafälle hier auf der östlichen Seite der USA, an der Grenze zu Kanada, und ist meistens begeistert oder ist eben nicht begeistert. Unterm Strich muss ich sagen – das gilt aber umgekehrt für die Deutschen auch, die ja hier in den USA eher so als Typ ›Bayer in Lederhosen‹ einklassifiziert sind –, die Klischees stimmen halt weltweit nicht. Und das ist auch die Aufgabe eines Korrespondenten, immer wieder mal Dinge zurechtzurücken, zu differenzieren, die leicht begreifbaren Schwarz-Weiß-Töne auszudifferenzieren in Grautöne. Das ist nicht ganz so spannend, das ist oft nicht ganz so provokativ, aber das ist meistens näher an der Wahrheit als das Schwarz-Weiß-Bild.«

Von Hillbillies in den Appalachen, sintflutartigem Regen und einem Hurrikanveteranen

Der Regen prasselt unablässig gegen die Zeltwand. Ich erinnere mich nicht, wann das zum letzten Mal so gewesen ist. Auf jeden Fall verdammt lange her. Ausgerechnet jetzt, hier oben auf dem Skyline Drive. Während der Fahrt zum Eingang des Shenandoah-Nationalparks im Norden Virginias habe ich durch die dicken Wolkenfetzen wenigstens noch ein paar Blicke ins malerische Tal erhaschen können. Aber schon bald geht gar nix mehr. Ich schaffe es gerade noch zum Big Meadows Campground. Dann beginnt es zu schütten, wie ich es selten erlebt habe. Der Wind rüttelt an den Bäumen, die bedrohlich nach allen Seiten schwanken. Das ist kein normales Unwetter oder eine Gewitterfront. Das ist ein Hurrikan! Oder das, was hier oben in den Bergen noch von ihm übrig ist. Schon der dritte, der in diesem Sommer über den Südosten Amerikas hinwegfegt. Und es sollen noch weitere folgen. Diese Saison wird eine der heftigsten seit dem Beginn der Wetteraufzeichnungen. Ich muss an das Schild am Anfang der Tour in Florida denken.

»Noch 28 Tage bis zum Beginn der Hurrikansaison. Sind Sie vorbereitet?« Aber wie will man sich auf so was vorbereiten? Hamsterkäufe, die Fenster mit Brettern verrammeln, ins Auto setzen und fliehen? Nichts davon kommt für mich infrage, außer einkaufen vielleicht. Aber dazu fehlt hier oben im Nationalpark die Gelegenheit. Ich weiß, das klingt jetzt blöd nach all dem Gejammere der letzten Tage. Aber ich habe mich so auf die Appalachen gefreut. Hätte ja auch an der flachen Küste bleiben und von Virginia aus bis nach Florida fahren können. Nein, lieber noch mal in die Berge, von denen ich so viel gehört habe.

Zu den ältesten Gebirgen der Welt zählen die Appalachen. Vor geschätzten 400 Millionen Jahren entstanden die Berge und Hügelketten, wobei man hier Gesteine findet, die bis zu eine Milliarde Jahre alt sein sollen. Dagegen wirken die Alpen oder der Himalaja mit knapp 100 Millionen Jahren geradezu präpubertär. Mich aber hat die Rolle der Appalachen bei der Besiedelung Nordamerikas mehr interessiert. Rund 2500 Kilometer ziehen sie sich von Kanada im Norden bis Georgia im Süden, sie waren die erste große Hürde für die Siedler auf dem Weg nach Westen. Viele blieben hängen, ließen sich in den fruchtbaren Tälern nieder. Die amerikanische Musik soll hier entstanden sein, als die aus Europa stammenden Einwanderer ihre mitgebrachten Instrumente, vor allem Violine, Mandoline und später das Banjo (weil die wegen ihrer Größe prima ins Handgepäck passten), kombinierten. Unter dem Begriff »Hillbilly« oder »Mountain Music« fand sie im 20. Jahrhundert ihren kommerziellen Durchbruch und gilt als Ursprung der Country Music.

Aber auch viele Mythen ranken sich um die Appalachen und ihre Bewohner. Von verschollenen Kolonisten ist die Rede, deren Siedlungen an der Küste verlassen vorgefunden wurden, weil sie sich auf der Suche nach Nahrung vermutlich in die Berge zurückgezogen hätten. Manche einsame Täler würden seit Generationen von der Außenwelt abgeschottet lebende Eigenbrötler beherbergen, so als ob die Zeit vor über hundert Jahren einfach stehen geblieben wäre. Vielleicht haben Sie den Film *Deliverance* gesehen, der bei uns »Beim Sterben ist jeder der Erste« hieß (schönes Beispiel für die unzähligen lächerlichen bis peinlichen deutschen Titel guter amerikanischer Filme), mit Burt Reynolds und Angelina Jolies Vater Jon Voight. Vier Großstädter befahren darin mit Kanus einen Fluss in den Appalachen von Georgia, bevor der durch einen Damm zum künstlichen See gestaut werden soll. Als sie in den Bergen ankommen, begegnen sie als Erstes einem blinden, behinderten Jungen, der meisterhaft das Banjo zupft. Einer der Freunde holt die Gitarre aus dem Auto und setzt ein. Daraus entwickelt sich ein rasanter musikalischer Wettstreit. Unter dem Titel »Dueling Banjos« gab's dafür sogar einen Grammy. Anschließend jedenfalls treffen die vier Freunde auf zwei bewaffnete Hinterwäldler, und der Bootsausflug gerät zum tödlichen Albtraum. Nicht, dass ich in den Appalachen auf der Suche nach ähnlichen Abenteuern bin, aber solche Geschichten tragen natürlich zum Mythos der Berge bei, dem ich nachspüren will, bevor es auf die Zielgerade geht. Und nun sitze ich fest.

»Das wird noch schlimmer in den nächsten 24 Stunden!« Die Rangerin zerstört all meine Hoffnungen auf Wetterbesserung. Die Wege auf dem Campground haben sich in Bäche verwandelt. Von allen Seiten strömt das Wasser sintflutartig auf den Zeltplatz.

»Am besten, du nimmst dir ein Zimmer drüben in der Lodge. Vielleicht sieht es morgen wieder anders aus.«

Das klingt vernünftig und allemal sinnvoller, als abzubrechen und in einem Motel im Tal Schutz zu suchen. Völlig durchnässt schlurfe ich zu dem massiven Natursteingebäude. Das Wasser tropft von meiner Regenkleidung und bildet am Boden kleine Rinnsale, die sich sofort zu Pfützen sammeln. Muss wieder ziemlich erbärmlich aussehen. Sie geben mir einen Super-spezial-nasse-Radfahrer-Discount-Preis, und ich schaffe die Ausrüstung vom morastigen Campingbereich ins rustikale Zimmer. Ein massiver Kamin dominiert den kleinen Raum, ist aber leider außer Betrieb. Dafür rinnt Wasser in einem breiten Streifen an den groben Steinen herunter. Von der Decke tropft es zusätzlich aufs Bett. Trotzdem besser als draußen. Ich verteile die klamme Ausrüstung schön gleichmäßig im Raum. Am Ende hängen und liegen überall Socken, Unterhosen und T-Shirts. Im Badezimmer, über dem einzigen Stuhl im Raum, auf dem Tischlampenschirm trockne ich abwechselnd die feuchten Kartenblätter aus dem Straßenatlas. Im Radiowecker finde ich eine Country-Oldie-Station, koche mir mit der kleinen Maschine im Zimmer Kaffee und Tee, bis alle Portionsbeutel aufgebraucht sind. Aus Langeweile fange ich an, Infoflyer und Zeitungen über den Shenandoah-Nationalpark, den Blue Ridge Parkway und die Appalachen akribisch zu studieren.

1936 hat Präsident Franklin D. Roosevelt den Nationalpark offiziell eröffnet. 95 Prozent des Gebietes sind Wald, in dem 100 verschiedene Bäume wachsen. Außerdem gibt es Schwarzbären, Luchse, Murmeltiere und jede Menge Rehe und wilde Truthähne. 200 verschiedene Vogelarten sind bisher gezählt worden und zwei giftige Klapperschlangenarten. Und wenn Sie auf dem Blue Ridge Parkway unterwegs sind, sollten Sie unbedingt am *milemarker* 188,8 halten. Hier am Groundhog Mountain kann man nämlich mindestens fünf verschiedene Formen ländlicher Zäune begutachten. Manche sollen Schlangen fernhalten, andere Hirsche. Wieder andere sind aus Pfählen und ausrangierten Eisenbahnschwellen gezimmert. Das muss eine Hochburg kreativen Improvisationstalentes sein, die in nichts den vereinzelten Stacheldrahtzaunmuseen in den USA nachsteht, wo Dutzende unterschiedlich geformter Stacheldrähte den überraschten Besucher faszinieren. Mit einem Zacken, mit zwei und drei, einfach gedreht oder mehrfach gegen den Uhrzeigersinn ...

Irgendwann schleppe ich mich durch den Regen ins Restaurant der Lodge, bestelle ein üppiges Abendessen. Kaum Gäste im großen Speisesaal. Ein Pärchen, das mit dem Wohnmobil auf dem Campingplatz geblieben ist, erzählt mir, dass inzwischen einige Bäume umgestürzt sind. Würde mich nicht wundern, wenn uns als Nächstes noch der Himmel auf den Kopf fällt ...

Unglaublich! Wo gestern noch eine dichte Wand aus dunklen Wolken alles versperrte, kann man heute mühelos ins Tal blicken, sieht die Felder und Ortschaften, die sich entlang des Shenandoah River reihen. Der Himmel ist schon noch dicht bewölkt, aber es könnte trocken bleiben. Und auch der Sturm hat deutlich nachgelassen. Das Schlimmste scheint also überstanden, zumindest hier oben in den Bergen. Für die Menschen im Süden beginnen jetzt die Aufräumarbeiten. Und der nächste Sturm ist schon angekündigt. Da bleibt nicht viel Zeit, Hab und Gut, das verschont wurde, zu sichern und sich auf die nächste Katastrophe einzustellen. Ein Leben in ständiger Angst.
»Klar machst du dir Sorgen«, gibt J. R. Heathcock zu.
Er ist Besitzer eines Campingplatzes an der Küste von Alabama, auf dem ich im Mai gezeltet habe. Jedes Jahr ziehen Hurrikans über dieses Gebiet und verwüsten es. Aber J. R. würde niemals wegziehen.
»Hier sind meine Wurzeln. Ich bin im Umkreis von 50 Meilen aufgewachsen, ich werde niemals weggehen. Ich bleibe für den Rest meines Lebens hier!«
Wie sehr J. R. mit seiner Heimat verwurzelt ist, wird erst so richtig klar, wenn man die Schäden, die Hurrikans anrichten können, wahrhaftig sieht. Wir kennen alle die Bilder aus dem Fernsehen. Aber wenn man dann tatsächlich neben einem Fischerboot steht, dass der Sturm vom Meer auf die Straße geworfen hat, oder sieht, wie riesige Supermärkte

und Hallen zusammengestürzt sind wie Kartenhäuser ... Am Ende der Reise werde ich mit dem Auto durch den Süden fahren und in Gulf Shores, Alabama, fassungslos vor den Ruinen einer Ferienwohnanlage stehen, die der Sturm direkt am Meer mit voller Wucht traf. Garagentore wurden aus den Verankerungen gesprengt, keine Fensterscheibe blieb unversehrt, überall auf den Straßen liegt der Sand, der vom Strand dorthin geblasen wurde. Gespenstisch. Viele Brücken sind beschädigt und gesperrt. An den Straßenrändern türmen sich Schuttberge, die nach und nach abtransportiert werden. Eine unermüdliche Armada von Lastern ist rund um die Uhr im Einsatz und kippt alles auf Halden, die man neu geöffnet hat. Und an manchen Ecken werden T-Shirts verkauft: »*Hurricane Veteran!*« oder »Ich habe ihn gesehen« ist vorne zusammen mit dem Satellitenbild des Sturms und dem Datum aufgedruckt. Drei Stück für nur 25 Dollar! Geschäftstüchtiger Galgenhumor, Respekt. Wahrscheinlich kann man nur mit solch stoischer Beharrlichkeit hier überleben und bleiben wollen.

J. R. hat übrigens Glück gehabt. Eine Reihe Bäume sind umgeknickt wie Streichhölzer. Sonst aber kaum Schäden. Nach dem Aufräumen wird das Tagesgeschäft hoffentlich bald weitergehen. Und seinen Gästen kann er sogar eine neue Geschichte erzählen.

»Während des Hurrikans bin ich in meinem Haus in Bay Minette gewesen, das ist ungefähr 40, 50 Meilen nördlich von hier. Der Sturm hat dort 25 bis 30 Bäume in meinem Garten umgeworfen, sonst war alles okay. Dann bin ich irgendwann raus, als es nachließ, weil ich dachte, jetzt ist es vorbei. Aber dann ging's noch mal los.«

J. R. stand im Auge des Hurrikans, das ja bekanntlich ganz still ist. Schwein gehabt.

Bin froh, dass ich gestern nicht abgebrochen habe und jetzt weiter auf dem Skyline Drive nach Süden fahren kann. Der zieht sich der Länge nach über rund 170 Kilometer durch den gesamten Shenandoah-Nationalpark. Und das Schöne ist, er macht seinem Namen alle Ehre und hält weitgehend die Höhe von etwa 1000 Meter, sodass ich nicht ständig rauf und wieder runter muss. Parallel verläuft übrigens der Appalachian Trail, mit 3500 Kilometer einer der längsten und berühmtesten Wanderwege der Welt. Im Süden geht der Skyline Drive dann nahtlos in den nicht minder reizvollen Blue Ridge Parkway über, der schließlich in den Great Smoky Mountain National Park mündet. Natürlich geht mir John Denver durch den Kopf:

»Almost heaven,
West Virginia,
Blue Ridge Mountains,
Shenandoah River –
Life is old there,
Older than the trees,
Younger than the mountains,
Growin like a breeze.«

Sie haben doch »Country Roads« bestimmt auch irgendwann mal am Lagerfeuer gesungen. Und jetzt bin ich hier, inmitten der besungenen Berge, die an jeder Kurve einen atemberaubenden Panoramablick ins Tal freigeben und auf die dahinterliegenden Hügelketten, die in verschiedenen Blautönen schimmern. Deswegen wohl auch der Name, Blue Ridge Mountains. Schade nur, dass ich jetzt schon hier bin, Anfang September. Vier Wochen später käme noch das prächtige Farbenspiel des *Indian summer* dazu. Allerdings auch jede Menge mehr Besucher und damit Verkehr.

Meine letzte Nacht in den Bergen verbringe ich am Loft

Mountain. Fühle ein wenig Wehmut, weil es morgen runter ins Tal und dann endgültig auf die Zielgerade geht.

Abends im Zelt hole ich den MD-Rekorder raus und höre noch mal den Song, den Musiktherapeutin Misa vor drei Monaten im Juni in Sedona, Arizona, für mich gesungen hat. Vielleicht hilft er ja gegen ein schweres Herz ...

Von Drama-Queens beim Wetterkanal, einem einbeinigen Helden, der von Boston nach Miami wandert, und der längsten Etappe der gesamten Tour

»Wenn mehr Menschen reisen würden, wäre die Welt friedlicher!«

Vermutlich hat Jim recht. Wer reist, traut sich irgendwann auch, Vorurteile und Klischees zu hinterfragen. Einander verstehen beginnt damit, dass man sich begegnet. So philosophieren wir eine ganze Weile am Straßenrand. Jim (nicht mein Freund und »Bruder« aus Dakota; das hier ist ein anderer, den ich gerade erst getroffen habe) hat mich mit seinem Pick-up überholt, ist rechts rangefahren, ausgestiegen und hat mich zu sich gewunken. Ob ich nicht einen Moment Zeit hätte. Er plane nächstes Jahr eine Radreise nach Neuseeland, der letzte Anstoß fehle ihm aber noch. Und so fachsimpeln wir über Räder, Anhänger fürs Gepäck und die richtige Ernährung. Weiß allerdings nicht, ob ich ihm eine große Hilfe bin, vor allem beim letzten Punkt. Denn Jim möchte erst noch ein paar Pfund verlieren und ordentlich trainieren, bevor es losgeht.

Ich komme an einem WinnDixie-Supermarkt vorbei, der erste seit Texas im Mai und für mich ein sicheres Zeichen, dass ich den Süden wieder erreicht habe. Die Filialen des Konzerns beschränken sich – der Name deutet es an – auf die Südstaaten. Auch der Anteil der schwarzen Bevölkerung nimmt deutlich zu. Seit L. A. im Juni habe ich, zumindest bewusst, keinen farbigen Amerikaner mehr gesehen.

Was wissen wir noch über den Süden?

Überall wächst Baumwolle. Die Menschen sind sehr gläubig. So sehr, dass man in manchen Gegenden das Gefühl hat, es existierten mehr Kirchen als potenzielle Kirchgänger. Dann ist auch gerne vom *Bible Belt* die Rede. Eher konservativ sollen die Menschen hier sein, traditionell die Republikanische Partei blind unterstützen. Ich muss sehr schmunzeln, als ich ausgerechnet in Carolina an einem Stoppschild halte, auf das jemand den Namen »Bush« geklebt hat. Sehr kreative Ausübung des Rechts auf Meinungsfreiheit. Von der berühmten *southern hospitality* war ja schon die Rede. Diesmal erfahre ich sie, als ich in Virginia in einem privaten *bed & breakfast* übernachte. 50 Dollar kostet ein Zimmer für eine Nacht. Eigentlich. Denn als ich bezahlen will, lehnt Stewart, der Besitzer, ab, weil er auch Radfahrer sei. Ich könne mich ja nächstes Jahr revanchieren, wenn er nach Europa zum Radeln kommt. Wenigstens das Frühstück will ich bezahlen, muss ihm das Geld aber fast aufzwingen.

Ich erreiche North Carolina, den 25. Staat meiner Reise. Zwei fehlen noch bis zum Ende der Tour. Unweit der Hauptstadt Raleigh liegt das Haus von Walter, dem holländischen Professor, den ich in den Bergen Idahos getroffen habe. Ich folge der Beschreibung, die er mir übers Telefon gegeben hat, biege irgendwann von der Straße in ein Waldstück und fahre bis zum Ende des kurzen Weges. Wie ein verwunschenes Schlösschen liegt Walters Haus inmitten von dicht stehenden Bäumen und Büschen.

»Ich habe etwa sieben *acres* (ca. 3 Hektar) Land, ich sehe also keine Nachbarn. So habe ich schon immer leben wollen. Seit zehn Jahren bin ich jetzt hier.«

Ich fühle mich sofort wohl, alles aus Holz, sehr geräumig.

Professor Walter auf dem Campus in Chapel Hill

Der massive Kamin, den Walter aus verschiedenen Steinen selbst gemauert hat, zieht sich über beide Etagen. An den Wänden hängen Gemälde, hier und da ein Kunstobjekt. Seit vierzig Jahren sammelt Walter schon.

»Ich hab angefangen mit Kunstgegenständen von Picasso und Matisse und Jacques Villon, die Franzosen, Käthe Kollwitz in Deutschland, und zurzeit sammle ich alles, was möglichst bunt ist.«

Vor allem haben es ihm die Aquarelle von Jean-Jacques Audubon angetan. Über hundert hat er sich inzwischen, meist übers Internet, ersteigert.

»Audubon hat Bilder von den amerikanischen Vögeln und anderen Tieren gemalt. Und so sehe ich zum Beispiel die Vögel, die ich sammle, dann auch lebendig in meinem Garten.«

Walter lebt allein in dem großen Haus, seine Frau und er

haben sich schon vor Jahren getrennt. Und auch wenn er sich nicht einsam fühlt, allein sein kann auch gefährlich sein.

»Ja, man muss aufpassen, dass man es nicht übertreibt. Einsiedler werden möchte ich nicht. Aber die Privatsphäre im eigenen Leben spielt doch eine sehr große Rolle. Und das irgendwie zu balancieren, das im Gleichgewicht zu halten ist die Aufgabe für mich. Der Mensch ist ein soziales Wesen, will also Kontakt behalten mit anderen Menschen, und ein Einsiedler tut das nicht. Einsiedler werden möchte ich nicht, nein.«

Mit siebzehn Jahren kam Walter mit seinem Vater, der eine Amerikanerin geheiratet hatte, aus Holland in die USA. Fünf Jahre hat er in Michigan gelebt, ging dort aufs College, folgte schließlich den Wurzeln seiner deutschen Mutter und studierte in Freiburg Germanistik mit Schwerpunkt mittelalterliche Literatur.

»Das ist ein romantisches Zeitalter, ein Höhepunkt in der deutschen Geschichte, so um 1200. Deutschland war damals das mächtigste Land in Europa, und es gab damals eine herrliche Literatur. Diese Literatur kennt man heutzutage hauptsächlich durch Wagner, durch seine Opern, *Parzival*, *Tristan und Isolde* und so weiter. Und mir hat diese Literatur immer Freude gemacht.«

Die Sprache dieser Zeit ist eine tote Sprache, die man erst wieder lernen muss, sagt Walter. Er sieht es als Herausforderung, etwas zu tun, was andere normalerweise nicht tun, wie das Radfahren.

»Ich finde, mit dem Auto rast man an allem vorbei, es geht viel zu schnell. Mit dem Fahrrad ist das etwas ganz Besonderes. Man hat auch das Gefühl der Freiheit und der Unabhängigkeit, man ist wie ein moderner Cowboy auf einem Stahlross. Man kann tun, was man will. Man kann überall hinfahren, niemand kann einem sagen, was man tun muss, man tut einfach, was man will, und diese Freiheit hat man sonst nie im Leben.«

Klingt vielleicht ein bisschen dick aufgetragen, aber im Grunde stimmt es. Beim Radfahren beschränken sich die Bedürfnisse auf das Wesentliche. Vorankommen, essen, trocken und warm schlafen (oder kühl, je nach Region). Und man muss sich um nichts anderes Gedanken machen. Hat was von Neandertaler und tut echt gut, bei all der Hektik, die einen sonst umgibt.

Sechsundsechzig ist Walter jetzt und hat nach der 5000 Kilometer langen Durchquerung der USA mit dem Rad noch viele Pläne für die nächsten Touren.

»Man muss immer planen. Wenn man aufhört zu planen, dann hört man auf zu leben. Und die Vorfreude beim Planen ist oft fast so gut wie die Wirklichkeit, nicht wahr?«

Wir besuchen den Campus seiner Uni in Chapel Hill, der ältesten staatlichen in den ganzen USA. Wobei sie vermutlich vor allem durch die Tatsache berühmt wurde, dass Basketball-Superstar Michael Jordan hier seine Karriere begann und das Uniteam in den Achtzigern zur College-Meisterschaft führte.

Habe den Eindruck, dass Walter die gemeinsame Zeit genauso genießt wie ich. Selbst der einsamste Wolf freut sich hin und wieder über Gesellschaft. Am Nachmittag holen wir noch Milch und frisch zubereitetes Eis im Molkereiladen in der Nähe von Walters Haus, kochen abends gefülltes Hühnchen mit Süßkartoffeln und Gemüse. Zum Dessert gibt es *blueberry pie* mit Vanilleeis. Welch dreiste Völlerei. Und wie lecker. Nur der Blick auf den Wetterbericht trübt die allgemeine Heiterkeit etwas.

Nun neigen die amerikanischen Wetterfrösche leicht zum Drama. Bei jeder dunkleren Wolke wird gerne und schnell eine *severe thunderstorm warning*, eine Warnung vor schweren Gewittern, rausgegeben. Aber auch der Wetterbericht ist hier eben vor allem eines: Entertainment. Nur so kann sich zum Beispiel der Weather Channel gegen die vielen anderen Spartenprogramme im Fernsehen behaupten und erfreut sich größer Beliebtheit. Nach dem aktuellen Wetterbericht für den Osten folgt der für den Westen, dann der für die Mitte, den Süden und den Norden. Anschließend die Fünf- und die Zehntagesvorschau, obwohl wir ja alle wissen, dass seriöse Meteorologen sich maximal trauen, drei Tage vorauszublicken. Nun wird es Zeit für den Reisewetterbericht und die Wassertemperaturen. Und dann noch ein kurzer Blick auf die Metropolen dieser Welt. Businesswetter wird das dann gerne genannt. Theoretisch geht es jetzt wieder von vorne los, eine Endlosschleife wie bei *Und täglich grüßt das Murmeltier*. Wenn da nicht die zahlreichen Dokus wären, die zwischendrin eingestreut werden. Die größten Stürme, die tödlichsten Tornados, die feuchtesten Fluten, die trockensten Dürren ...

Wenn es richtig gut läuft für den Weather Channel, braut sich tatsächlich ein Ungetüm, ein Monster von einem Sturm zusammen und wird zum Hurrikan. Dann schwirren sofort die Außenreporter in die betroffenen Staaten an der Küste und berichten rund um die Uhr live, wie am gerade noch sonnigen Himmel plötzlich die ersten Wölkchen aufziehen, der Wind stärker wird, die Brandung immer höher an den Strand schlägt, die Palmwedel zersaust werden und schließlich tatsächlich der erste Regen fällt. So wie jetzt gerade. Hurrikan Ivan macht sich bereit für den Landgang und wird anschließend in unsere Richtung ziehen. Nach den Erfahrungen aus den Bergen hadere ich. Weiterfahren scheint jetzt keinen Sinn zu machen. Also Aussitzen und Fressgelage bei Walter oder ein paar Tage verreisen? Meine Freundin ist inzwischen angekommen. Und so ziehen wir ein paar Tage unseres Urlaubs, den wir für die Zeit nach der Umrundung geplant haben, vor und fahren nach Westen.

Über die Great Smoky Mountains nach Tennessee. Wir besuchen Freunde in Nashville, schauen uns in Memphis das Grab des »Königs« an und kehren nach einer Woche zurück zu Walter, bei dem ich die Ausrüstung gelassen habe.

Zehn Tage habe ich inzwischen nicht mehr auf dem Rad gesessen. Fühle mich träge und aufgedunsen vom vielen Futtern und Im-Auto-Sitzen. Die letzten 1000 Kilometer liegen vor mir. Walter begleitet mich ein Stück über die grünen Hügel. Bald aber bin ich wieder allein unterwegs, versuche in den gewohnten Rhythmus zu kommen. Meine Freundin fährt mit dem Auto vor, unterwegs treffen wir uns auf einen Snack und verabreden uns für abends auf einem Campground. Sosehr ich mich über das Wiedersehen freue, ich muss auch an das unbeschwerte Dahintreiben während der monatelangen Einsamkeit denken. Ohne Termine und Verpflichtungen – wie wohltuend das war.

Der Verkehr wird jetzt immer mehr zur echten Herausforderung. Das liegt zum einen an der dichteren Besiedlung und der damit verbundenen größeren Zahl von Autos auf engerem Raum. Aber auch die Straßen, die hier meist keinen richtigen Seitenstreifen haben, tragen dazu bei. Von richtigen Fahrradwegen oder abgetrennten Spuren wie im Westen kann ich nur träumen. Und so kommt es gelegentlich zu einem Wortgefecht oder verständnislosem Kopfschütteln auf beiden Seiten.

Wir Deutschen gelten ja als die Autofahrernation schlechthin. Wir bauen die besten und schnellsten Autos, die wir dann auf unseren Autobahnen ohne Tempolimit voll ausfahren können, mit Bleifuß und ohne schlechtes Gewissen. Schließlich verwenden wir die effizientesten Motoren mit der sparsamsten und umweltfreundlichsten Technologie. Darum beneiden uns viele Nationen, auch die Amerikaner. Wo ist denn ihre viel und gern zitierte Freiheit, wenn es auf die Highways und *interstates* geht? 55 Meilen pro Stunde (ca. 88 Stundenkilometer) dürfen Sie auf normalen Straßen außerhalb von Ortschaften fahren. Damit würden Sie auf einer deutschen Landstraße garantiert für einen Stau sorgen und die Fahrer hinter Ihnen verzweifelt die Lichthupe betätigen, weil Sie ohne Grund wie eine Schnecke dahinkriechen. Auf den amerikanischen *freeways* und *interstates* liegt das Tempolimit dann bei 65 (105 Stundenkilometern) oder, wenn es hochkommt, 75 Meilen (120 Stundenkilometern). Da fühlt man sich als Fahrer eines Z4 oder einer S-Klasse doch verarscht.

Vermutlich hat man deshalb in den USA den SUV erfunden, das *sport utility vehicle*. Das sieht so aus, als ob es überall fahren könnte mit seiner mehr oder minder klobigen Form, den dicken Stoßdämpfern und breiten Reifen. Feld, Wald, Sumpf, alles kein Problem. Einfach Allrad an und los. Da lacht man doch über Geschwindigkeitsjunkies, die mit ihrem tiefer gelegten Roadster schon vor einer garstigen Baumwurzel kapitulieren, die sich durch den Asphalt schiebt. Statt kleiner, schneller, sparsamer lieber größer, behäbiger, lässiger. »Cruisen« heißt das Motto, und das kann man in einem Pick-up mindestens so gut wie in einem Cabrio. Tempomat rein, Klimaanlage an, Satellitenradio ein, so lässt es sich tagelang und völlig stressfrei durchs Land gondeln. Fahren ja eh alle gleich schnell, die maximal erlaubte Geschwindigkeit schafft selbst die lahmste Ente, und notorische Raser und Drängler existieren folglich nicht. Inzwischen sorgen aber die weltweit rasant ansteigenden Spritpreise dafür, dass man auch in den USA beginnt, darüber nachzudenken, den unersättlichen *Hummer* gegen einen viel effizienteren Japaner mit Hybridantrieb zu tauschen. Harte Zeiten. Vermutlich wird man schon bald keine verwaisten Autos mehr auf den Supermarktparkplätzen sehen, bei denen der Motor läuft, damit es im Winter kuschelig warm und im Sommer dank Klimaanlage erfrischend kühl bleibt, bis der Besitzer nach einer ausgiebigen Shoppingarie voll bepackt zurückkommt.

Es gibt noch ein paar interessante Besonderheiten im amerikanischen Straßenverkehr. Die Orientierung nach den Himmelsrichtungen zum Beispiel. Da steht auf den Hinweisschildern nicht »A3 Richtung Köln«, sondern »*Interstate 10 East*«, was aus meiner Sicht auch viel mehr Sinn macht, selbst wenn man als Kind nicht bei den Pfadfindern war und keinen Kompass im Fahrzeug eingebaut hat. Ich tue mich jedenfalls viel leichter, mich im Straßengewirr für eine Richtung zu entscheiden, statt überlegen zu müssen, ob Richtung Köln jetzt noch stimmt oder ich mich schon nach Leverkusen halten soll, wenn ich eigentlich nach Essen will. Da ist doch der Zusatz »Norden« wesentlich hilfreicher und pragmatischer. Außer vielleicht für Menschen, die schon Schwierigkeiten haben, rechts und links zu unterscheiden.

Rechts darf man in den USA bei roter Ampel in der Regel auch ohne grünen Pfeil abbiegen. Geradezu revolutionär, aber für uns Europäer auch ein wenig verwirrend finde ich die Einrichtung sogenannter *four way stops*. Sie kommen also an eine Kreuzung, wo an jeder der vier Ecken ein Stoppschild steht. Alle müssen dort erst mal anhalten. Rechts vor links funktioniert nicht, weil ja jeder Fahrer in Relation zu einem der anderen von rechts kommt. Vielmehr gilt, wer zuerst kommt, fährt zuerst. Nun ist das ja mitunter nicht so eindeutig, wer hat tatsächlich als Erster an der Kreuzung wirklich gestanden? Man könnte es zeitraubend ausdiskutieren. Oder einfach drauflosbrettern. So würde es vermutlich bei uns laufen, der Stärkere beziehungsweise Schnellere setzt sich durch. Nicht so in den USA. Hier funktionieren diese *four way stops* vorbildlich, so als ob jeder es schon in der Grundschule geübt hätte. Kommen doch mal Zweifel auf, lässt man dem anderen mit einer großmütigen Handbewegung generös den Vortritt. Und dann geht es reihum weiter. Wie gut sich Mündigkeit doch anfühlen kann. Ein weiteres Zeichen des amerikanischen Verantwortungsbewusstseins sind Schilder am Straßenrand mit der Aufschrift »*Adopt-a-highway*«. Überall im ganzen Land findet man die mittlerweile, weil bei den endlosen Distanzen die Straßenreinigung gar nicht nachkommen würde. Also erklären sich die Bürger einfach bereit, sich um bestimmte Abschnitte der Straße zu kümmern und den Müll regelmäßig zu entsorgen. Als Belohnung wird dann ein Schild aufgestellt, auf dem der jeweilige Name des Müllsammlers steht. Manche Firmen beteiligen sich mit der Belegschaft oder übernehmen die Kosten für die Reinigung und kaufen sich damit quasi eine zusätzliche Werbefläche. Neben Straßen kann man auch Flüsse oder Strände adoptieren und sauber halten. Die zuständige Straßenbehörde in Kalifornien hat errechnet, dass diese Eigeninitiative jährlich 15 Millionen Dollar Steuergelder spart, allein in diesem Staat. Nicht das erste Mal, dass ich den Eindruck habe, man neigt in den USA dazu, die Dinge selbst in die Hand und Verantwortung zu übernehmen, statt ständig nur die Hand aufzuhalten. Hat Kennedy ja schon so treffend formuliert: »*Don't ask what your country can do for you, ask what you can do for your country!*« Frage nicht, was dein Land für dich tun kann, frage, was du für dein Land tun kannst. Hören Sie auch gerade die Stars and Stripes im Hintergrund flattern?

Zurück auf die Straße und zu den Autofahrern, die wieder sichtlich überfordert reagieren, als ihnen da plötzlich ein Radfahrer das Revier streitig macht. Entsprechend sind die Reaktionen.

Variante 1: ignorieren. Gerne von älteren Jahrgängen in altertümlichen Straßenkreuzern angewendet, mit dem festen Vorsatz, den Mittelstreifen nicht mal ansatzweise zu tangieren, sodass sie wie auf Schienen und beängstigend knapp an mir vorbeiziehen. Hey, die gelben Streifen sind nur eine Orientierung, keine Mauer! Mal ganz abgesehen davon, dass die Gegenfahrbahn sowieso frei ist und ein Überholmanöver kein halsbrecherisches Wagnis wäre. Besonders unverständlich wird dieses Verhalten für mich, wenn es sogar zwei oder mehr Spuren gibt, das aber ebenfalls keine Rolle zu spielen scheint.

Variante 2: hupen. Manche machen das sicher nur, um mich zu warnen, dass sie jetzt zum Überholvorgang ansetzen. Andere hoffen darauf, dass ich mich umgehend in Luft auflöse oder weggebeamt werde. Dabei kriege ich jedes Mal fast einen Herzstillstand. Erst später erfahre ich, dass Hupen in manchen Staaten sogar gesetzlich vorgeschrieben ist, bevor man überholt. Da hat wohl keiner an sensible Radlerohren gedacht ...

Variante 3: Fenster runter und brüllen. Gerne auch in Kombination mit Variante 2, selten zusätzlich mit Variante 1. Was genau diese Fahrer brüllen, möchte ich an dieser Stelle lieber nicht wiedergeben. Aber ich kann Ihnen sagen, dass ich manchmal sprachlos bin vor so viel geballter Dummheit und Unverschämtheit. Glücklicherweise sind das wirklich nur Ausnahmen, die durch die zahlreichen Hilfsangebote und Einladungen vieler Autofahrer unterwegs locker wieder aufgewogen werden. Trotzdem häufen sich diese Begegnungen jetzt im Südosten.

Die Landschaft ändert sich langsam, wirkt wieder vertraut. Das *spanish moss* hängt in langen Fransen von vielen Bäumen. Temperatur und Luftfeuchtigkeit steigen merklich. Florida ist nicht mehr fern. Im Radio verfolge ich den Wetterbericht. Sie warnen vor dem nächsten Hurrikan, dessen genaue Route zwar noch nicht vorausgesagt werden kann, aber eines steht fest: Er wird in meine Richtung kommen.

Die Vorboten sind Regen und Wind, zwischendurch sogar aus Norden. Da rollt es doch gleich viel besser. Das Tückische ist ja, dass man Rückenwind meist gar nicht merkt. Ich habe anfangs immer gedacht: Mann, bin ich gut in Form heute. Das flutscht ja richtig. Dabei hat mich der Wind dezent angeschoben, und so habe ich, wenn er tatsächlich mal von hinten gekommen ist, streckenweise eine Durchschnittsgeschwindigkeit von über 30 Stundenkilometern erreicht.

Jetzt presche ich mit einem Affenzahn Richtung Savannah, auch das nächste Ziel für Hurrikan Jeanne. Ich versuche alles, dope mich mit Unmengen von Donuts, an einem Tag sogar 17 (!). Fett macht schnell. Wieder wird es eine lange Etappe, zum ersten Mal über 200 Kilometer. Wie aufgeputscht erreiche ich gegen 22 Uhr die Stadt, knapp zwölf Stunden vor dem Hurrikan. Wir nehmen uns ein Motelzimmer und erfahren im Fernsehen, dass Jeanne gerade einen Tornado ausgebrütet hat, der nur sieben Meilen von hier wütet. Schwein gehabt. Jeanne soll zwar bald zu einem Tropensturm degradiert werden, aber auch morgen noch gefährlich bleiben. Wir beschließen, das einfach auszusitzen, und bleiben noch einen Tag.

Savannah ist ein hübsches Städtchen. Die vielen Touristen kommen vor allen Dingen wegen der zahlreichen sorgsam restaurierten Häuser aus dem 18. und 19. Jahrhundert. Aber Savannah ist auch die Geburtsstadt von Juliette Magill Kinzie Gordon, die 1912 die amerikanische Pfadfinderschaft für Mädchen ins Leben rief. Darauf scheinen die Einwohner mindestens so stolz zu sein wie auf die Tatsache, dass Savannah 1733 die erste Stadt war, die in Georgia gegründet wurde. Ein Jahr später probierte man hier zum ersten Mal in Nordamerika aus, die Straßen in Rechtecken anzuordnen, was die Orientierung deutlich erleichtert und von allen nachfolgenden Städteplanern in den USA mehr oder weniger übernommen wurde. Aber Savannah hat noch mehr zu bieten. Hier wurde 1736 der erste Leuchtturm an der südöstlichen Atlantikküste in Betrieb genommen, hier fand 1740 das erste Pferderennen in Georgia statt, hier wurde 1794 der erste Golfplatz in Amerika angelegt, und hier legte 1819 das erste Dampfschiff ab, um den Atlantik zu überqueren. Und 1924 wurde hier in Savannah der erste Amerikaner geboren, der in diesem Jahr geboren wurde. Robert N. Cronk kam exakt um fünf Sekunden nach Mitternacht am 1. Januar zur Welt. *Happy Birthday!*

Wir erkunden das Ufer des Savannah River mit den restaurierten Lagerhäusern, in denen im 19. Jahrhundert die Baumwolle gesammelt wurde. Heute sind dort Souvenirläden, Restaurants und Bars untergebracht. Der Sturm macht sich vor allem durch den starken Wind bemerkbar. Es bleibt meist trocken, und morgen soll der Spuk schon wieder vorbei sein. So schreibe ich in einer Bücherei einen neuen Eintrag für mein Onlinetagebuch und verkünde hoffnungsvoll, dass ich beim nächsten Mal über das erfolgreiche Ende der Reise berichten werde.

Zuerst sehe ich nur die Flagge. Eine große amerikanische, darunter ein paar kleinere, die ich nicht zuordnen kann. Sie sind offensichtlich an einer Stange befestigt, die jemand über der Schulter trägt. Vielleicht vier-, fünfhundert Meter vor mir auf der linken Straßenseite. Als ich näher komme, erkenne ich, dass der Mann mit einer Prothese läuft, sein rechter Unterschenkel ist amputiert. Ich quere den Highway und steuere auf ihn zu.

»Hi, nicht erschrecken ...«, rufe ich, als ich bremse.

Der Mann dreht sich um. Er wirkt stämmig, dunkle Haut, freundliches Lächeln.

»Oh, hallo, ich bin Julio aus Peru«, sagt er mit breitem Akzent.

Julio – 3000 Kilometer zu Fuß durch den Osten

Er trägt ein weißes T-Shirt mit der Aufschrift »*Walk to the Future*«, darunter die amerikanische Flagge neben einer, die offensichtlich die peruanische ist.

»Ich bin unterwegs von Boston nach Miami«, erklärt Julio.

Das sind fast 2500 Kilometer, auf dem direktesten Weg, den er nicht immer nehmen kann.

»Ich will eine Inspiration sein für andere körperlich behinderte Menschen. Ich will zeigen, dass das Leben nach einem solchen Schicksalsschlag nicht vorbei ist!«

Julio hat seinen Unterschenkel durch eine Explosion verloren, als er in Südamerika mit der Armee Straßen bauen sollte. Fünf Jahre ist das jetzt her. Seit dieser Zeit ist er einmal quer durch Südamerika gelaufen, über 5000 Kilometer, setzt sich für die Gleichberechtigung behinderter Menschen ein, sammelt Prothesen und Rollstühle, um sie in Südamerika an Bedürftige zu verteilen.

»Sie brauchen Hilfe, kein Geld. Es geht um Chancen, im Beruf und in der Gesellschaft.«

Auf seiner Homepage (www.caminoalfuturo.org) erzählt er von seinen Abenteuern, veröffentlicht Bilder. Wie jetzt von seinem langen Marsch an der Ostküste der USA.

»Manchmal laufe ich nur kurze Distanzen, 20, 30 Meilen. Manchmal bin ich aber auch Tag und Nacht unterwegs.«

In seinem kleinen Rucksack hat er nur ein paar Kleider, Medikamente, Notizbücher und Dokumente, kein Zelt, keinen Schlafsack. Und es gibt weder ein Begleitfahrzeug noch Sponsoren. Julio ist immer und überall auf die Unterstützung und Hilfe der Menschen unterwegs angewiesen.

»Wenn ich in eine Stadt komme, gehe ich als Erstes zum Rathaus. Manchmal helfen mir der Bürgermeister oder die Polizei, finden eine Wohnung, in der ich eine Nacht bleiben kann.«

Auch das Essen kommt von Menschen, die er unterwegs trifft. Das funktioniert gut, in manchen Gegenden besser als in anderen.

»In New Jersey war es hart. Da bin ich drei, vier Tage und Nächte gelaufen, ohne etwas zu essen, außer Wasser und Instantsuppen mit kaltem Wasser. Immer wenn ich an einem Haus geklopft habe, haben sie mich weggejagt.«

Jeder habe hier vor allem Angst, entschuldigt Julio dieses unschöne Gesicht Amerikas. Auch als wir uns in einer Einfahrt unterhalten, »bittet« uns die Besitzerin, doch zu verschwinden, sie könne sonst auch die Hunde rauslassen. Einmal saß Julio sogar für 24 Stunden im Gefängnis, weil er vor einem Privathaus seine Prothese gewechselt hat.

»Aber die Richterin war eine sehr gute Frau. Sie hat mir so geholfen, mich freigelassen und sogar die Krankenhausrechnung und ein Hotel bezahlt, als ich sehr krank wurde.«

Wahrscheinlich ist die Begegnung mit Julio die beeindruckendste der gesamten Reise für mich. Am Ende wird er über 3600 Kilometer an den Straßenrändern entlanggelaufen sein, bevor er Miami erreicht. Allein, mit seinem kleinen Rucksack und der großen Fahnenstange über der Schulter, immer angewiesen auf das Wohlwollen der Menschen unterwegs. Dagegen wirkt meine Tour wie eine Kaffeefahrt.

(Später, ein Jahr nach Ende seines Marsches, bekomme ich eine Mail von Julio mit Fotos, die ihn im Krankenhaus zeigen. Er hatte einen Unfall, bei dem er sich das gesunde Bein mehrfach gebrochen hat. Es musste von außen mit einem Drahtgestell fixiert werden. Wochenlang war er ans Bett gefesselt. Inzwischen aber marschiert er wieder, allein und unermüdlich.)

Julios Geist und Mut sind ansteckend, treiben auch mich voran. Kurz vor der *stateline* zu Florida stoppe ich aber noch bei South Newport an der »*Smallest Church in America*«. Natürlich ist es nicht die allerkleinste Kirche in ganz Amerika, wie die Hinweistafel verkündet (die liegt vermutlich in Oneida im Staat New York, misst 2,6 Quadratmeter, hat damit Platz für genau zwei Personen und bei Bedarf einen Pfarrer und ist zudem nur mit dem Boot erreichbar, weil sie mitten in einem Teich auf einer Plattform steht), aber auch die hier ist schon sehr klein. Etwa 3 mal 5 Meter, mit Platz für maximal dreizehn Personen inklusive Pfarrer. Meist sind diese kleinen Kirchen von Privatpersonen errichtet worden, zur Ehre Gottes, und stehen Reisenden als Rückzugsort am Straßenrand offen. Ein paar Fotos, dann geht es weiter. Irgendwie zieht es mich jetzt in Richtung Ziel.

Ich quere die *stateline* zu Florida, der erste und letzte Staat meiner Reise. Über St. Augustine, der ältesten von Europäern gegründeten Stadt in den USA (1565 von dem spanischen Admiral Pedro Menéndez de Avilés), fahre ich bis kurz vor Daytona an der Atlantikküste entlang und biege dann nach Westen ab. Am Straßenrand treffe ich Frank, einen greisen Pensionär, der etwas hilflos neben seinem liegen gebliebenen Auto steht. Scheint an der Kühlung zu liegen. Ich kaufe ihm an der nächsten Tankstelle einen Kanister Kühlmittel, was aber nichts bringt. Über mein Handy verständigt er schließlich seine Tochter, bedankt sich und sagt, er werde ein Gebet für mich sprechen.

Das kann ich gebrauchen, als ich feststellen muss, dass jeder der Parks, in denen ich hätte übernachten wollen, wegen der Hurrikanschäden geschlossen ist. Das bedeutet Überstunden auf dem Rad. Bis zum nächsten Ort, Silver Springs, sind es noch ein paar Meilen. Am Himmel braut sich ein Gewitter zusammen. In der Dunkelheit schaffe ich es trocken bis zum ersten Motel, wo wir eines der letzten Zimmer ergattern. Beim Blick auf die Karte wird klar: Morgen müsste ich es eigentlich schaffen. Gut 150 Kilometer dürften es bis Clearwater sein, wo im Mai alles begonnen hat. Ich stelle den Wecker und komme tatsächlich früh los. Nebelschwaden liegen noch über den Feldern, die Luft ist kühl und feucht. Fast ein bisschen schade, dass ich nicht öfter zu dieser Tageszeit schon auf dem Rad gesessen habe. Ein letzter Plattfuß stoppt mich nach gut anderthalb Stunden, der insgesamt dreizehnte. Am Nachmittag erreiche ich die Westküste Floridas, komme wieder auf Highway 19, der heute, am Samstag, noch stärker befahren zu sein scheint als sonst. Ein Autofahrer, der selbst viel Rad fährt, weist mich auf einen Radweg hin, der fernab des Verkehrs durch schattige Wälder bis nach Tampa führt. Nach kurzer Suche finde ich tatsächlich den Einstieg und genieße die entspannte Fahrt nach Süden. Bis mir irgendwann klar wird, dass es doch jetzt eigentlich mal wieder nach rechts gehen müsste. Eine Infotafel macht aus der Befürchtung dann Gewissheit, ich bin viel zu weit nach Südosten gefahren. Clearwater Beach aber liegt im Westen. So wird aus der lauschigen Abkürzung ein Umweg von mindestens 30, 40 Kilometern und aus meiner letzten auch die längste Etappe. Das habe ich mir anders vorgestellt. Entspannt wollte ich zum Sonnenuntergang den Strand erreichen, mein Rad über den Sand zum Meer schieben und kurz ins Wasser tauchen. Ein alter Brauch, den hier alle zelebrieren, wie mir Tourenradler unterwegs immer versichert haben. Bis dahin ist es aber noch ein gewaltiges Stück Arbeit. Ich merke, wie der Frust über den Umweg an mir nagt. Plötzlich läuft es gar nicht mehr so flüssig, die Beine werden schwer, ich habe immer wieder Hunger, fühle mich müde. Vielleicht hilft ein Blizzard, den ich mit ordentlich viel Limonade runterspüle. Dann aber bricht die Nacht herein, ich werde immer wieder von den Autos geblendet, die mir jetzt auf dem viel befahrenen Highway 19 entgegenkommen.

Immer öfter steige ich aus dem Sattel, treibe mich im Stehen voran. Ich will jetzt endlich ankommen, nicht noch mal für eine Nacht zwischenstoppen und morgen den Rest fahren. Nein, wenn, dann mit Stil ankommen. Und der Gedanke, dass das die längste Etappe der gesamten Tour wird, beflügelt mich schließlich. Auf den ersten Straßenschildern taucht Clearwater Beach auf. Ich meine, mich an die Gegend zu erinnern. Mein Computer zeigt die magische 200 auf dem Kilometerzähler. Noch aber sind es ein paar Meilen, die ich im Stehen zurücklege. So kann ich mehr Kraft entwickeln. Ich trete in die Pedale, ziehe auf der anderen Seite mit der Bindung nach oben, das Rad schaukelt von links nach rechts. Die Last des Gepäcks spielt schon lange keine Rolle mehr. 220 Kilometer, ich passiere das Ortsschild: »*Welcome to Clearwater Beach*«. Noch ein, zwei Kilometer, da vorne ist der große Strandparkplatz, meine Zielgerade ... 2. Oktober, 21.56 Uhr.

Ich habe den Golf von Mexiko erreicht. Vorbei an den Gästen einer Strandbar schiebe ich mein Rad über den knöcheltiefen Sand in die Dunkelheit. Ich will zum Meer, kann das Rauschen schon hören, das sich mehr und mehr gegen die Musik aus den Lautsprechern der Bar durchsetzt. Und dann liegt es vor mir. Ruhig, erhaben. Ich weiß nicht so recht, ob ich mich freuen soll oder einfach traurig sein möchte, weil es nun vorbei ist. Ich lasse mich in den feuchten Sand fallen. Mein Blick schweift über den Ozean, in der Ferne blinken ein paar Lichter von Booten. Die Brandung schwappt sanft an den Strand, erreicht mein Vorderrad. Geschafft.

Ich fühle mich aufgeputscht. 14 153 Kilometer sind es geworden. Der längste Sommer meines Lebens, wie ich ihn so gerne pathetisch genannt habe, ist zu Ende. Ich spüre die Erleichterung nach der Anspannung der letzten Zeit, vor allem wegen der Stürme. Es rast in meinem Kopf. Ich ahne noch nicht, wie sehr mich diese Reise verändern wird, wie sehr mich die Erlebnisse und Begegnungen unterwegs geprägt haben. Eine solche Reise hört nicht einfach auf, wenn sie zu Ende ist. Es wird mir schwerfallen, mich wieder an Deutschland, an meine Heimat zu gewöhnen. Zu gut haben die Erfahrungen unterwegs getan. Ich habe mich so behütet, beschützt gefühlt. Ich bin nie krank gewesen, nicht mal eine Erkältung hat mich erwischt. Und dann der Crash in Seattle, nicht mal einen Kratzer habe ich abbekommen. Die Reise ist auch eine spirituelle Erfahrung gewesen, eine intensive Begegnung mit mir selbst und mit Gott. Ich muss an die vielen, nervigen Pannen denken und die spannenden und skurrilen Begegnungen, zu denen sie geführt haben – daran, wie, wenn ich manchmal nicht weiterwusste, plötzlich Menschen auf mich zugegangen sind, mir Hilfe angeboten, mich zu sich eingeladen haben. Mit einer Selbstverständlichkeit, die mich immer wieder staunen ließ.

Ich nehme mein Tagebuch in die Hand, mache den letzten Eintrag und schließe mit der für mich vielleicht wichtigsten Erkenntnis dieser Reise, die ich mir hoffentlich noch lange bewahren kann. Es geht um mehr als »Der Weg ist das Ziel«. Es geht darum, den Moment bewusst zu leben, ihn dankbar wahrzunehmen und neugierig zu bleiben ...

»Jeder Tag ist eine Reise. Und die Reise selbst – das Zuhause!«

Epilog

Nun ist alles anders. Seit dem 4. November 2008 scheint die Welt ein Stückchen besser. Ein historischer Moment, wie der 9.11.1989, der Tag des Mauerfalls. Plötzlich dürfen wir die USA wieder gut finden, fast ohne Einschränkung, und tun das auch. Ich bin in dieser Nacht bis 4 Uhr aufgeblieben, dann war klar, Barack Obama wird der 44. Präsident der Vereinigten Staaten von Amerika. Und es fühlt sich an, als ob er so ein bisschen auch unser aller Präsident ist. Haben Sie den leise vor sich hin weinenden Jesse Jackson bei Obamas Rede nach dem Sieg am Wahlabend in Chicago gesehen? Für mich das Bild des Jahres, fast hätte ich mitgeweint, vor Freude. Eine Last scheint von uns allen gefallen, weltweit. Inmitten der schwersten Finanzkrise seit Jahrzehnten strahlt die Hoffnung. Und so bleiben die USA ein spannendes Land, voller Gegensätze und Extreme, wo Unwahrscheinliches möglich wird und Träume nicht zu groß sein können. Auch deshalb habe ich mich gerade zum ersten Mal bei der *Greencard Lottery* beworben ...

Dirk Rohrbach,
Januar 2009,
Otterfing, Deutschland – noch ...

Danke in Deutschland an ...

Engel und meine Familie fürs Mitfiebern, Toni Hübsch für die Long-Distance-Tipps bei der Radreparatur, Simone Scholz fürs Mitfotografieren und Organisieren, Tim Weller und Familie fürs 6-monatige Einlagern, Walter Schmich und das Bayern-3-Team fürs Weglassen und Wiederkommendürfen, Niko Warisch für Elvis & Johnny on tour, Birthe Sarovny fürs Mitträumen, Josef Schmaus und Simone Rockmann von Outline für den tollen Webauftritt (www.weltgeschichten.com), Dagmar Meinel für die Vortragsplanung, Christian Poitsch und das Exorbitan-Team für die Wahnsinnspremiere, Ines Bruckschen, Walther Bruckschen und Christian Bonk von Tours für das Interesse an meinen Geschichten, Peter Grubauer und Auto Eder für das Vortrags-Tourfahrzeug, Klaus Hledik, Martin Schellmoser und das Druckmedien-Team für die Geduld, kreativen Ideen und das Hammerplakat, Larissa Vassilian für die schnelle Abschrift der Interviews und meiner Lektorin Bettina Feldweg für die Chance und die tolle Arbeit an diesem Buch. Was für ein großer Spaß!

Außerdem: Andreas Schechinger und Christine Goeschel von Tatonka für die anhaltende Unterstützung und super Ausrüstung, Dirk Sandrock, Susanne Puello und Katrin Pfeuffer von Hercules für mein Rad und die Zusammenarbeit, Achim Korff, Rainer Künneth und Kai Bierwirth für klare Sicht und die scharfen Rudy-Brillen.

Thanks in the US ...

For your incredible hospitality, friendship and help: Pam Hagen (Palm Harbor, FLA), Rosina and Paul Lane – your prayers worked! (Houston, TX), Anna and John Gertson (Lissie, TX), Mike Mann and Roy Engeldorf (Sanderson, TX), Claudia and Markus Treml (El Paso, TX), the Nashville Gang: Jenny, Rondal, Bobbi, my L. A. ›family‹ Christine and Jürgen, Anne, Nils, Jan, Eddie and Lil'Sis Kerstin – you are a sunshine and true inspiration, Connie and Chris Kimmell (Redmond, WA), Debbie and Bruce Edwards (Carnation, WA), Judith & Mark Radway (Billsburg, SD), JimmyBro Hagen – put the possum stew on the fire, I'm comin' (Pierre, SD), Bruce, Anita and Jen Sickels (Union City, IN), Angelika und Martin Wagner (Washington, DC), Walter Francke (Hillsborough, NC), and all the great people I have met along the way and possibly forgot to mention here. What a ride ...

Mehr Infos zu den Projekten und Vorträgen von Dirk Rohrbach unter www.weltgeschichten.com.